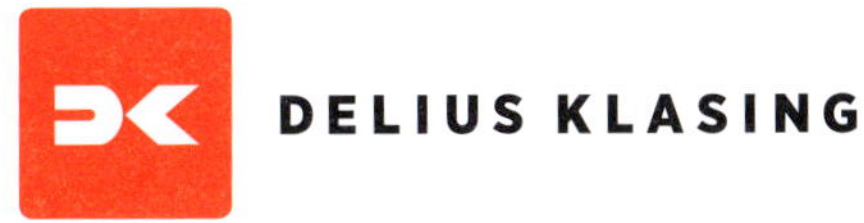

DELIUS KLASING

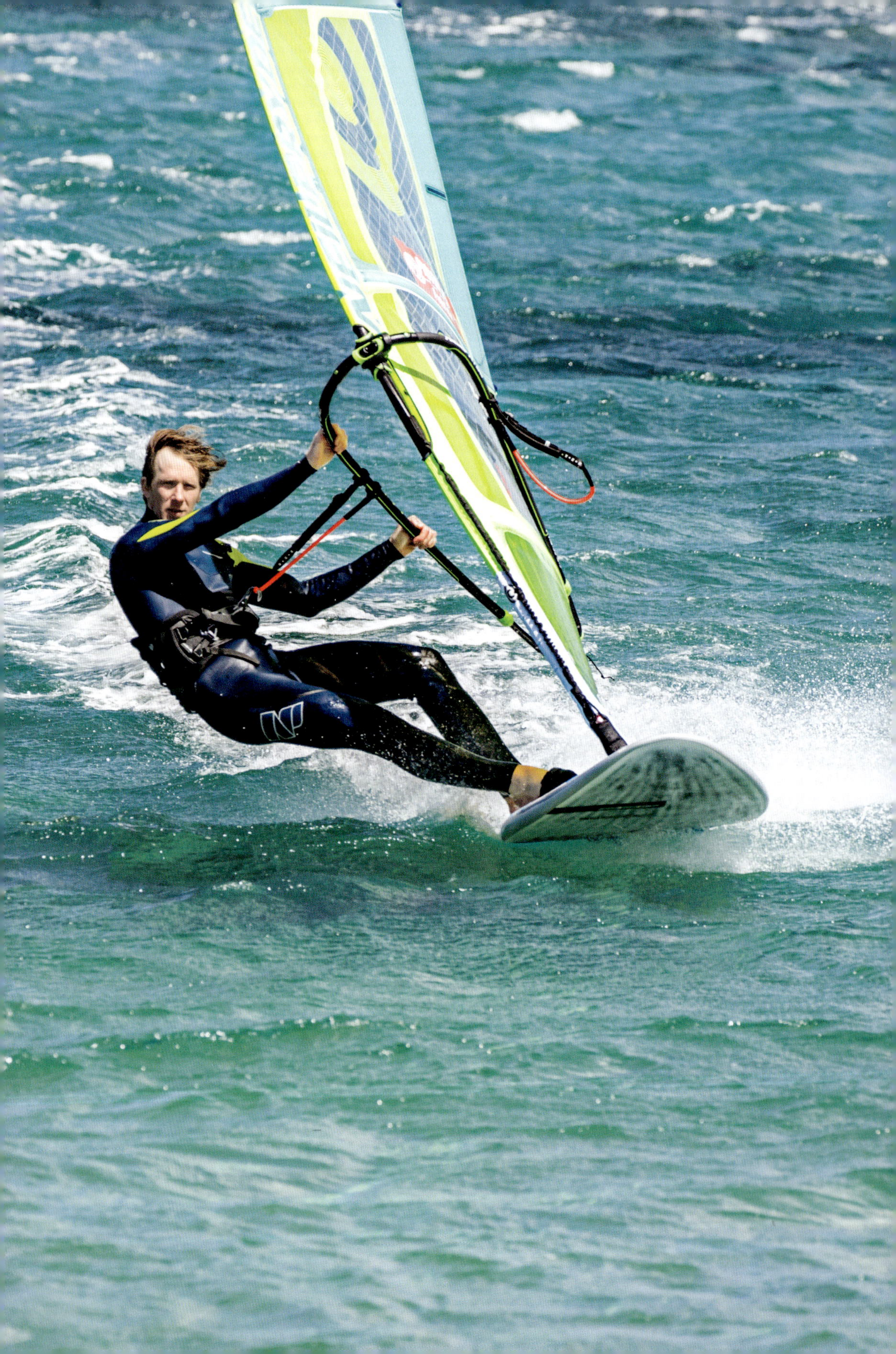

Manuel Vogel

EINFACH WINDSURFEN LERNEN

Von den Basics bis zur Powerhalse

DELIUS KLASING VERLAG

Manöver für Fortgeschrittene 80

Tipps & Tricks 114

Sicherheit 124

Glossar 134

Am Haken

Eine glatte Lüge ist der Titel dieses Buches – zumindest indirekt. Denn im Leben von Windsurfern reicht oft schon eine gute Windvorhersage, und alles wird kompliziert: Feste Termine werden verlegt, Unaufschiebbares wird verschoben. Und warum das alles? Weil Windsurfen einfach Suchtpotenzial hat – warum sollte man sonst alles stehen und liegen lassen, sobald sich die Bäume biegen, bei miesem Wetter ins kalte Wasser rennen und hinterher dauergrinsend am Strand sitzen und wundgesurfte Hände verarzten? So gesehen brockst du dir mit diesem Buch abseits des Wassers vielleicht etwas Ärger ein – soll es dir doch helfen, deinen Weg vom ersten Start bis hin zur formvollendeten Powerhalse noch einfacher zu gehen.

Ich wünsche dir viel Spaß beim Lesen und vor allem auf dem Wasser.

Wir sehen uns dort!

Manuel Vogel

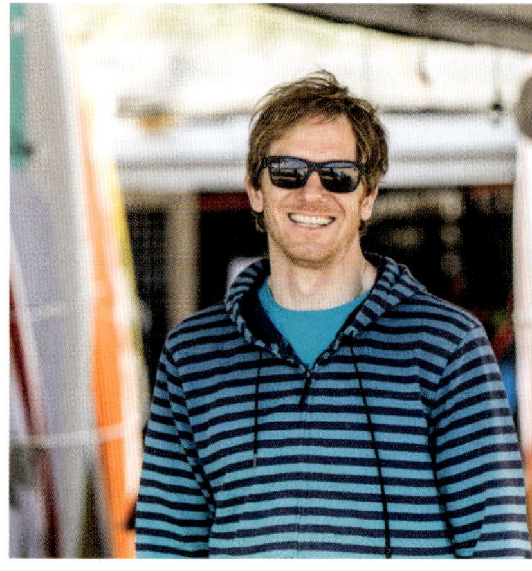

Manuel Vogel, Jahrgang 1981, lebt in Kiel und lernte das Windsurfen mit sechs Jahren in der Surfschule seines Vaters in Mali Losinj/Kroatien. 1997 absolvierte er die Ausbildung zum Instruktor beim weltgrößten Verband VDWS und arbeitete fast 20 Jahre lang als Windsurf-Lehrer in diversen Centern, als Coach bei den Young Guns Freestyle-Camps und für den Hochschulsport an der Uni Kiel. 2003 wurde er Teil des Test-Teams des weltgrößten Fachmagazins »SURF«, dort arbeitet er seit dem Abschluss seines Studiums als Redakteur, unter anderem für die Ressorts Fahrtechnik und Produkttests.

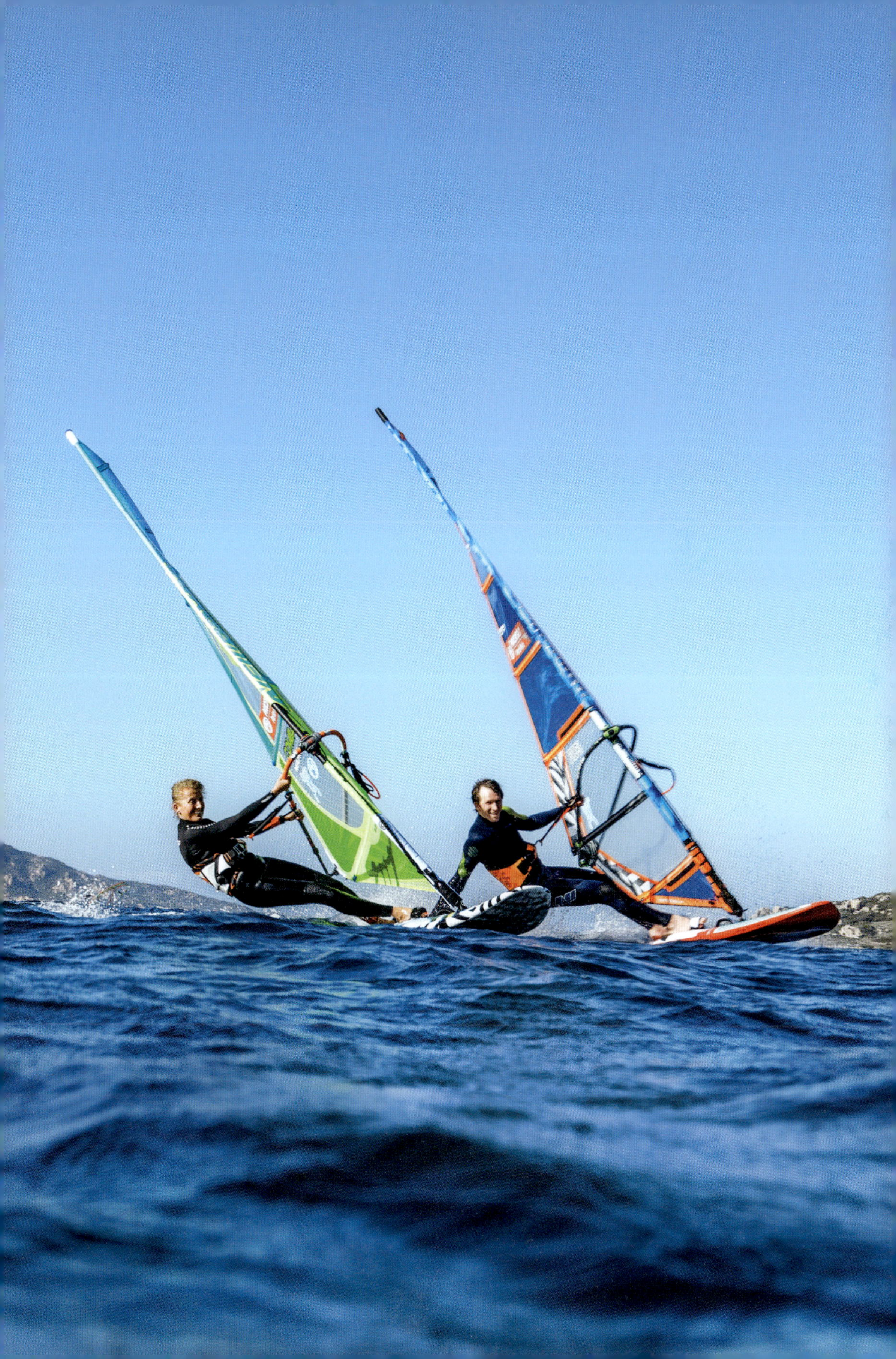

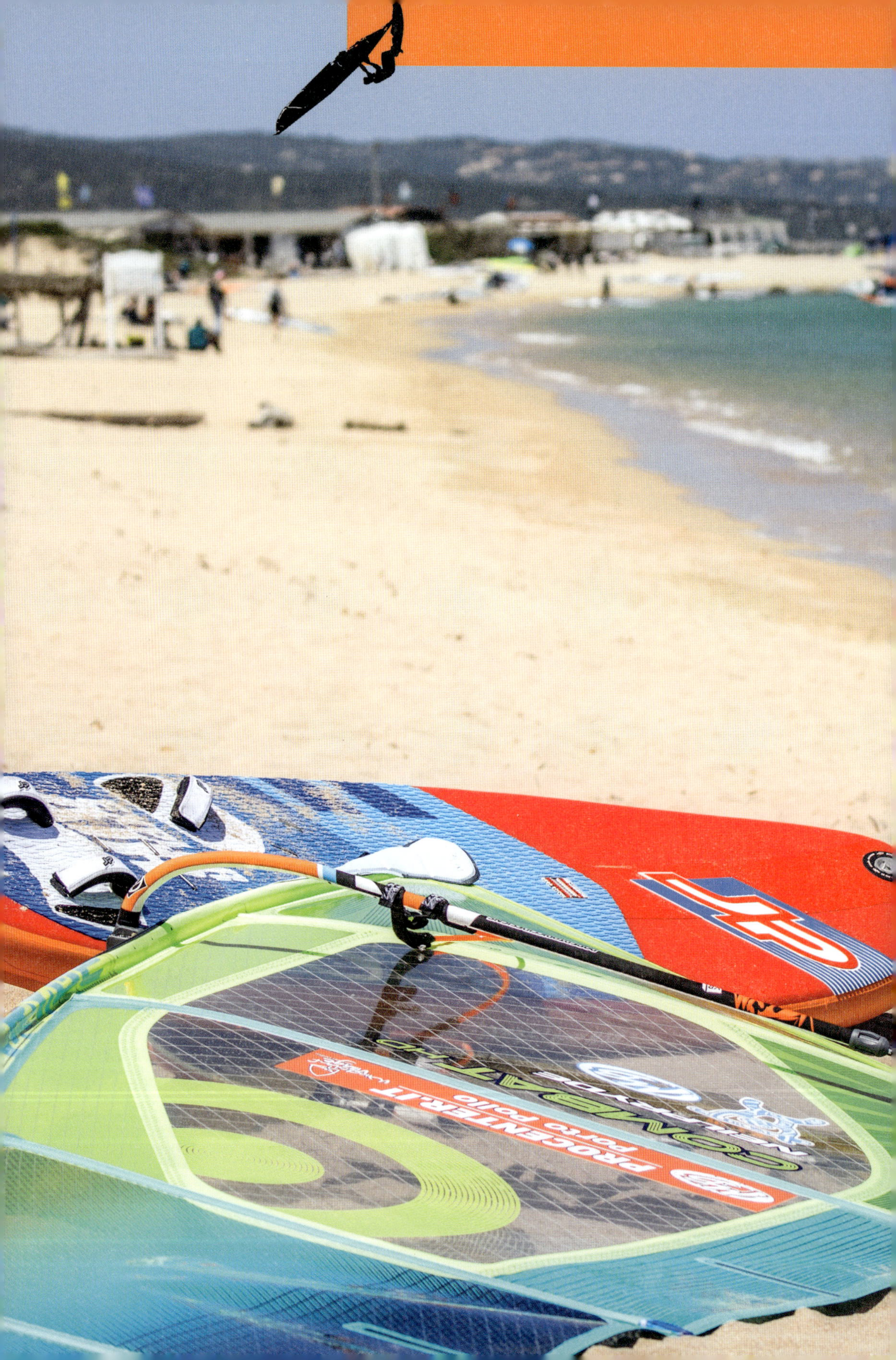
PROCENTER.IT
Porto Pollo

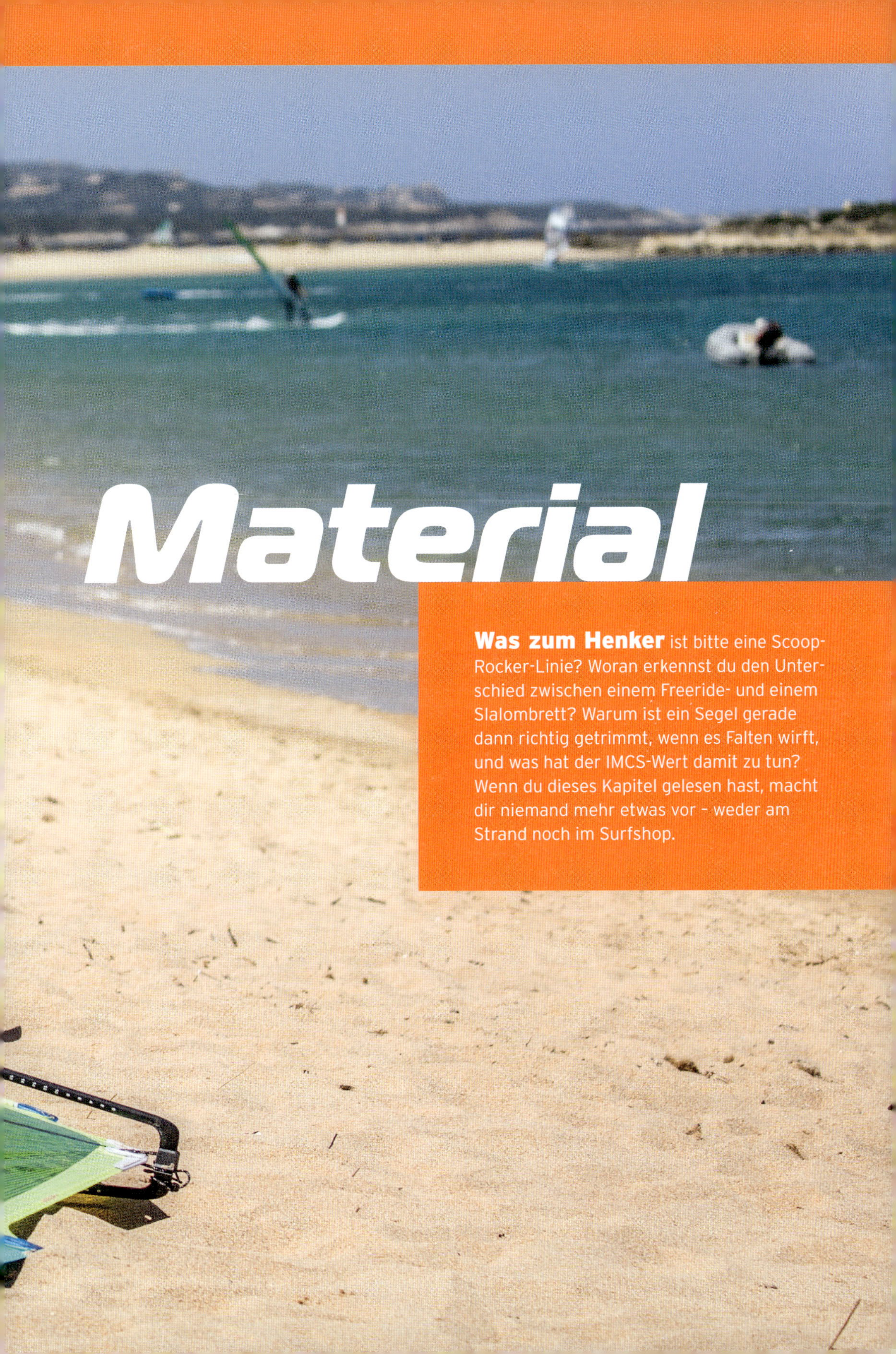

Material

Was zum Henker ist bitte eine Scoop-Rocker-Linie? Woran erkennst du den Unterschied zwischen einem Freeride- und einem Slalombrett? Warum ist ein Segel gerade dann richtig getrimmt, wenn es Falten wirft, und was hat der IMCS-Wert damit zu tun? Wenn du dieses Kapitel gelesen hast, macht dir niemand mehr etwas vor – weder am Strand noch im Surfshop.

Begriffe & Teile

Kauderwelsch gibt's in jeder Sportart, und wenn Windsurfer/-innen über ihr Material reden, versteht man oft nur Bahnhof. Deshalb gibt's hier erstmal einen kleinen Überblick über die wichtigsten Begriffe. Die Feinheiten und Details findest du dann in den jeweiligen Kapiteln rund ums Material.

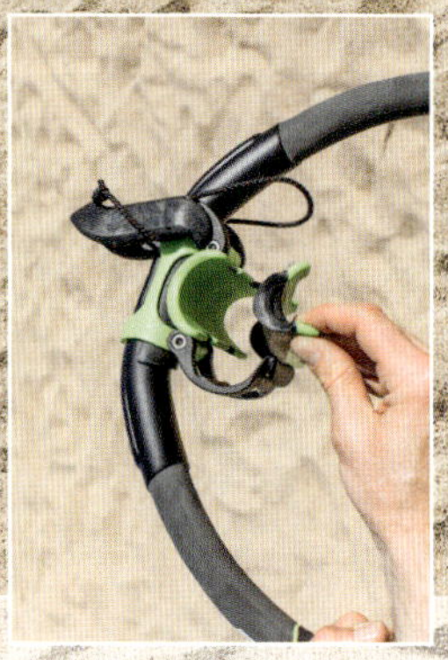

Gabelbaum: Dient zum Festhalten des Segels. Wird mit dem Kopfstück am Mast fixiert; je nach Dicke des Masts ist ein Adapter nötig.

Mast: Stange aus Glasfaser und/oder Carbon, auf die das Segel aufgezogen wird; wird dabei in die Masttasche geschoben; Teilbar an der Steckverbindung.

Heck

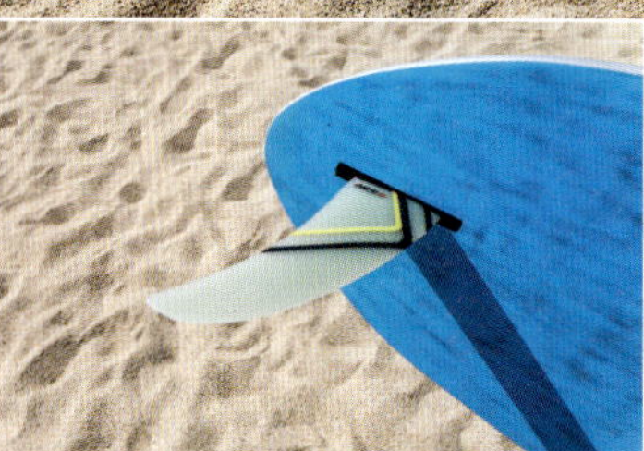

Finne: Hält das Brett auf Kurs; Befestigung im Finnenkasten.

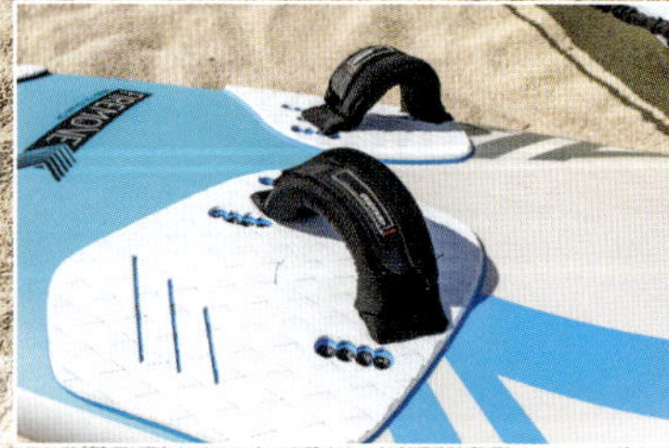

Fußschlaufen: Bieten den Füßen auf dem Brett sicheren Halt; verschraubt in den Plugs und auf den Footpads.

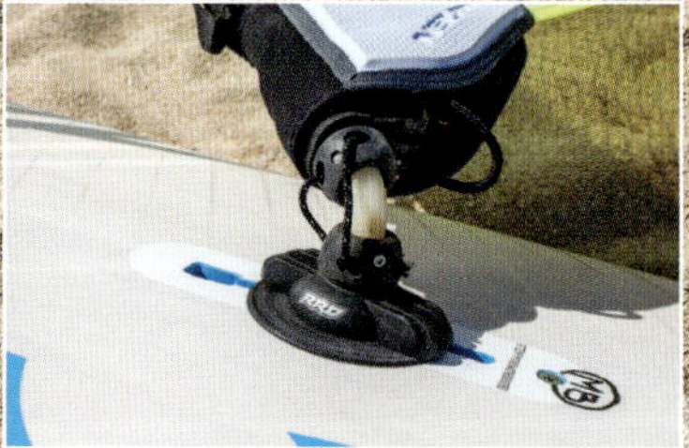

Mastfuß: Gummiverbindung zwischen Brett und Segel, die in der Mastschiene des Boards festgedreht und in die Mastverlängerung gesteckt wird.

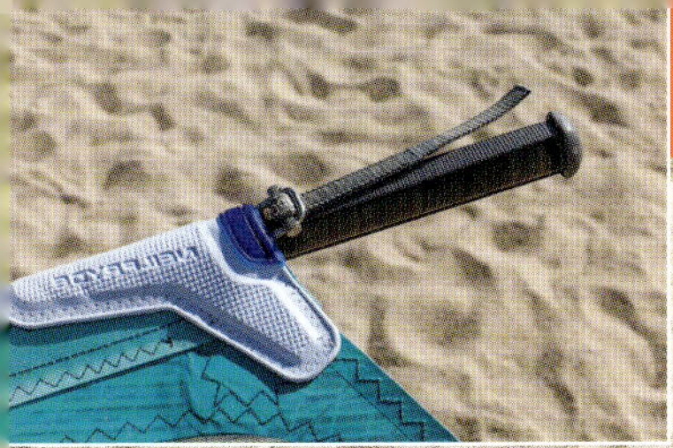

Segeltopp: Kappe, in der der Mast sitzt; längenverstellbare Variotopps können Längendifferenz zwischen Mast und Vorliek ausgleichen.

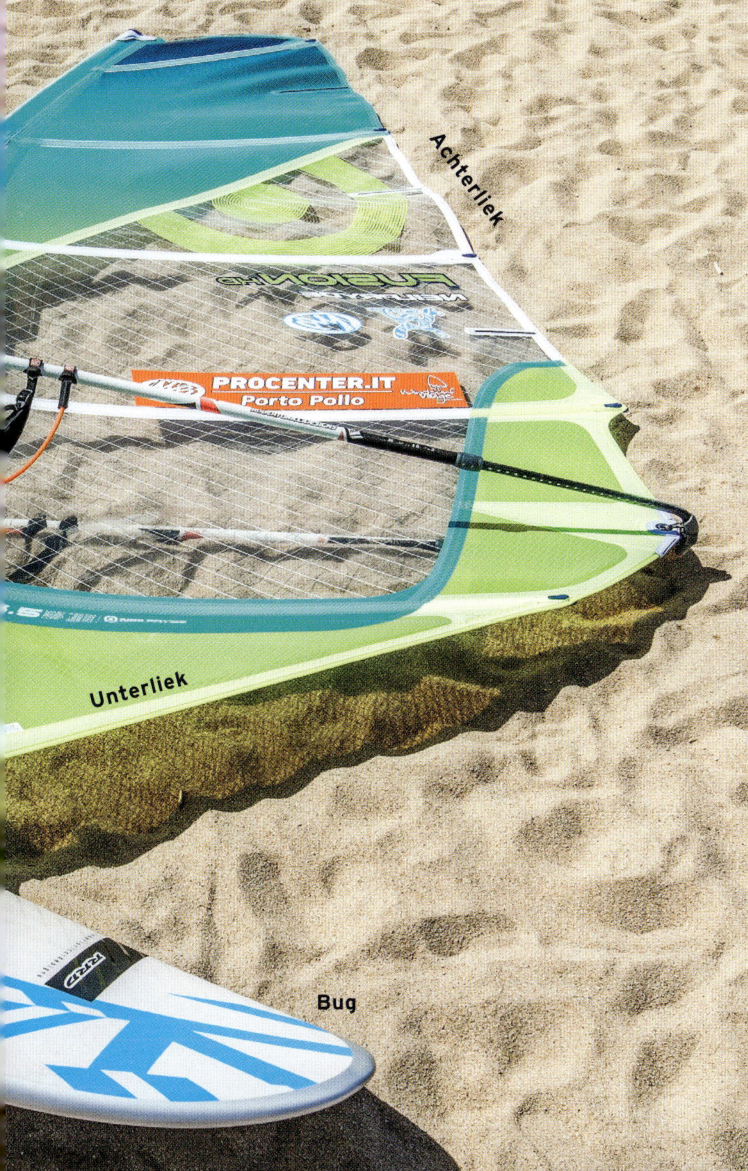

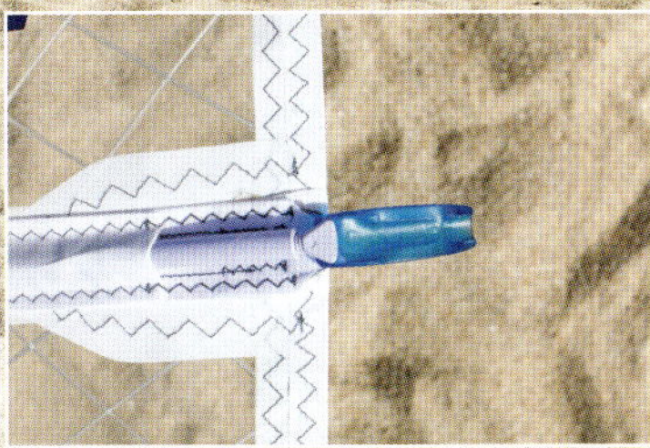

Segellatten: Stäbe aus Glasfaser oder Carbon, die das Profil des Segels stabilisieren; fixiert mit dem Lattenspanner.

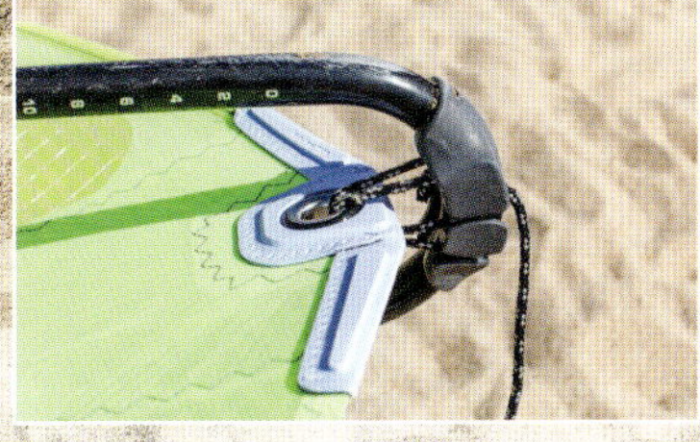

Trimmschot: Tampen, mit dem das Segel am Gabelbaum-Endstück in Querrichtung gespannt wird; die hintere Ecke des Segels heißt »Schothorn«.

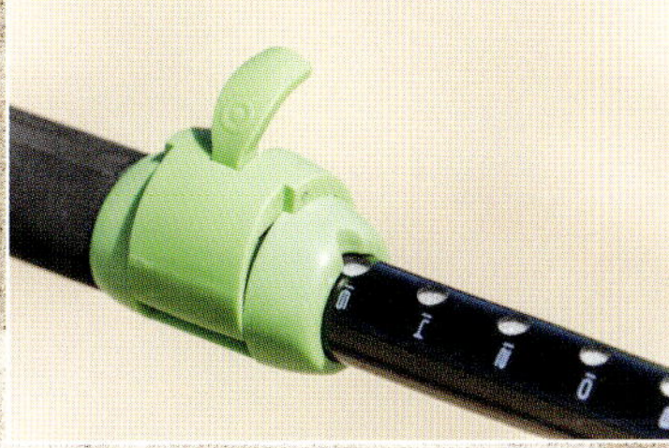

Gabelbaum-Pins: Dienen bei der Verwendung unterschiedlich großer Segel zum Verstellen der Gabelbaumlänge.

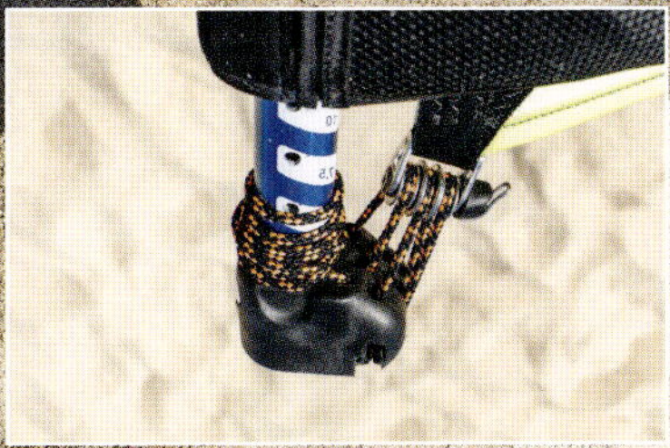

Mastverlängerung: Adapter, der die Längendifferenz zwischen Mast und Segel ausgleicht; Am Vorliekspanner wird das Segel in Längsrichtung gespannt.

Segelaufbau & Trimm

Das beste Material ist nicht das neueste, sondern das, welches am besten aufgebaut ist! Leider passieren hier oft Fehler, die den Spaß auf dem Wasser spürbar trüben können. Wie du dein Material richtig aufriggst und Trimmfehler sofort erkennst, erfährst du hier.

Schritt 1: Segel aufziehen

Rolle das Segel in Windrichtung aus **(1)**. Stecke den Mast zusammen und achte darauf, dass sich in der Steckverbindung kein Sand oder Schmutz befindet **(2)**. Soll das Segel längere Zeit aufgeriggt bleiben, kannst du etwas Tape auf die Steckverbindung aufkleben, um ein Eindringen von Sand zu verhindern **(3)** – so bekommst du nach dem Urlaub alles wieder auseinander und gehst sicher, dass der Mast beim Aufriggen nicht wieder auseinander rutscht (Bruchgefahr!). Schiebe den Mast von unten her in die Masttasche und ziehe im »Ziehharmonika-Stil« nach **(4)**, bis das Segel komplett aufgezogen ist. Falls dein Segel ein Variotopp hat, überprüfe den richtigen Sitz der Toppkappe.

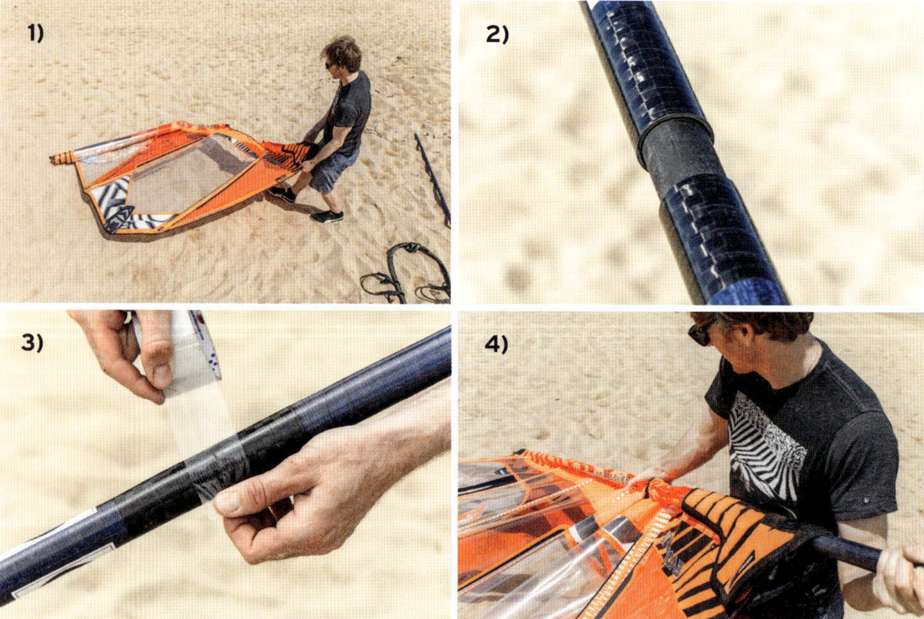

Schritt 2: Vorliek vorspannen

Die nötige Vorliekslänge ist auf jedem Segel unter dem Begriff »Luff« aufgedruckt. Bei unserem Segel beträgt diese 435 Zentimeter. Die Mastempfehlung lautet »430 rdm« – das heißt, ein Mast mit 430 Zentimetern Länge und dünnem Durchmesser (RDM = Reduced Diameter Mast) ist empfohlen. Üblicherweise kann man aber auch Masten mit Standard-Durchmesser (SDM = Standard Diameter Mast) verwenden. In beiden Fällen beträgt die Differenz zwischen Mastlänge (430) und benötigter Vorliekslänge (435) fünf Zentimeter, diese kannst du folglich mit einer auf fünf Zentimeter eingestellten Verlängerung ausgleichen **(5)**. Fädele den Vorliekspanner so, dass der Tampen parallel und ohne Verdrehen läuft, das minimiert die Trimmkräfte enorm **(6 & 7)**. **Tipp:** Verlängerungen mit großen Rollen erleichtern das Trimmen. Spanne das Vorliek zunächst moderat vor, indem du dich mit dem Fuß an der Verlängerung abstützt und strammziehst **(8)**.

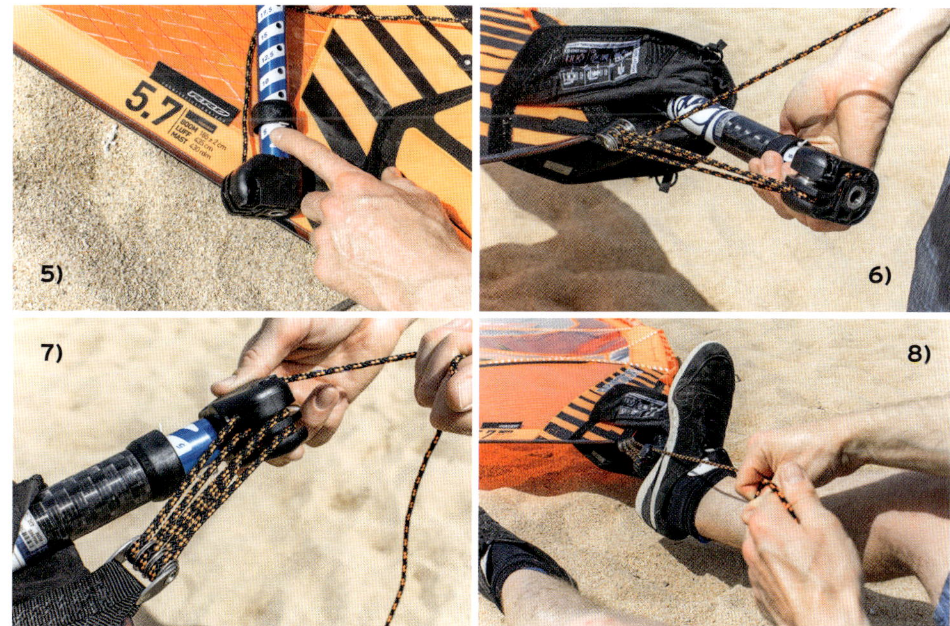

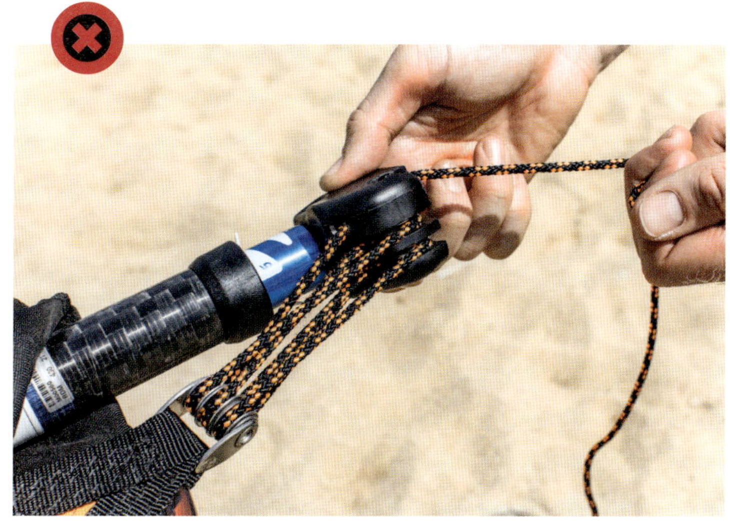

Das richtige Fädeln braucht etwas Übung, lohnt sich aber, denn die Trimmkräfte mit verdrehtem Tampen sind spürbar höher.

Schritt 3: Gabelbaum montieren

Stelle den Gabelbaum auf die richtige Länge ein **(9)**, die nötigen Angaben sind ebenfalls auf das Segel aufgedruckt (hier: Boom 185 +/-2). Zuerst montierst du die Gabel vorne am Mast **(10)**. Benutzt du, wie hier empfohlen, einen Mast mit reduziertem Durchmesser (»Skinny«, bzw. RDM) benötigst du einen Adapter. Viele moderne Gabelbäume haben diesen bereits integriert. Benutzt du einen dickeren SDM-Mast, nimm den Adapter vor der Montage heraus. Der Schnellverschluss soll mit mittlerem Widerstand zu schließen sein, rohe Gewalt beim Zuklappen kann den Mast beschädigen. Anschließend fädelst du die Trimmschot am Ende des Gabelbaums ein **(11)** und ziehst moderat stramm. Auch hier gilt: Überkreuzen vermeiden! Und zum Schluss? Aufholleine einhängen **(12)**.

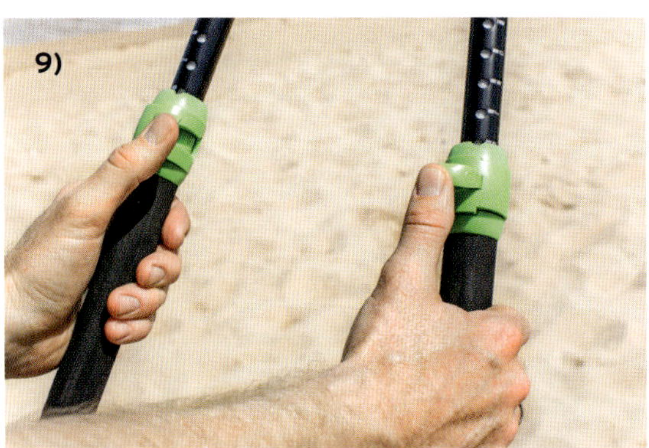
9)

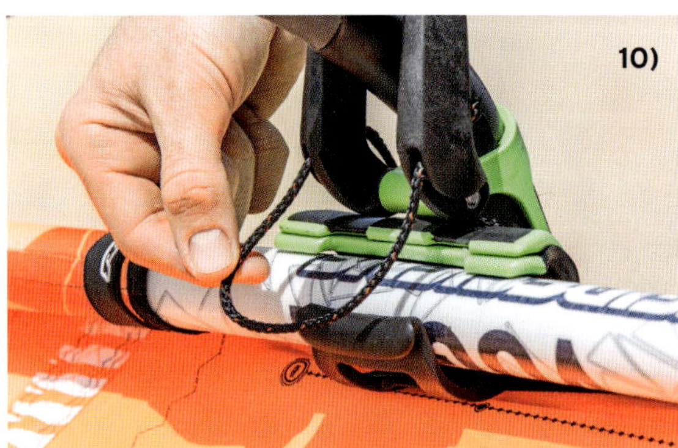
10)

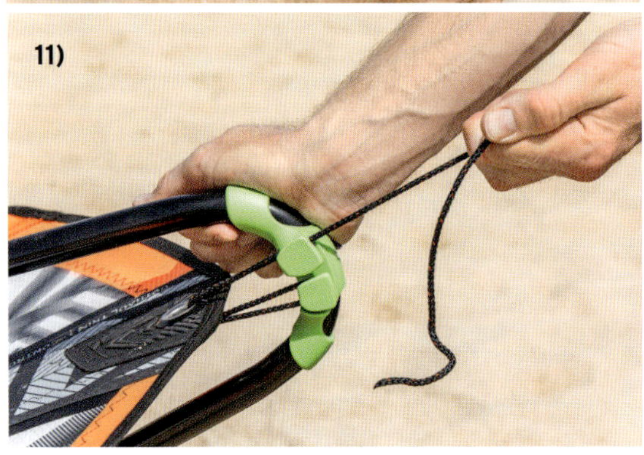
11)

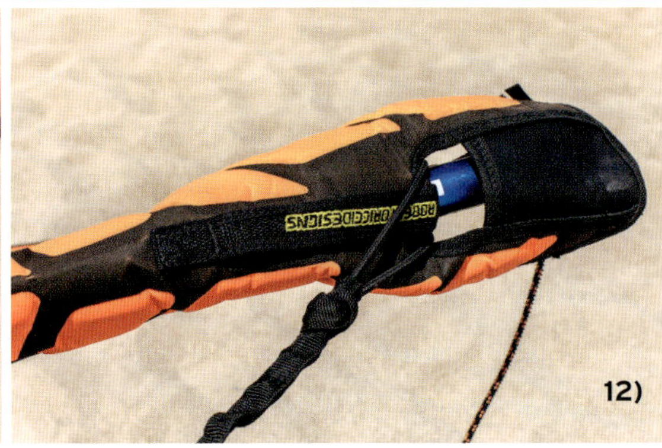
12)

Schritt 4: Vorliek durchsetzen & absichern

Auch wenn die meisten Segel ihre Eigenheiten bezüglich Trimm haben, gilt doch: Die Hauptlast beim Trimmen liegt immer auf dem Vorliekspanner – viele Windsurfer trimmen hier zu wenig. Am Vorliekspanner darfst und musst du beherzt durchziehen, am besten nutzt du dazu einen Trapezhaken, einen Schraubenzieher oder eine Verlängerung als Trimmhilfe **(13)**. Ein Indikator für den richtigen Trimm ist das sogenannte »Loose Leech« (zu dt.: »lockeres Achterliek«): Je stärker du am Vorliek spannst, desto mehr biegt sich auch der Mast, wodurch sich das Achterliek zwischen den oberen beiden Segellatten entspannt **(14)**. Mit Ausnahme von Anfänger- und den sehr speziellen Freestylesegeln, die nahezu ohne Loose Leech aufgeriggt werden, sollten moderne Segel immer etwas sichtbares Loose Leech aufweisen. Viele Marken drucken Markierungspunkte ins Segel, bis zu diesen die entstehende sichtbare Falte im Monofilm laufen sollte. Durch das entspannte Achterliek kann das Segel im oberen Bereich twisten, das heißt, in starken Böen dreht sich das Segeltopp weg und lässt etwas Dampf ab - was sich positiv auf Handling und Kontrollierbarkeit auswirkt. Deshalb gilt: Bei Leichtwind reicht ganz leichtes Loose Leech aus, das Achterliek steht dann straffer und das Segel hat etwas mehr Leistung. Bei viel Wind solltest du deinem Segel durch stärkeres Spannen am Vorliek auch mehr Loose Leech verpassen, um den für die Segelkontrolle nötigen Twist zu erlauben. An der Trimmschot spannst du stets nur moderat, um dem Segel den nötigen Bauch zu lassen. Am Ende sollten Vorliekspanner und Trimmschot mit halben Schlägen **(15)** und einem Achterknoten **(16)** abgesichert werden. Das Einstellen des Gabelbaums auf Schulterhöhe machst du am besten erst, wenn Brett und Segel zusammengesteckt sind.

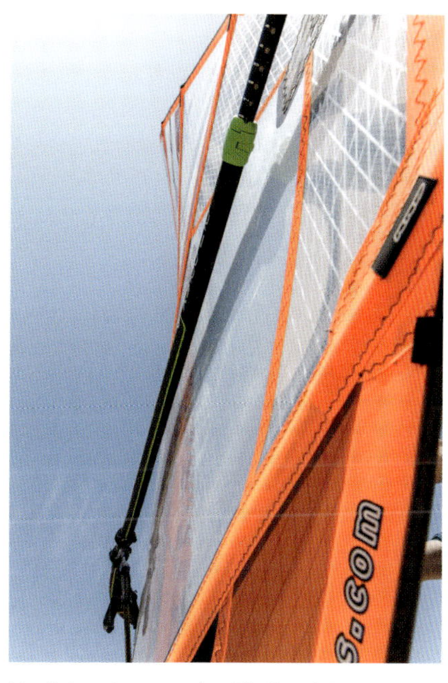

Idealtrimm im normalen Windbereich: Im Topp kann das Segel dank Loose Leech etwas twisten, im Gabelbaumbereich sorgt ein sichtbarer Bauch für Vortrieb.

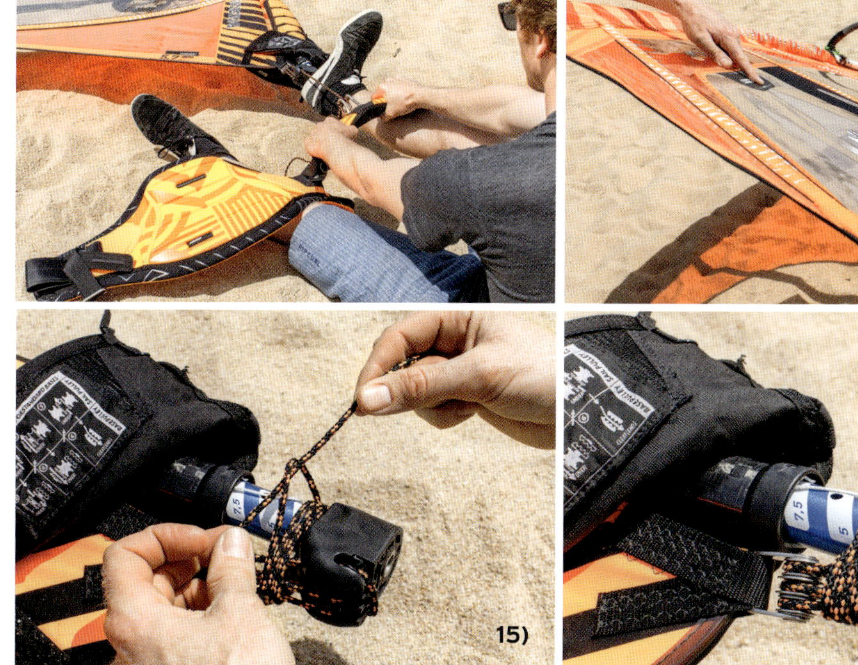

Trimmfehler erkennen

Auch wenn man sich an Land alle Mühe gegeben hat, manchmal merkt man erst auf dem Wasser, dass der Trimm nicht passt.

Fall 1: Segel untertrimmt
Symptome eines untertrimmten Segels sind:
- Kontrollverlust in den Böen, erkennbar durch-stark ansteigenden Zug auf der Segelhand, bedingt durch einen nach hinten wandernden Segeldruckpunkt.
- Schweres Fahrgefühl: Das Segel zieht erkennbare Querfalten über dem Gabelbaum und staucht beim Surfen im Toppbereich.
- Schlechte Rotation der Segellatten in Manövern.

Neben dem sichtbaren Loose Leech ist ein guter Indikator auch die Segellatte unmittelbar über dem Gabelbaum: Steht diese deutlich über den Mast über, ist die Vorliekspannung zu gering **(1)**.

Maßnahme: Ziehe am Vorliek schrittweise 1-2 cm durch und passe die Trimmschotspannung in gleichem Maße an.
Trimmunabhängige Gründe können sein, dass du einen zu kurzen und damit zu weichen Mast nutzt.

Fall 2: Segel übertrimmt
Symptome eines übertrimmten Segels sind:
- Geringe Fahrleistung bei wenig Wind.
- Schlechte Fahrstabilität, d.h. das Segel wirkt zappelig und unruhig in den Händen, der richtige Anstellwinkel zum Wind ist nur schwer zu finden.

Auch hier kann die Segellatte unmittelbar über dem Gabelbaum ein guter Indikator sein: Berührt diese den Mast überhaupt nicht **(2)**, ist die Vorliekspannung zu hoch.

Maßnahme: Lasse an Vorliekspanner und Trimmschot jeweils 1-2 Zentimeter nach.
Trimmunabhängige Gründe können sein, dass du einen zu langen und damit zu harten Mast benutzt.

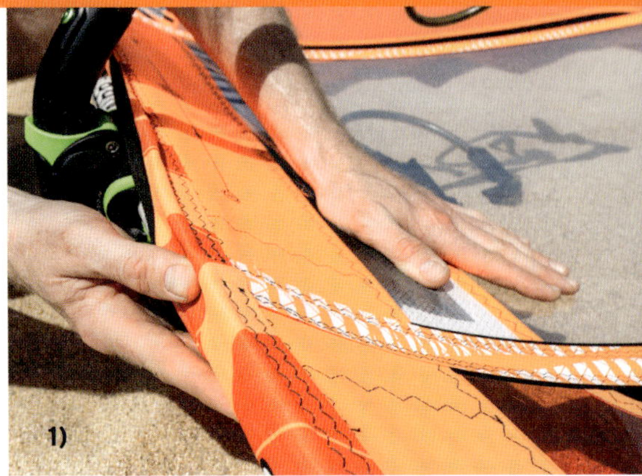
1)

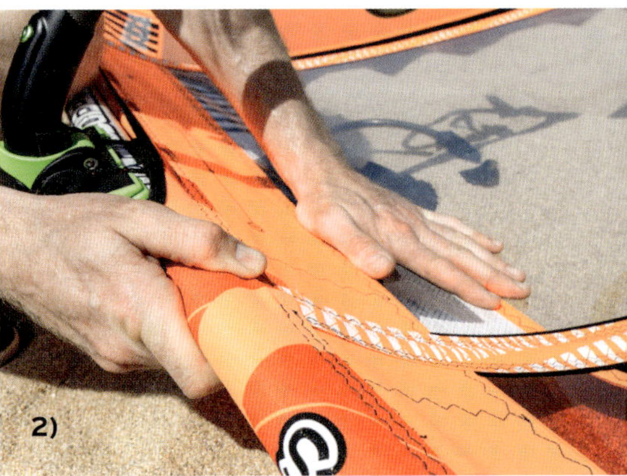
2)

Dichtgeholt dürfen Segel den Gabelbaum auf der Leeseite fast berühren **(3)**. Wer sein Segel an der Trimmschot zu flach zieht, killt das Profil - das Segel wird leistungsschwach und liegt nervös in der Hand.

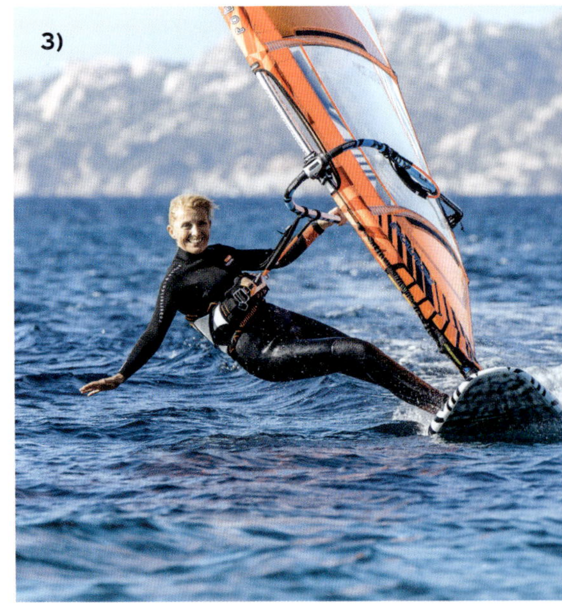
3)

Trimmhilfe basteln

Schwerstarbeit muss man manchmal beim Trimmen verrichten – vor allem für viele Jugendliche und Frauen sind die hohen Trimmkräfte am Vorliek oft ein echtes Problem. Ein kleiner Trick kann helfen, das Tampenende in eine perfekte Schlinge für eine Trimmhilfe zu verwandeln – und das sekundenschnell und ganz ohne Knoten.

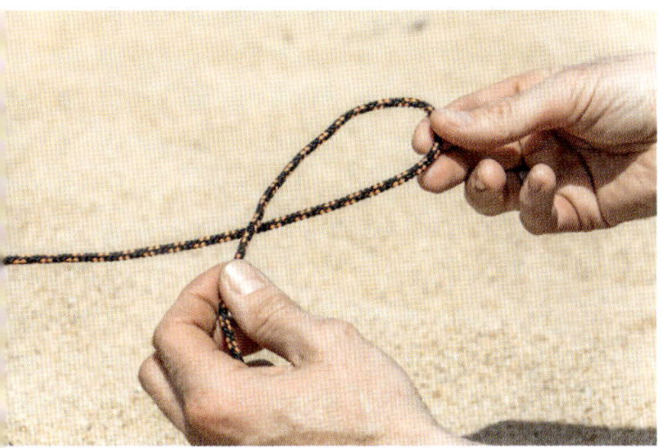

1. Lege mit dem Tampen eine Schlaufe, sodass das Tampenende oben liegt.

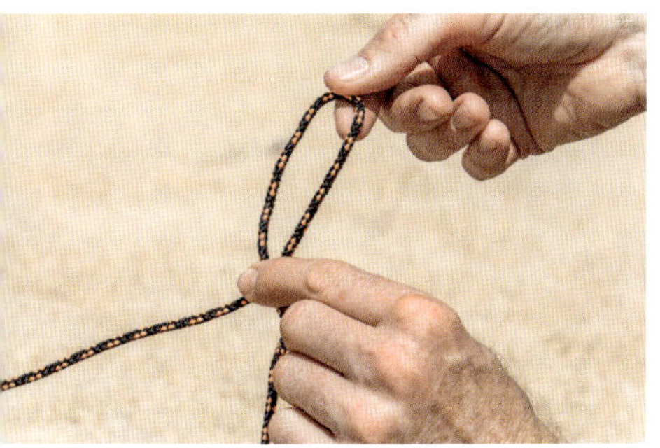

2. Klappe die Schlaufe nach oben.

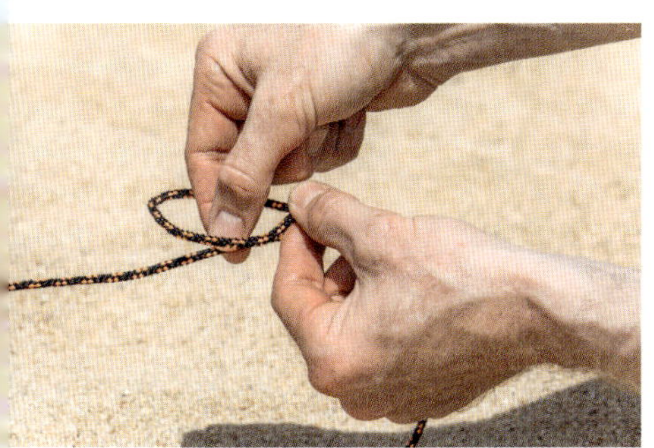

3. Greife durch die Schlaufe …

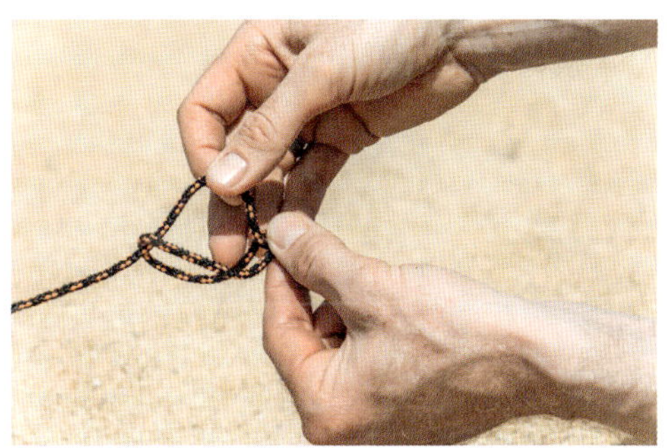

4. … und ziehe den Tampen nach oben durch. In die entstehende Öse …

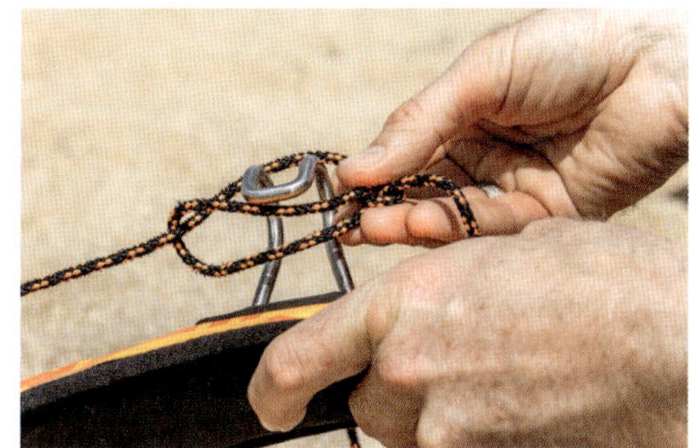

5. … kannst du jetzt eine Trimmhilfe, zum Beispiel deinen Trapezhaken oder einen Schraubendreher durchschieben …

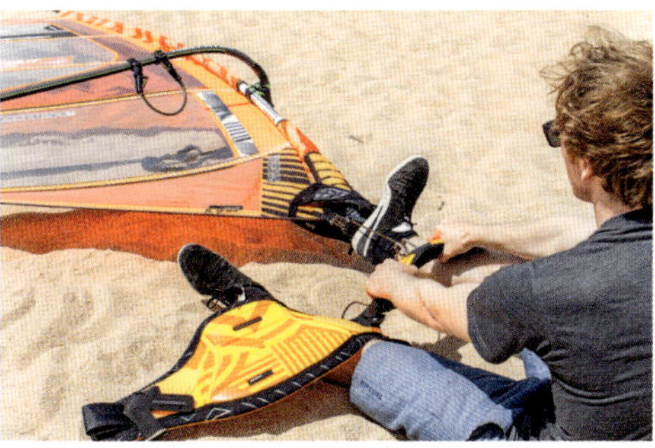

6. … und das Segel trimmen. Und das Beste: Entfernst du den Trapezhaken aus der Öse und ziehst am Tampenende, verschwindet die Öse wie von Zauberhand wieder.

Hintergrund: Das bedeuten die Mastangaben

Wer einen passenden Mast für sein Segel sucht, wird mit einer Vielzahl von Zahlen und Daten konfrontiert. Was für den Materialaufbau oder beim Kauf eines Masts wichtig ist und was du getrost gleich wieder vergessen kannst, erfährst du im Folgenden:

Mastlänge: Masten werden in 30-Zentimeter-Schritten von 340 bis 520 Zentimetern Länge angeboten. Das Beispielfoto unten mit der Angabe »430« zeigt also einen Mast mit 430 cm Länge. Die benötigte Länge richtet sich nach der Segelgröße – ein kleines 3,7-qm-Segel kommt oft mit einem 340er aus, das 9,5er-Leichtwindsegel braucht hingegen die längste Variante. Die Differenzen zwischen der Länge des Masts und den für das jeweilige Segel notwendigen Maßen gleicht man über eine Mastverlängerung oder ein Variotopp aus. Manchmal können für ein und dasselbe Segel auch zwei verschiedene Mastlängen in Betracht kommen. Ein Beispiel: Ein 5,3er-Segel mit Variotopp und einer angegebenen Vorlieksläge von 420 cm könnte man entweder auf einem 400er-Mast mit 20 cm Verlängerung fahren, oder einen 430er-Mast am Variotopp um zehn Zentimeter überstehen lassen. Dabei gilt: Längere Masten sind immer auch härter. Je härter der Mast, desto straffer fühlt sich auch das Segel an. Für schwere Fahrer (> 95 Kilo) kann dies dann ein Vorteil sein, in den Händen sehr leichter Surfer/-innen (< 65 Kilo) zieht sich aufgrund des harten Masts dann oft das nötige Profil nicht mehr ins Segel – ein kürzerer Mast wäre in diesem Fall besser geeignet.

RDM & SDM: Auf dem Markt haben sich über alle Marken und Modelle hinweg zwei grundlegende Mastdurchmesser etabliert. Masten mit Standard-Durchmesser (SDM = Standard Diameter Mast) werden mittlerweile allenfalls noch in großen Segeln über 6,5 qm und im Regattabereich verwendet.
Aufgrund ihres größeren Durchmessers sind sie im Schnitt etwas steifer, was vor allem im Hochleistungsbereich, etwa bei Slalom- und Racesegeln für Wettkämpfe, von Vorteil ist. Segel für Hobbysurfer, aber auch für Wettkampfdisziplinen wie Freestyle und Waveriding, werden heute nahezu ausnahmslos auf dünneren Masten aufgeriggt, die als »RDM« oder »Skinnys« bezeichnet werden (RDM = Reduced Diameter Mast). RDM-Masten erleichtern das Greifen am Mast enorm, zudem sind sie aufgrund ihrer dickeren Wandstärke stabiler gegenüber Bruchbelastung.

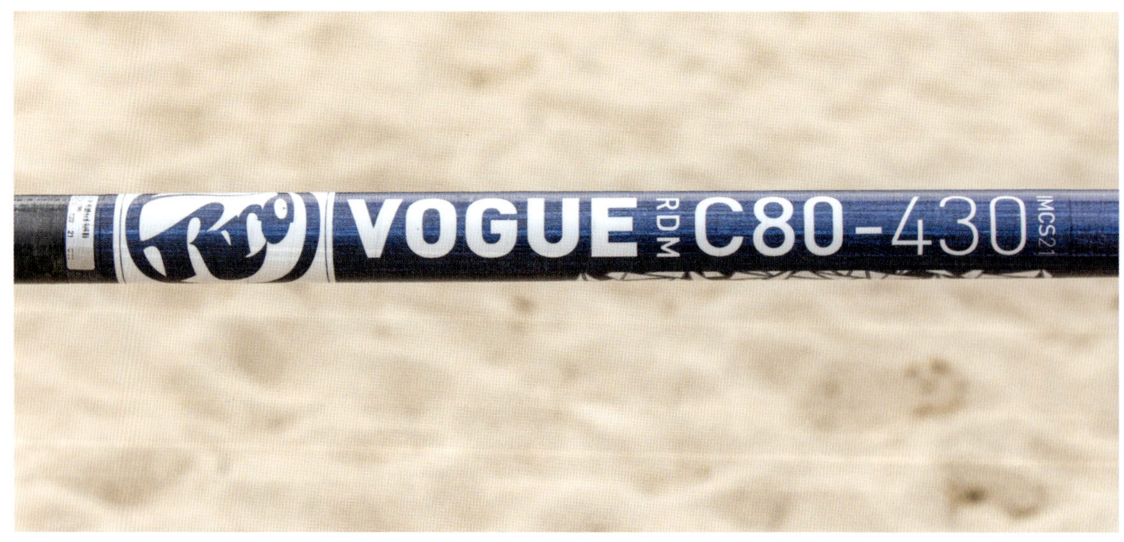

Carbongehalt: Der Carbongehalt ist auf jedem Mast aufgedruckt, meist mit Angaben wie C30, C60, C80, C100 – die Zahl gibt hier den Carbonanteil in Prozent an, der Rest besteht in der Regel aus Glasfaser, Harz ist immer nötig. Je höher der Carbonanteil, desto hochwertiger aber auch teurer ist ein Mast. In der Praxis merkt man den Unterschied einerseits in Form des Gewichts – Masten mit hohem Carbonanteil sind leichter – und auch bei der »Rückstellgeschwindigkeit«: Während Masten mit niedrigem Carbongehalt beim Surfen im Kabbelwasser recht träge schwingen, kommen hochwertige Carbonmasten schneller wieder in die Idealposition zurück, das Segel fühlt sich dadurch leichter, reaktiver und handlicher an.

Tipp: Für den Einstieg bis hin zu den ersten Gleitversuchen reicht ein günstiger Mast mit 30–50 Prozent Carbon allemal. Ambitionierte Hobbysurfer bekommen in der Carbonklasse mit 50–80 Prozent ein leistungsfähiges und vor allem noch bezahlbares Produkt, die Abstriche bei Leistung und Handling sind gegenüber den Edelmasten mit 100 Prozent Carbon kaum spürbar. Wer braucht also die Vollcarbonmasten überhaupt? Regattaprofis und alle, die einfach das Beste und Leichteste haben wollen und das nötige Kleingeld in der Tasche haben.

IMCS-Wert: Der IMCS-Wert (IMCS = Indexed Mast Check System) ist ein Relikt aus der Vergangenheit und bezüglich seiner Aussagekraft sehr begrenzt, trotzdem wird er nach wie vor hartnäckig auf jeden Mast aufgedruckt. Er gibt die Masthärte an – je geringer der Wert, desto weicher der Mast. Da es innerhalb ein und derselben Mastlänge aber ohnehin keine Härteunterschiede gibt – so haben z. B. alle 400er-Masten die Härte 19, alle 430er-Masten die Härte 21 usw. –, sollte man sich davon nicht verwirren lassen. Wer also die richtige Mastlänge für sein Segel kauft, hat automatisch auch immer die richtige Masthärte.

Biegekurve: In der Vergangenheit kochten viele Segelhersteller ihr eigenes Süppchen und designten Masten, die exakt für die eigenen Segel passten. Dabei gab es Masten, die im oberen Bereich weicher waren und sich dort folglich mehr biegen konnten (Flex Top) und solche mit verhältnismäßig geringerer Biegung im Toppbereich (Hard Top). Wer Segel und Masten verschiedener Marken einfach wild kombinierte, konnte Pech haben – dann nämlich, wenn die Biegekurve nicht zum Segel passte. Die Folgen auf dem Wasser reichten im schlimmsten Fall von schlechter Kontrolle und eingeschränkter Lattenrotation bis hin zu gedrosselter Gleitleistung. Glücklicherweise sind in den letzten Jahren mehr und mehr Marken auf die goldene Mitte »Constant Curve« umgesattelt, die für nahezu alle Marken und Modelle recht gut passt. Wer also Segel und Masten verschiedener Marken miteinander kombinieren möchte oder muss, hat mit einem Mast der Bezeichnung »Constant Curve« das geringste Fehlerrisiko.

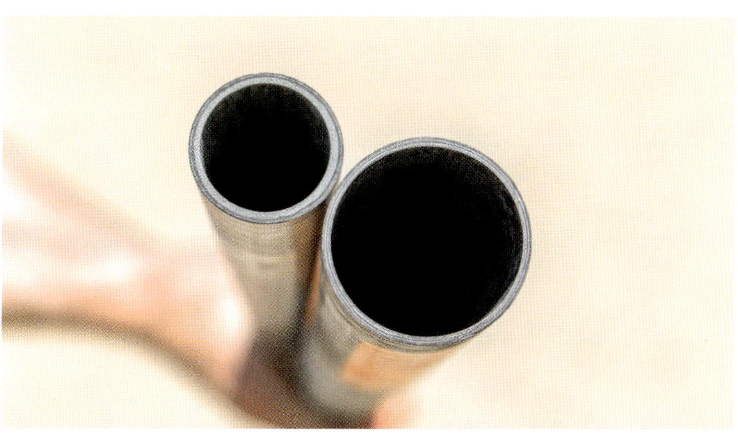

RDM und SDM-Masten unterscheiden sich neben dem Durchmesser auch in der Wandstärke. Diese ist bei dünnen RDM-Masten höher, was die Bruchgefahr sinken lässt.

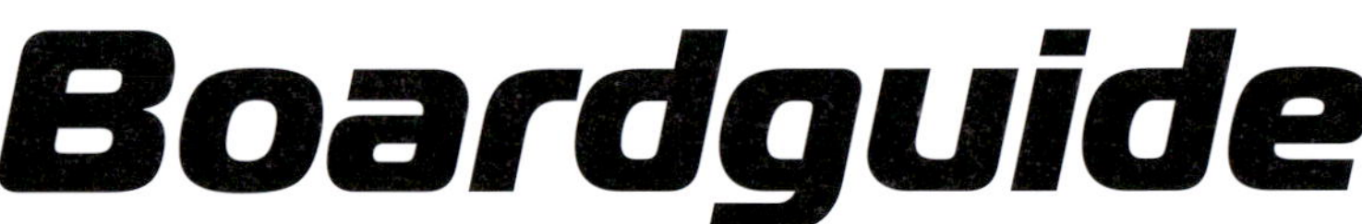

Boardguide

Der Begriffsdschungel wuchert auf im Windsurfbereich. Wer mal auf der Homepage eines namhaften Herstellers oder im Shop nach einem Windsurfboard für seine Ansprüche gesucht hat, ist hinterher mitunter genauso schlau wie vorher. Brettklassen wie Freeride, Wave, Freestyle, Freemove oder Slalom verwirren manchmal selbst erfahrene Windsurfer, hinzu kommen für jede Klasse nochmal diverse Größen und Bauweisen. Weil Windsurfboards aber oft zu teuer sind, um »das Falsche« zu kaufen, solltest du die wichtigsten Unterschiede kennen. Marke und Alter des Boards sind dabei erstmal zweitrangig, erstmal gilt es, überhaupt in der richtigen Brettklasse zu suchen.

Die unterschiedlichen Brettklassen kannst du, vereinfach gesagt, an drei wesentlichen Merkmalen auseinanderhalten: Shape, Fußschlaufen-Optionen und Finnenausstattung.

Shapes – eine Wissenschaft für sich

Die dreidimensionale Form eines Boards wird oft mit dem englischen Begriff »Shape« beschrieben. Dazu gehört die äußere Form (»Outline«), die Gestaltung der Kanten (»Railshape«) und vor allem die Bodenkurve (»Scoop-Rocker-Line«). Je flacher die Bodenkurve eines Boards ist, d. h. je weniger Aufbiegung es hat **(2)**, desto mehr ist es – in Verbindung mit breiten Hecks – auf frühes und einfaches Anleiten und hohe Endgeschwindigkeit ausgelegt. Flache Bodenkurven finden sich deshalb in allen Brettklassen, bei denen der Fokus auf

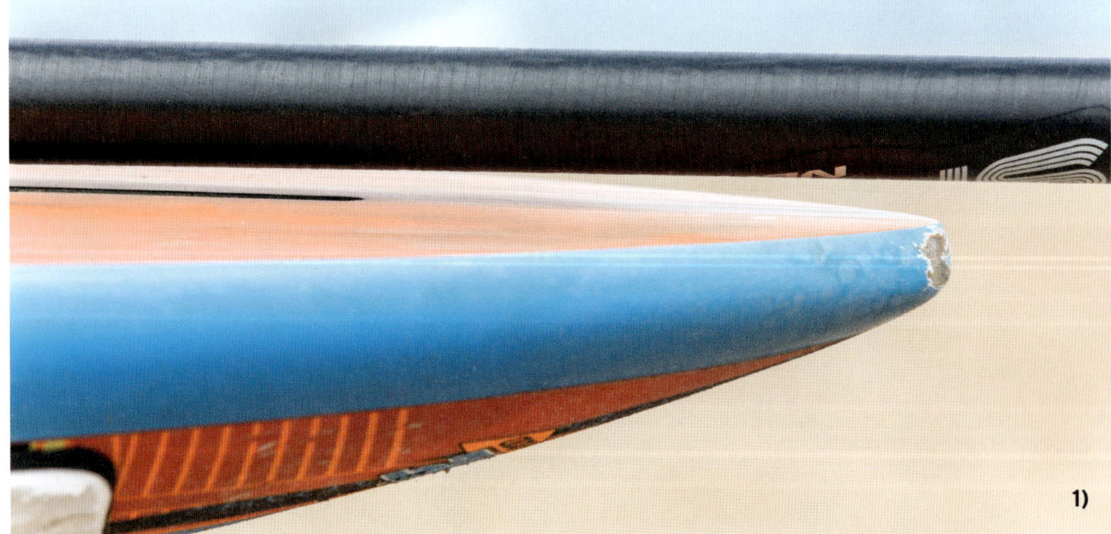

1)

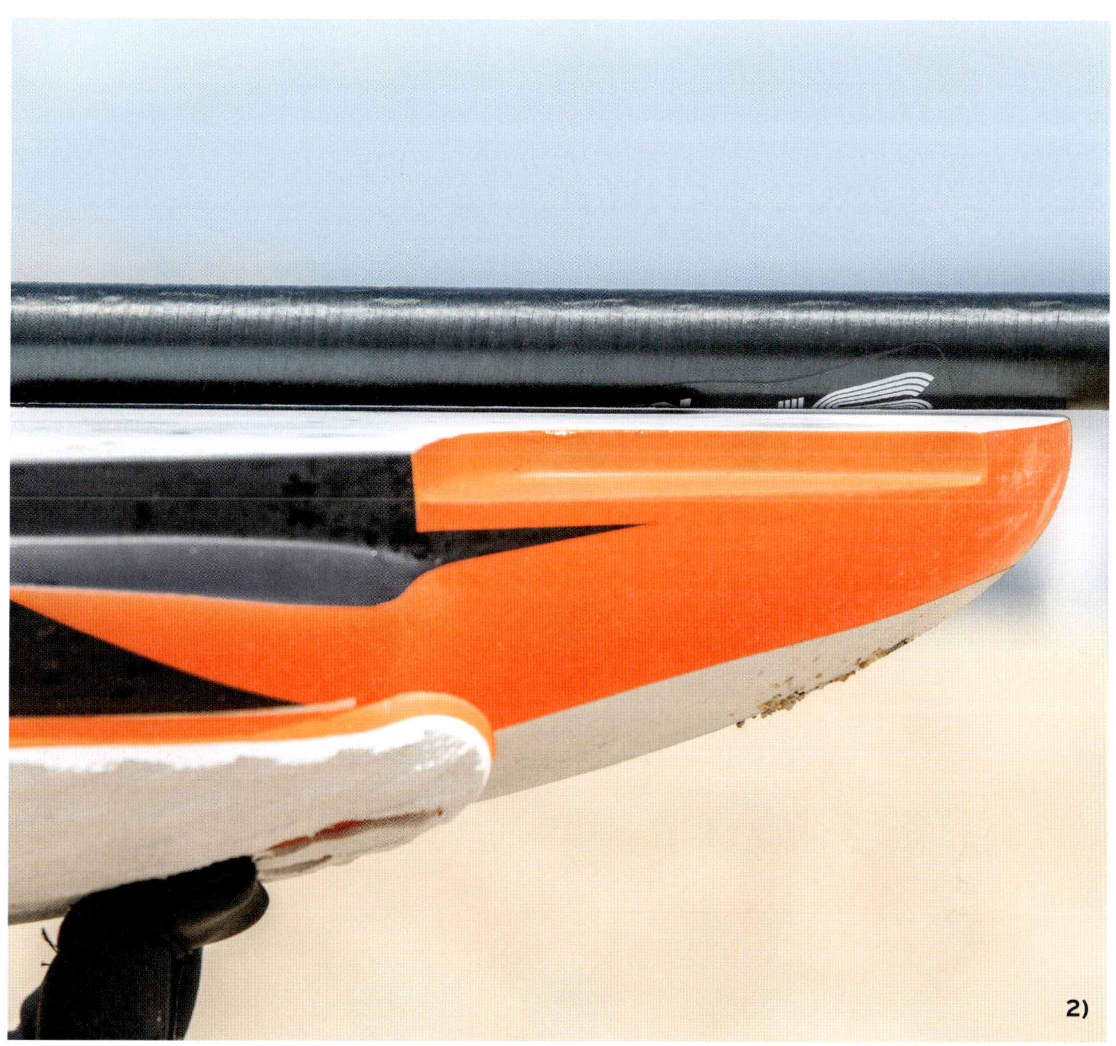

einfachem Angleiten und hohen Topspeed liegt. Radikale Dreheigenschaften sind hierbei weniger wichtig. Runde Bodenkurven **(1)** mit viel »Rocker« sorgen in Verbindung mit runden Kanten, schmaleren Hecks und kürzeren Finnen hingegen für beste Dreheigenschaften, drosseln andererseits aber auch die Angleitleistung und den Endspeed.

Fußschlaufenoptionen

Auch anhand der Fußschlaufenoptionen ist ein Windsurfboard einer bestimmten Brettgruppe zuteilbar. Boards für die Welle und zum Herumspringen auf Flachwasser werden beispielsweise ausschließlich mit einem 3-Schlaufen-Setup ausgestattet. Die vorderen Schlaufen liegen dabei weit innen, nahe der Längsachse, auf dem Heck wird nur eine Mittelschlaufe montiert. Eine weiter außen liegende Schlaufenposition ist nicht vorgesehen und für den angestrebten Einsatzbereich auch nicht nötig.

Allrounder, die einen großen Einsatzbereich mit guter Flachwasserleistung und trotzdem noch guten Dreh- und Welleneigenschaften abdecken sollen (Brettklassen Freestyle-Wave/Freemove), werden standardmäßig auch mit mehr Schlaufenplugs ausgestattet. Hier kann man – je nach Vorliebe,

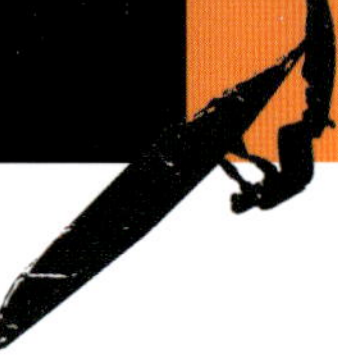

Können und Einsatzbereich – ein weit innen liegendes 3-Schlaufen-Setup für Manöver und gemäßigte Welle oder ein leistungsstärkeres 4-Schlaufen-Setup montieren **(3)**. Dies gilt auch für die unter Hobbysurfern am weitesten verbreitete Brettklasse »Freeride«, die neben einer anfängerfreundlichen Innenposition auch eine etwas sportlichere Außenposition für geübtere Fahrer bietet **(2)**.

Fehlt bei einem Board eine Mittelposition komplett und kann nur ein 4-Schlaufen-Setup montiert werden, bei dem die Schlaufen weit außen auf den Kanten befestigt sind **(1)**, handelt es sich in der Regel um ein Brett der Kategorie, »Freerace« oder »Slalom« – leistungsorientierte Brettklassen, die ambitionierten und geübten Windsurfern vorbehalten bleiben sollten.

Finnen

Die Finnen-Ausstattung eines Bretts geht Hand in Hand mit Shapemerkmalen wie der Heckbreite und der Fußschlaufenposition. So erfordert das breite Heck eines Slalom- oder Freeraceboards **(4)** in Verbindung mit weit außen liegenden Schlaufenpositionen auch immer eine längere und geradere Finne als beispielsweise eines der Kategorie Freeride **(5)** oder ein manöverorientiertes Brett der Freestyle-Wave-Kategorie **(6)**, bei dem das Heck schmal ist und die Schlaufen weit innen auf der Längsachse liegen.

Generell gilt: Je drehfreudiger und manöverorientierter ein Brettkonzept ist, desto kleiner und gebogener sind die Finnen. Ist ein Brett mit mehreren Finnenkästen ausgestattet, ist dies ein sicheres

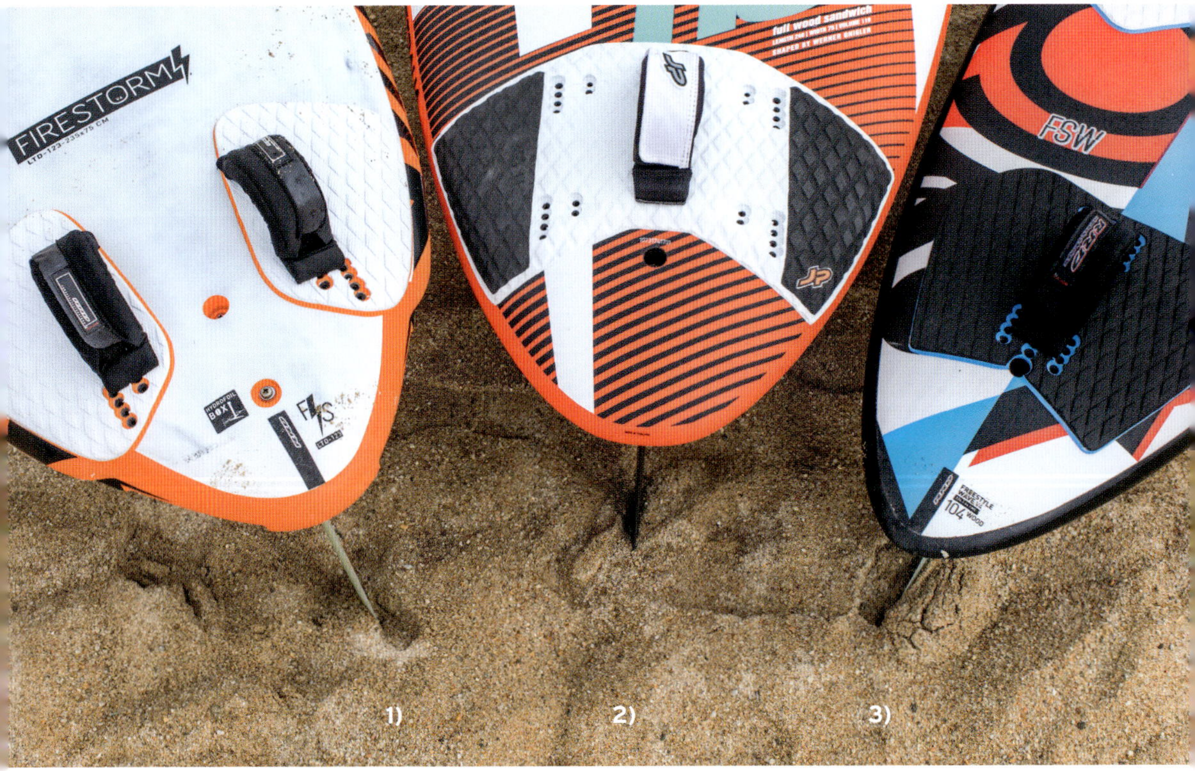

1) 2) 3)

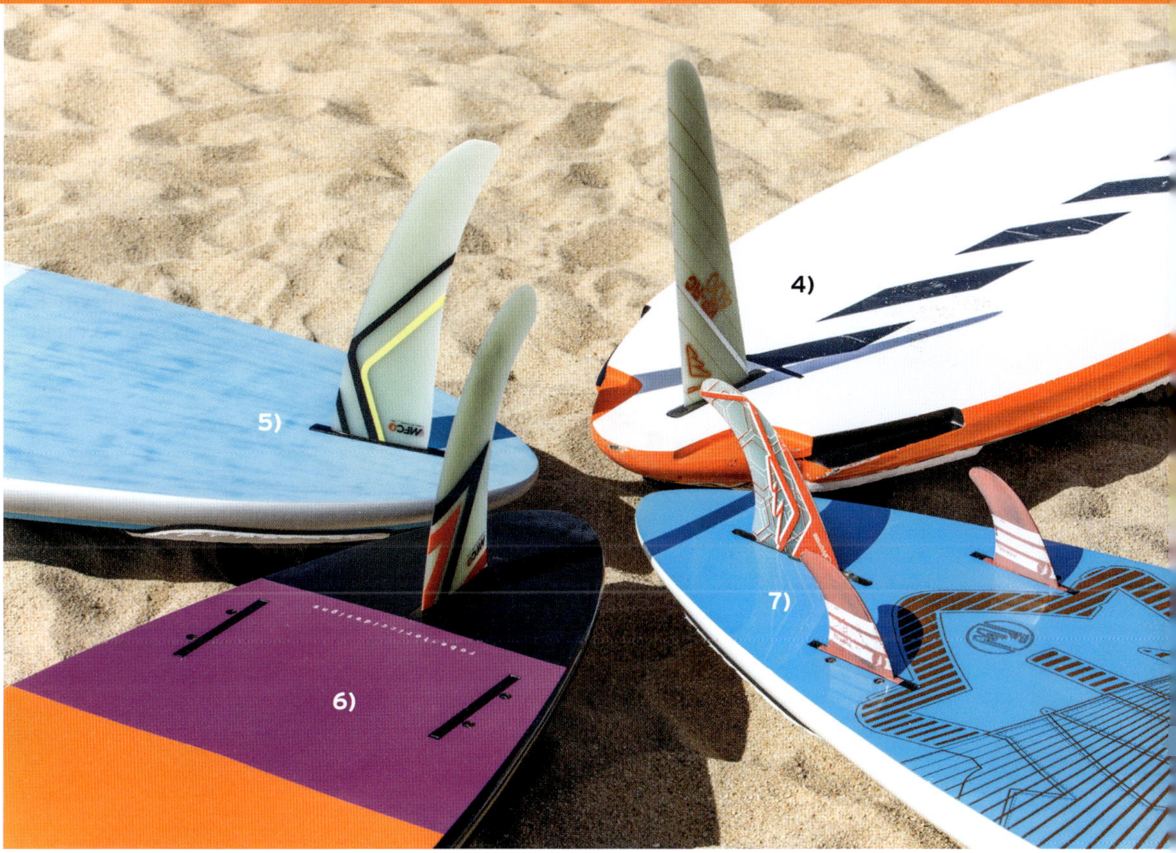

Zeichen dafür, dass es sich um ein Board der Kategorie »Wave« **(7)** oder »Freestyle-Wave« handelt.

Die Charakteristika der wichtigsten Brettgruppen kannst du der Tabelle auf der folgenden Seite entnehmen. Auch wenn die Übergänge zwischen den Brettgruppen teilweise fließend sind, solltest du damit doch die gröbsten Schnitzer bei der Brettwahl vermeiden können:

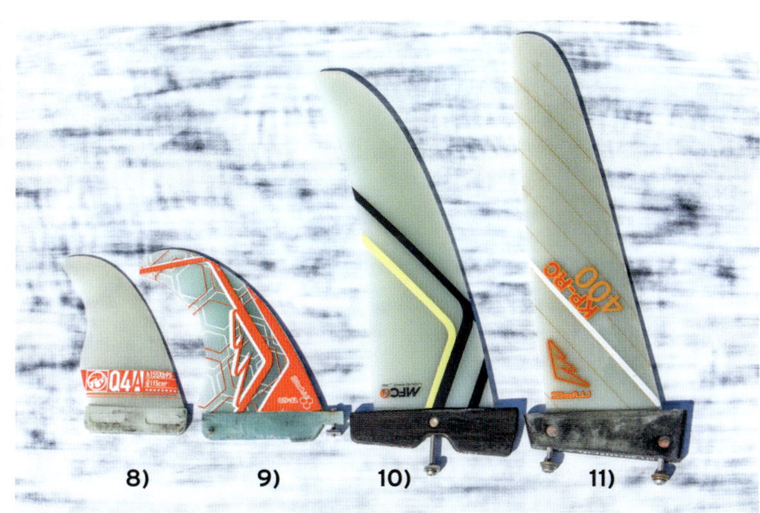

Boxenstopp: Nicht nur Form und Länge der Finnen unterscheiden sich je nach Brettklasse, sondern auch die verbauten Boxensysteme: Populär sind Slotbox (**8;** Wave), US-Box (**9;** Wave, Freestyle-Wave, Freestyle), Powerbox (**10;** Freeride, Freestyle, Freestyle-Wave) und Tuttlebox (**11;** Freerace, Slalom). Beim Kauf unbedingt beachten!

Brettklasse	Shape-Charakteristika	Volumen (Liter
Longboards/ Wind-SUP	• Länge: 260-350 cm • Bodenkurve: flach • Heckbreite: mittel bis breit • Schwert oder Centerfinne • Schlaufenpositionen: Keine oder weit vorne/innen	150-300
Freeride	• Länge: 230-260 cm • Bodenkurve: überwiegend flach • Heckbreite: mittel bis breit • Schlaufenpositionen: innenliegende Einsteigerposition & gemäßigte Außenpositionen	100-170
Foil	• Länge: 180-225 cm • Bodenkurve: flach • Heckbreite: breit bis extrem breit • Schlaufenpositionen: weit innen bis weit außen, je nach Foil-Disziplin	90 bis 150
Freemove / Freestyle-Wave	• Länge: 225-235 cm • Bodenkurve: leicht verrundet • Heckbreite: mittel bis schmal • Schlaufenpositionen: weit innen & gemäßigte Außenposition	85-125
Freerace	• Länge: 230-240 cm • Bodenkurve: flach • Heckbreite: breit • Schlaufenpositionen: weit außen & gemäßigte Außenposition	100-150
Slalom	• Länge: 220-240 cm • Bodenkurve: sehr flach • Heckbreite: sehr breit • Schlaufenpositionen: nur weit außen	80-150
Freestyle	• 210-225 cm • Bodenkurve: überwiegend flach • Heckbreite: mittel • Schlaufenpositionen: nur weit innen und vorn	85-110
Wave	• 210-230 cm • Bodenkurve: sehr rund • Heckbreite: schmal bis sehr schmal • Schlaufenpositionen: nur weit innen	60-115

Finnen & Boxensyteme	Kompatible Segeltypen	Zielgruppe
• Singlefin • Powerbox • Finnenform: gerade • Finnenlängen: 30-50 cm	• Alle	Anfänger & Aufsteiger, bis hin zu ersten Gleitversuchen; Leichtwindsurfer; Familien
• Singlefin • Powerbox • Finnenform: gerade bis leicht gebogen • Finnenlängen: 30-50 cm	• Freeride • Freemove • Wave • (Freerace)	Einsteiger ins Gleitsurfen und Hobbysurfer, deren Fokus auf entspanntem Gleiten auf Flachwasser, Powerhalsen und ersten Sprüngen liegt. Boards mit verstärkter Finnenbox („foil approved") eignen sich auch für den Einstieg ins Foilsurfen.
• Foilbox (speziell verstärkte Tuttlebox) oder Doppelschiene • Verwendung nur mit Foils	• Foil • Freemove • Freeride • Freerace (je nach Foil-Disziplin)	Ausschließlich zum Foilsurfen, es gibt hier unterschiedliche Disziplinen wie Foil-Freestyle, Foil-Racing, usw. Tipp: Wer Windsurfen mit Finne & Foilsurfen kombinieren möchte, sollte Freeride-Boards mit „foil approved" Finnenkasten nutzen.
• Singlefin/Thruster • Diverse Boxensysteme • Finnenform: mäßig gebogen • Finnenlängen (Centerfinne): 18-36 cm	• Freemove • Wave • Freeride • (Freestyle)	Geübte Surfer, die sicher gleiten und wasserstarten können und alles von Flachwasser, moderaten Brandungswellen bis hin zu ersten Freestyle-Manövern abdecken wollen.
• Singlefin • Powerbox oder Tuttlebox • Finnenform: gerade • Finnenlängen: 32-48 cm	• Freerace • Freeride • Race	Leistungsorientierte Windsurfer, die auf hohen Topspeed Wert legen und gehobenes Fahrkönnen haben. Grundvoraussetzungen sind sicheres Gleiten, Schlaufensurfen & Wasserstarten.
• Singlefin • Tuttle- oder Deep-Tuttlebox • Finnenform: gerade • Finnenlängen: 30-50 cm	• Race • Freerace	Regattafahrer und sehr leistungsorientierte Windsurfer. Grundvoraussetzung: Surfen mit Cambersegeln (Race, Freerace) und in weit außen liegenden Schlaufen.
• Singlefin • Power-, US- oder Slotbox • Finnenform: gerade bis leicht gebogen • Finnenlängen: 16-22 cm	• Freestyle • Wave	Windsurfer, die auf hohen Topspeed pfeifen und stattdessen den Fokus auf Sliding-Manöver und Sprünge auf Flachwasser legen.
• Singlefin, Twinser, Thruster, Quad • US-, Slot-, Mini-Tuttlebox • Finnenform: überwiegend stark gebogen • Finnenlängen (Centerfinne(n)): 14-23 cm; Sidefins: 7-12 cm	• Wave • (Freemove) • (Freestyle)	Brandungssurfer, die springen und Wellen abreiten wollen und solche, die ein kleines Starkwindbrett fürs Flachwasser suchen.

Finnenguide

Die Finne ist das Fahrwerk des Boards, liefert sie doch den zum Angleiten und Speedfahren nötigen Auftrieb. Ein Beispiel verdeutlicht die Problematik bei der Empfehlung der richtigen Länge: Nutzt man als 80-Kilo-Surfer ein 100-Liter-Waveboard mit einem 5,3-qm-Segel, sind Finnen zwischen 16 und 20 Zentimeter absolut ausreichend. Wäre der gleiche Surfer mit gleichem Segel auf einem 100-Liter-Freerideboard unterwegs, wäre eine Finnenlänge von 28-36 Zentimeter üblich. Da dieses Buch als Ratgeber auf dem Weg von den Basics bis zur Powerhalse dienen soll, bezieht sich die folgende Empfehlung auf die für diese Zielgruppe relevanten Brettgruppen »Freeride«, »Freerace« und »Freemove«.

Länge und Fläche der Finne sind entscheidend für deren Leistung. Je größer der Tiefgang ist, desto mehr Auftrieb (= Gleitleistung) wird erzeugt. Mit welcher Finnenlänge die Hersteller ihre Bretter bestücken, hängt vor allem von der Heckbreite ab.
Beispiel: Ein JP Freestyle-Wave 113 kommt mit 31er-Mittelfinne aus dem Karton, ein Freeridebrett wie das Magic Ride 112 mit 38er-Finne – eben weil er deutlich breiter ist, vor allem im Heckbereich. Die Abhängigkeit der Finnenlänge von der Heckbreite erklärt auch, warum Waveboards bei vergleichbarem Volumen viel kürzere Finnen haben als Freeridebretter, auf Leistung optimierte Freeraceboards aber mit vergleichsweise längeren Finnen ausgestattet werden müssen.
Je breiter das Heck eines Boards ist, desto weiter außen steht man naturgemäß. Diesem »Körperhebel« muss man einen entsprechenden Hebel der Finne entgegensetzen **(1 & 2)**, damit das Brett in Gleitfahrt gut ausgetrimmt übers Wasser gleitet.

Welche Finnengröße macht Sinn?
Daumenregel: Wenn du dein Freeride-, Freerace- oder Freemovebrett mit einer Finne ausstattest, die der Brettbreite unmittelbar vor dem Finnenkasten entspricht **(3)**, machst du nicht viel falsch! Für »normalen« Gleitwind und mittlere Körpergewichte zwischen 65 und 90 Kilo passt diese Finnenbestückung in der Regel gut. Wenn du mit einer zweiten Finne den Brett-Einsatzbereich erweitern willst, macht es Sinn diese, ausgehend von der erwähnten Daumenregel, zwischen drei und vier Zentimetern nach oben oder unten abzustufen.

Durch eine 3-4cm längere Finne verbesserst du:
- Das Angleiten und Durchgleiten in Windlöchern.
- Die Eignung für große Segel (+ 0,3 bis + 0,5 qm).
- Die Eignung für schwere Fahrer (> 90 Kilo).

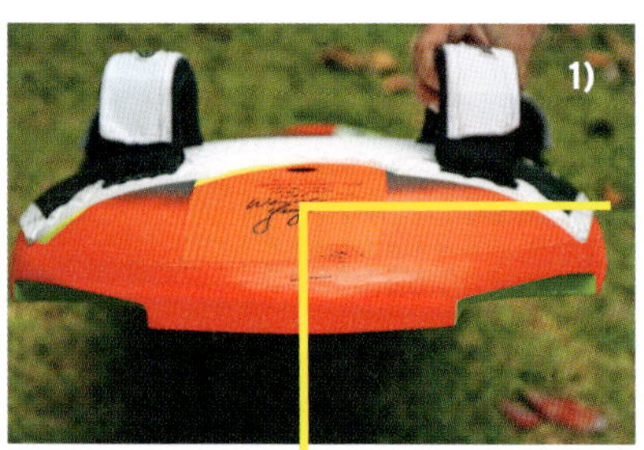

HEBEL DER FINNE

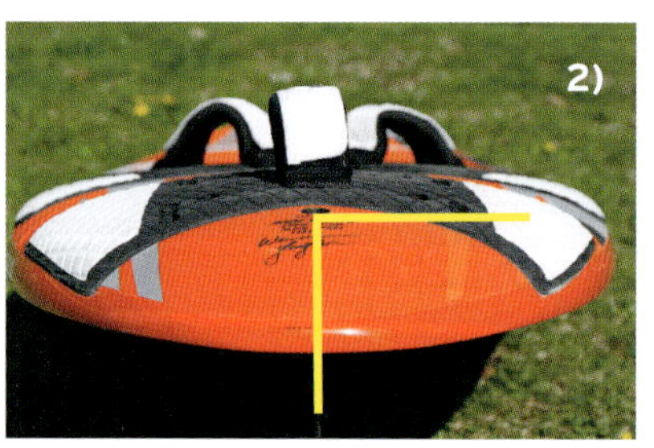

HEBEL DER FINNE

KÖRPERHEBEL

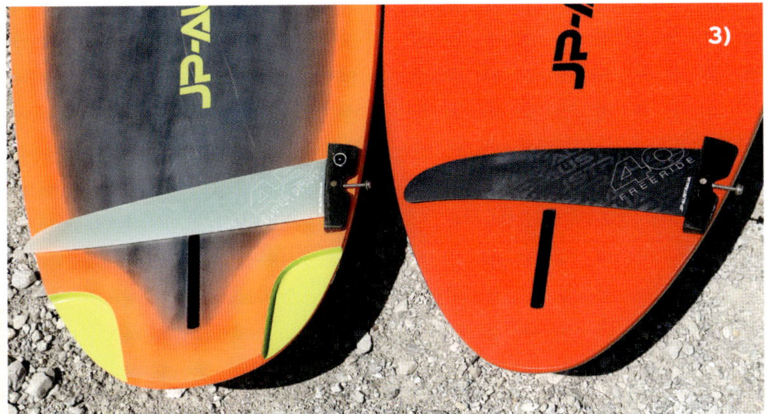

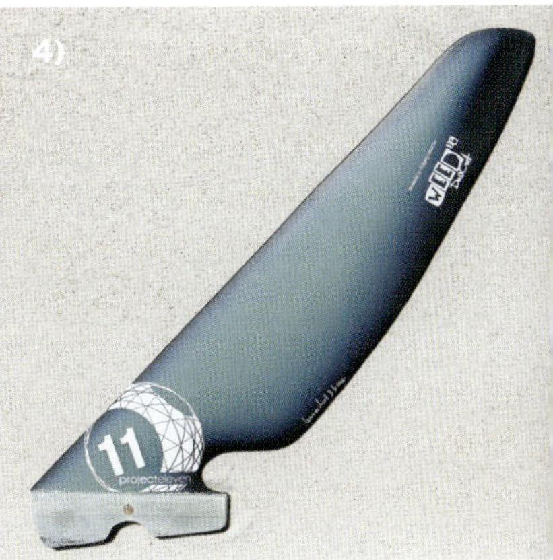

Umgekehrt bringt eine im Vergleich zur Serienfinne 3-4cm kleinere Finne Vorteile, wenn du dein Freeridebrett häufig auch bei richtig viel Wind einsetzen willst. Konkret verbessern sich dadurch:

- Die Kontrolle bei Starkwind.
- Die Eignung für kleine Segel (ca. -0,3 bis -0,5 qm).
- Die Eignung für sehr leichte Fahrer/-innen (< 65 Kilo).

Tipp: Von der Serienfinnenlänge (= Heckbreite vor dem Finnenkasten) mehr als fünf Zentimeter abzuweichen, bringt kaum noch Vorteile. Bestückst du deinen Freerider beispielsweise statt mit der 40er-Serienfinne nur noch mit einem 30er-Spurhalter, surft das Brett nur noch auf der Luvkante durchs Wasser, weil der entsprechende Hebel der Finne fehlt. Weniger Gleitleistung, geringerer Speed und letztlich sogar eine schlechtere Kontrolle sind die Folge. Umgekehrt lässt eine 50er-Finne das Brett mit der ersten Böe schnell unkontrolliert steigen (»Wheelie«), weil der Auftrieb der Finne nicht mehr zu bändigen ist.

Sonderfall: Seegrasfinne

Weil im Sommer vielerorts das Seegras blüht und Windsurfer im wahrsten Sinne des Wortes »ausbremst«, sind Seegrasfinnen weit verbreitet. Diese Finnen haben einen flacheren Neigungswinkel von 40-50 Grad **(4)** und sollen Seegras abstreifen. Das Problem: Durch den flacheren Winkel verlagert sich auch der Druckpunkt der Finne um mehrere Zentimeter nach hinten. Ein weniger freies Gleitgefühl sowie schlechteres Höhelaufen sind die Folgen. Damit das Board nicht komplett zur lahmen Gurke mutiert, muss die Finnengröße passen. Ein 1:1-Tausch, also z. B. die 40er-Serienfinne gegen eine Grasfinne mit gleichem Tiefgang zu tauschen, macht in keinem Fall Sinn, denn: Durch den flachen Neigungswinkel hat eine durchschnittliche Grasfinne bei gleichem Tiefgang 40 bis 50 Prozent mehr Fläche. Weil diese große Fläche auch weiter hinten sitzt, werden die Dreheigenschaften reduziert, der Speed spürbar gedrosselt, Fahrwiderstand und Segelzug steigen. Aus diesem Grund werden Seegrasfinnen immer etwas kürzer gefahren. Eine Orientierung bietet die folgende Grafik:

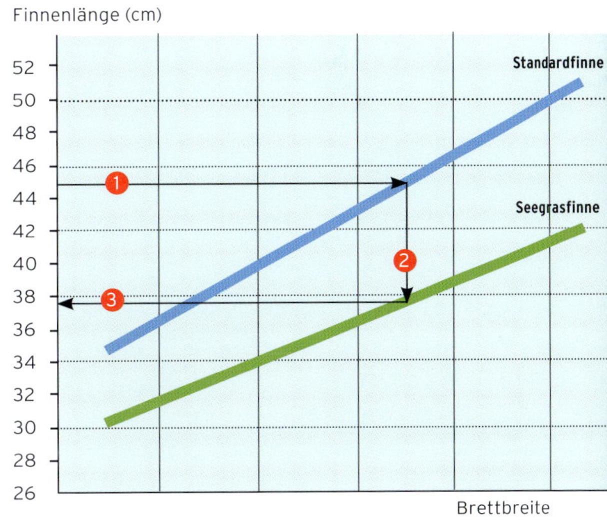

Beispiel: Dein Freeridebrett hat eine 45 Zentimeter lange Standardfinne? Dann ziehe an dieser Stelle eine Horizontale (1) bis zum Schnittpunkt mit der blauen Kurve. Auf der darunterliegenden grünen Kurve (2) kannst du nun die passende Länge der Seegrasfinne ablesen – in diesem Beispiel wären 37-38 Zentimetern ideal (3).

Segelguide

Begriffsdschungel, Teil II - auch im Segelbereich ist die Auswahl groß: Freeride-, Freemove-, Freerace-, Wave-, Freestyle- oder Race-Slalom-Segel unterscheiden sich hinsichtlich der Profiltiefe, Trimmkräfte, Geometrie und nicht zuletzt anhand der verwendeten Materialien und dem Preis und sind für völlig unterschiedliche Zielgruppen entwickelt. Was für dich passt, erfährst du jetzt:

Einsteigersegel (1,0–6,0 qm)

Charakteristika: Segel für wenig Wind müssen leicht sein und schon bei wenig Wind guten Vortrieb liefern. Aus diesem Grund besitzen sie meist nur zwei bis vier Latten und eine geringe Grundspannung, was für ein weiches Handling und viel Profil bei Leichtwind sorgt. Unterstützt wird dies durch die Verwendung von RDM-Masten und dem Verzicht auf Camber.
Zielgruppe: Windsurf-Einsteiger, Leichtwindsurfer.
Einschränkungen: Wenig druckpunktstabil bei Gleitwind, Freeridesegel mit mehr Segellatten sind ebenfalls leicht und eignen sich hierfür besser. In kleinen Größen (< 5,5qm) sind auch Wavesegel mit vier oder fünf Latten ein Tipp.
Idealer Bretttyp: Longboards, Wind-SUPs.

Freeridesegel (5,5–8 qm)

Dichtholen, losgleiten und zwischendurch mal ein kleiner Sprung oder eine schnittige Halse – das ist Freeride! Leichter Monofilm, mäßig tiefe Profile ohne Camber und mit fünf bis sechs Latten vereinen einfaches Angleiten, Kontrolle und leichtes Handling. Die Verwendung von SDM-Masten ist alternativ zu den üblichen RDM-Masten möglich. Im Vergleich zu Wave- und Freemovesegeln haben Freeridesegel ein tieferes Profil und längere Gabelmaße, um Gleiten und Fahrstabilität zu verbessern.
Zielgruppe: Hobbysurfer, die überwiegend bei Gleitwind auf Flachwasser surfen.
Einschränkungen: Für Basic-Freestyle-Manöver (Carving-360, Airjibe), Loops oder erste Wellenritte machen agilere und besser verstärkte Freemove-

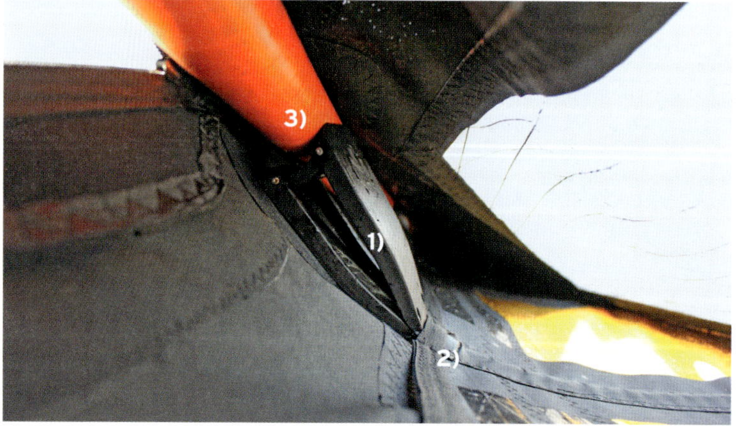

Innenansicht einer Racesegel-Masttasche: Camber **(1)** sitzen am Ende der Segellatten **(2)** und stützen diese gegen den Mast **(3)** ab. Auf diese Weise verleihen sie dem Segel ein definiertes, flügelähnliches Profil. Zugänglich sind Camber über Reißverschlüsse in der Masttasche **(4)**.

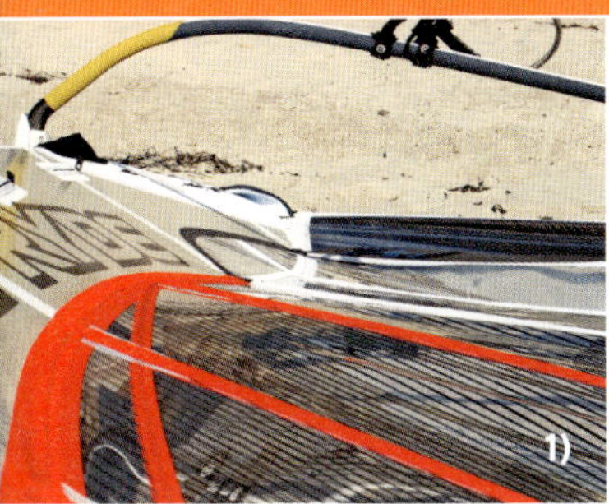
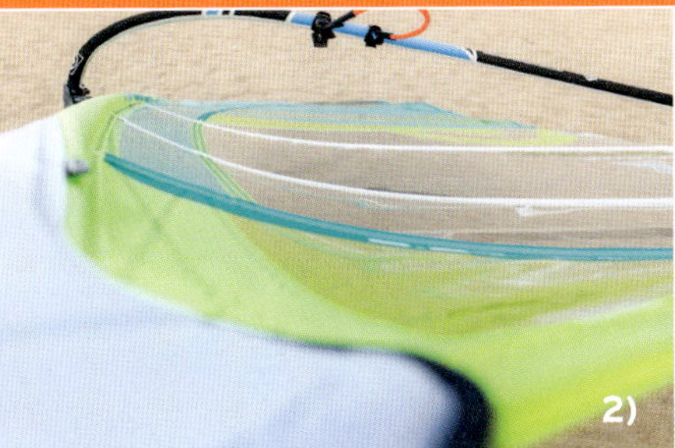
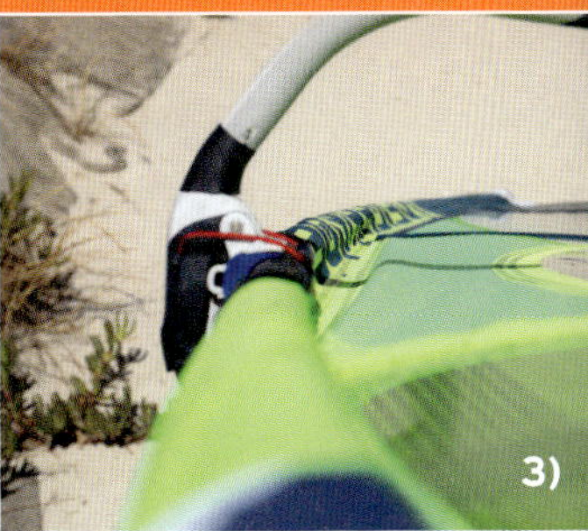

Racesegel **(1)** fallen mit starker Mastbiegung und Flügel-Profil auf. In der sehr breiten Masttasche sammelt sich bei Stürzen viel Wasser, was das Wasserstarten erschwert. Freeridesegel ohne Camber **(2)** kommen mit gemäßigt tiefem Profil aus und haben eine geringere Grundspannung - wodurch sie sich bei wenig Wind besser »aufladen« und mehr Gleitleistung liefern. Bei Wavesegeln **(3)** stehen die Latten fast kerzengerade im Segel, das bringt Agilität und neutrales Verhalten in Manövern.

oder Wavesegel mehr Sinn. Auch für ambitionierte Regattafahrer etwas brav.
Idealer Bretttyp: Freeride, Freemove.

Freemovesegel (4,7–7,0 qm)

Charakteristika: Freemove, Crossover, Bump & Jump, oft verbirgt sich dahinter das Gleiche - ein Segel, welches für einen größtmöglichen Einsatzbereich konzipiert ist, egal ob Heizen auf Flachwasser, mal ein Basic-Freestyletrick oder eine Session in kleiner Brandungswelle. Erreicht wird dieser Spagat mit recht flachen und kompakten Profilen, die von fünf bis sechs Latten stabilisiert und ausnahmslos auf RDM-Masten designt wurden. Gitterverstärkungen in den Stresszonen sorgen für erhöhte Haltbarkeit beim Brandungs-Einsatz.
Zielgruppe: »Eierlegende Wollmilchsau« für ambitionierte Surfer, für Flachwasser und moderate Brandung.
Einschränkungen: Unter 5 qm und für regelmäßiges Brandungssurfen sind Wavesegel ebenso gut geeignet und dabei noch stabiler verarbeitet. Aufsteiger und reine Flachwasserpiloten bekommen bei den Freeridesegeln bessere Fahrleistungen.
Idealer Bretttyp: Freemove/Freestyle-Wave, Freeride.

Freeracesegel (6,5–9,5 qm)

Charakteristika: Zwischen Freeride- und Racesegeln. Tiefe und straffe Profile sollen für maximale Leistung sorgen. Erreicht wird dies durch lange Gabelbaummaße, hohe Trimmkräfte, die Verwendung von zwei bis drei Cambern und überwiegend SDM-Masten. Im Vergleich zu Freeridesegeln haben Freeracesegel meist eine Segellatte mehr, um das Profil bei viel Wind besser zu stabilisieren.
Zielgruppe: Ambitionierte Hobbyracer mit gehobenem Fahrkönnen, die viel Wert auf Speed legen und keine Probleme mit Wasserstarten und weit außen liegenden Schlaufenpostionen haben.

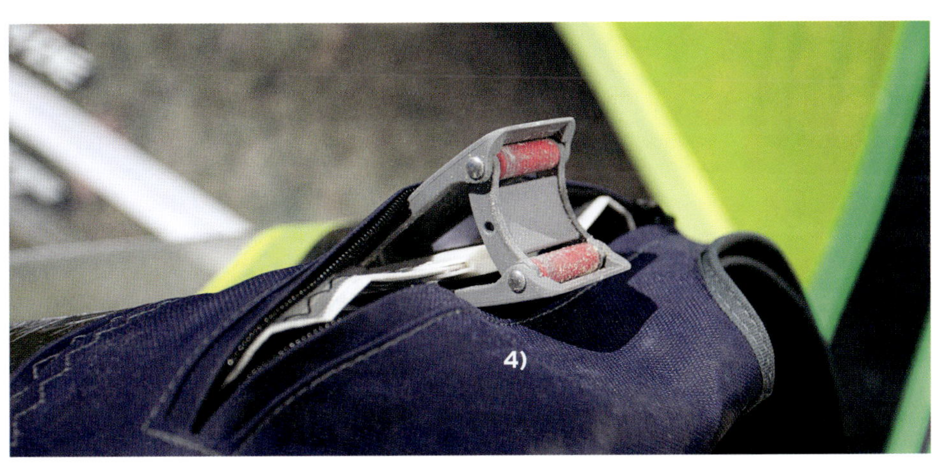

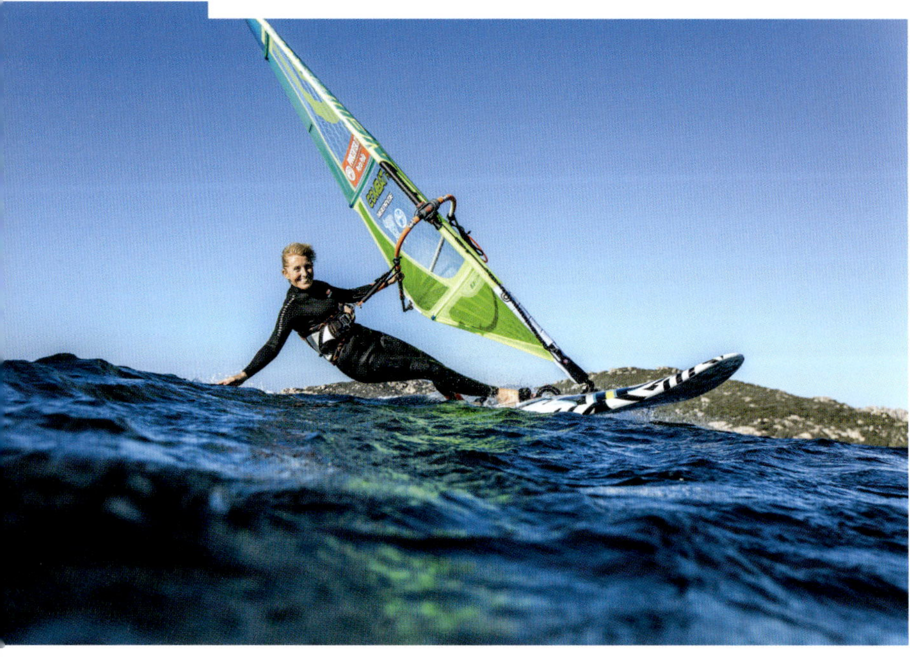

Freeridesegel sind nicht ohne Grund die beliebtesten Flachwassersegel, bieten sie doch den für Hobbysurfer besten Kompromiss aus mühelosem Angleiten, guter Kontrolle und leichtem Manöverhandling.

Einschränkungen: Aufgrund der Camberkonstruktionen fällt die Masttasche sichtbar breiter aus als bei Freeridesegeln, Wasserstarteignung und Manöverhandling sind spürbar limitiert. Der theoretische Leitungsvorteil gegenüber Segeln ohne Camber ist nur mit entsprechenden Boards umsetzbar.
Idealer Bretttyp: Freerace, Freeride, Slalom.

Race-Slalomsegel (5,5–9,5 qm)

Charakteristika: Slalom stellt gewissermaßen die »Formel 1« der Windsurfwelt dar, hier zählen der höchste Topspeed und die beste Kontrolle des Materials, um als Erster im Ziel anzukommen. Auch außerhalb des Weltcups wird Slalommaterial vermarktet, hier lauert für Hobbysurfer großes Fehlkaufpotenzial! Race- und Slalomsegel sind auf Topspeed und Kontrolle optimiert, was durch extrem tiefe und starre Profile erreicht wird. Sehr hohe Trimmkräfte, die Verwendung der steiferen SDM-Masten und sieben bis neun Segellatten mit drei bis fünf Cambern verleihen solchen Segeln eine Form wie ein Flugzeugflügel und sorgen für maximale Kontrolle im Grenzbereich.

Zielgruppe: Regattasurfer. Normale Hobbyracer bekommen mit Freeracesegeln eine annähernd leistungsstarke, handlichere und günstigere Alternative geboten.
Einschränkungen: Schlechte Eignung für Wasserstart und Manöver, monströse Trimmkräfte und hohe Anschaffungskosten sind der Preis für mehr Leistung.
Idealer Bretttyp: Slalom, Freerace.

Freestylesegel (4,0–5,6 qm)

Charakteristika: Freestyle, das bedeutet Tricks, Slides, Loops und andere Sprünge auf Flachwasser. Für die komplizierten Manöver muss das Segel oft neutral gestellt werden, um beispielsweise bei Vollspeed darunter durchtauchen, also »Ducken« zu können. Den speziellen Anforderungen wird mit extrem flachen, leichten und neutralen Profilen Rechnung getragen. Geringe Trimmkräfte, kein Loose Leech, sehr kurze Gabelbaumlängen und konsequente Abstimmung auf RDM-Masten sind bei diesen Konzepten, die mit nur vier bis fünf Segellatten auskommen, obligatorisch.

Zielgruppe: Spezialistensegel für Trickser, die an Duckmanövern wie Kono, Bob oder Burner feilen wollen.
Einschränkungen: Sehr »hibbelig« in der Hand und mit mäßiger Kontrolle bei Starkwind für Hobbysurfer weniger ideal – wer sporadisch trickst, sollte eher ein Wave- oder Freemovesegel vorziehen.
Idealer Bretttyp: Freestyle.

Wavesegel (3,0–6,2 qm)

Charakteristika: Wer ein Segel unter 5,3 qm kaufen möchte, kommt um Wavesegel nicht herum. Warum? Weil es in kleinen Größen quasi nichts Anderes gibt. Vom Begriff »Wave« sollte man sich also nicht abschrecken lassen, denn viele der angebotenen Produkte sind durchaus auch fürs Flachwasser geeignet. Die recht flachen Wave-Profile sind gekennzeichnet von moderater Grundspannung und dem konsequenten Verzicht auf Camber, sie werden ausschließlich mit dünnen RDM-Masten verwendet. Dem harten Brandungseinsatz wird mit üppigen Verstärkungen und eingesetzten Gittermaterialien Rechnung getragen.
Zielgruppe: Brandungssurfer, aber auch Flachwasserpiloten jeden Levels, die ein kleines Segel für starken Wind suchen. Wavesegel werden mit drei bis fünf Segellatten angeboten. Dabei gilt: Konzepte mit vier und fünf Latten sind eher allroundtauglich und auch für den Flachwassereinsatz bei Starkwind gut geeignet. Dreilatten-Wavesegel sind in Summe meist deutlich spezieller designt und in erster Linie auf die Ansprüche sehr guter Wavesurfer, die in großen Wellen surfen, abgestimmt.
Einschränkungen: In Größen über 5,5 qm haben Flachwassersurfer immer auch die Alternative von Freemove- oder Freeridesegeln. Diese sind dann aufgrund leichterer Materialien oft etwas handlicher und aufgrund tieferen Profils und längerer Gabelbaummaße auch gleitstärker. Dass bei diesen Segeltypen im Vergleich zu Wavesegeln auch Verstärkungen eingespart werden können, merkt man an der Kasse.
Idealer Bretttyp: Wave, Freemove/Freestyle-Wave, Freeride, Freestyle.

Eingearbeitete Fasern aus Polyester, Dyneema oder Aramid nehmen bei vielen Wavesegeln die Zugkräfte auf. Dickere Materialien und Gitterfolien in den Stresszonen sollen für erhöhte Haltbarkeit in der Brandung sorgen – was auch Flachwasserpiloten zugute kommt.

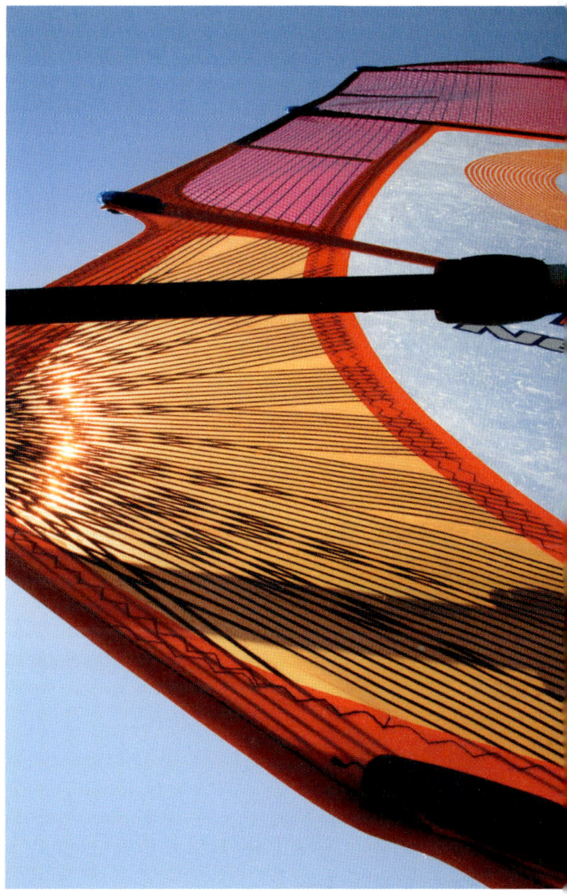

Neoprenguide

Zu kalt gibt's nicht - es gibt nur den falschen Neo! Fühlte man sich früher mit einem dicken Winterneopren unbeweglich wie ein Michelin-Männchen, bieten heutzutage auch Winter-Neos volle Bewegungsfreiheit und die Möglichkeit, selbst bei Temperaturen deutlich unter zehn Grad noch problemlos Spaß zu haben. Damit du weißt, was es bei der Neoauswahl zu beachten gilt - egal ob im Sommer oder Winter - gibt's hier die wichtigsten Tipps:

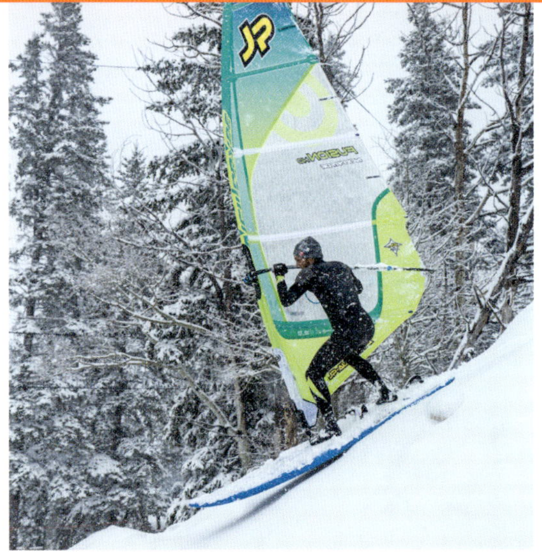

Welche Dicke?

Unabhängig von der Dicke wärmt jeder Neo dann am besten, wenn er eng am Körper anliegt, sodass möglichst wenig Wasser eindringen kann. Anprobieren ist vor dem Kauf also empfehlenswert! Die Dicke des Neoprens entscheidet darüber, wie warm ein Anzug ist, sie ist immer auf den Anzug aufgedruckt. Die Dicke wird mit Werten wie 5/3, 4/3 oder 3/2 angegeben. Diese Zahlen stehen für die Neoprenstärke in Millimeter am Körper und den Extremitäten - die Angabe 5/3 bedeutet also fünf Millimeter Neoprendicke am Körper und drei an Armen und Beinen.

Da das persönliche Kälteempfinden auch stark von Geschlecht, Konstitution und Fitnesszustand abhängt, sollten die Empfehlungen auf Seite 33 nur als grobe Orientierung verstanden werden. Folgende Anzugtypen sind auf dem Markt vertreten:

Fullsuit: Einteiliger Neo mit langen Armen und langen Beinen, wahlweise mit Reißverschluss auf dem Rücken oder vor der Brust. Wintertaugliche Modelle sind auch mit integrierter Haube erhältlich.

Steamer: Bezeichnet in der Regel einen Neoprenanzug mit langen Beinen und kurzen Armen.

Long John: Neo mit langen Beinen und Trägern.

Shorty: Neo mit kurzen Armen und kurzen Beinen.

Kaschiert oder Glatthaut?

Generell unterscheidet man, unabhängig von der Dicke, Glatthaut- und kaschierte Anzüge. An Glatthautneopren **(2)** perlt Wasser schnell ab, die Verdunstungskälte (»Wind-Chill-Effekt«) ist redu-

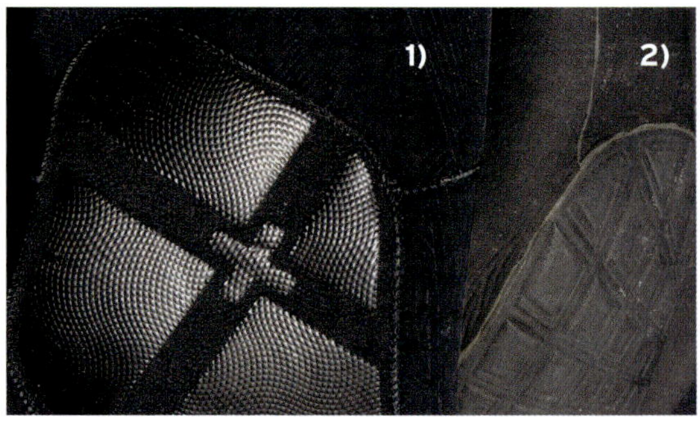

ziert. Kaschiertes Neopren **(1)** hat eine dünne Lage Nylon auf der Außenseite aufgeklebt. Dadurch sind die Anzüge sehr robust, haben aber auch einen höheren Wärmeverlust durch höhere Verdunstungskälte. Ein 5/3er-Glatthautneo ist, sobald man damit nass im Wind steht, also etwas wärmer als ein gleichdicker kaschierter Neo. Sinnvoller Mix: Glatthaut am Rumpf und kaschiertes Neopren an Armen und Beinen als Schutz vor Abrieb und Beschädigungen.

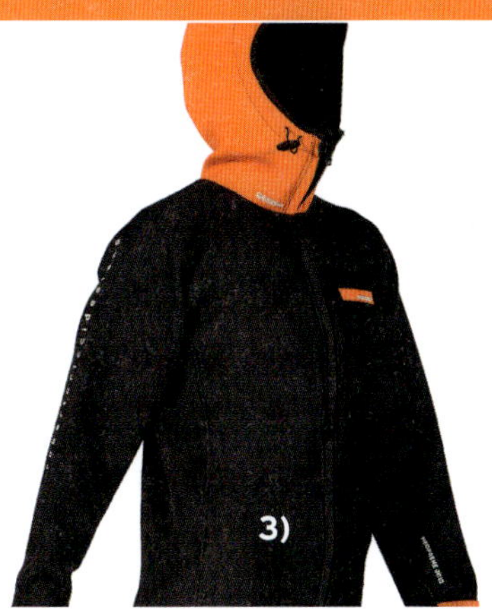

Größe & Passform

Wer einen Neo kauft, sollte diesen vorher anprobieren. Surfanzüge sollten, vor allem am Hals sowie den Arm- und Beinmanschetten, stramm am Körper anliegen, damit kein Wasser eindringt, dabei aber an den wichtigen Stellen (Arme, Schultern) genügend Bewegungsfreiheit bieten und nicht zu eng sitzen. Sonst sind beim Surfen dicke Arme nach kürzester Zeit vorprogrammiert.

Upgrade-Tipps für deinen Neo

Diese Neopren-Accessoires gehören in jedes gut sortierte Surfbag, lässt sich damit doch die Komfortzone gehörig vergrößern:

Schuhe: Schützen Füße nicht nur vor Kälte, sondern auch vor Verletzungen. Für den Sommer reichen Halbschuhe mit zwei Millimetern, für Wintersurfer gibt's Stiefel mit bis zu sieben Millimeter. Unbedingt beachten: Ein Klettverschluss am Spann sorgt für festen Sitz und sollte nicht fehlen!

Thermo-Unterzieher: Dünne Neoprenunterzieher **(4)** werden von fast allen Windsurf-Marken angeboten, auf diese Weise lässt sich die Wärmeisolierung eines jeden Neos für vergleichsweise kleines Geld nochmal gehörig steigern. Wer seinen klassischen 4/3er Sommerneo zum Beispiel mit einem zwei Millimeter dicken Thermounterzieher kombiniert, surft mit dann sechs Millimeter Neoprenstärke am Körper entspannt bis in den Spätherbst hinein.

Haube: Ein Drittel der Körperwärme geht über den Kopf verloren. Eine Haube ist daher in der kalten Jahreszeit essenziell. Diese sollte stramm am Kopf sitzen und mit einer Halskrause versehen sein **(5)**, die unter den Neo gesteckt werden kann.

Neopren-Hoodies: In den Surfpausen verhindern Neoprenjacken **(3)** ein schnelles Auskühlen. Mit Trapezschlitz ausgestattet, kann diese sogar zum Surfen anlassen, wenngleich das Schwimmen mit den weit geschnittenen Jacken erschwert ist.

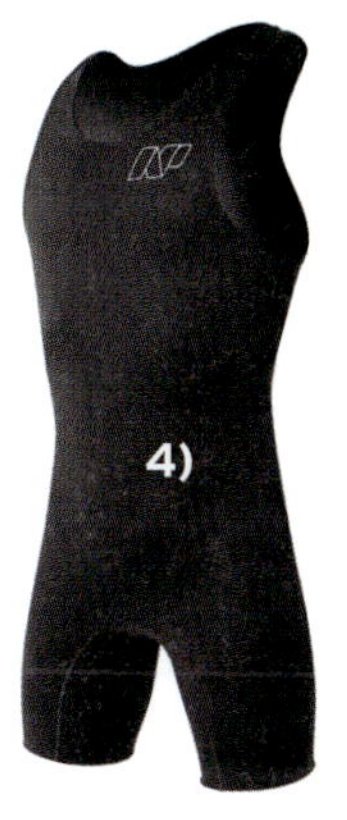

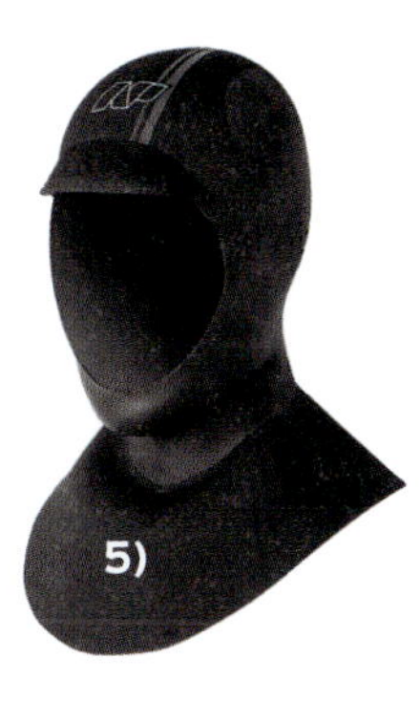

Bezeichnung	Neoprendicke (Millimeter an Rumpf/Extremitäten)	Idealer Temperaturbereich (°C)
Fullsuit mit integrierter Haube	6/4	0–10
Fullsuit ohne integrierte Haube	6/4 oder 5/4	5–15
Fullsuit	5/3	10–22
Fullsuit	4/3	18–25
Steamer/Long John	4/3 oder 3/2	20–30
Shorty	3/2 oder 2/2	› 25

Tragen & lagern

Ein störrischer Esel ist nichts gegen ein falsch gehandhabtes Segel an Land. Beobachtet man Windsurfer auf dem Weg ans Wasser, stellt sich mitunter die Frage, wer denn eigentlich mit wem Surfen gehen will – der Surfer mit seinem Segel oder umgekehrt.
Die richtige Tragetechnik vorausgesetzt, kann ein Segel aber auch bei Sturm zahm sein wie ein Schoßhündchen. Je nach Größe des Materials, der Windstärke und der persönlichen Konstitution kannst du dein Equipment einzeln oder zusammengebaut ans Wasser bringen und dort sicher lagern. Für beide Varianten gibt's hier die entsprechenden Tipps.

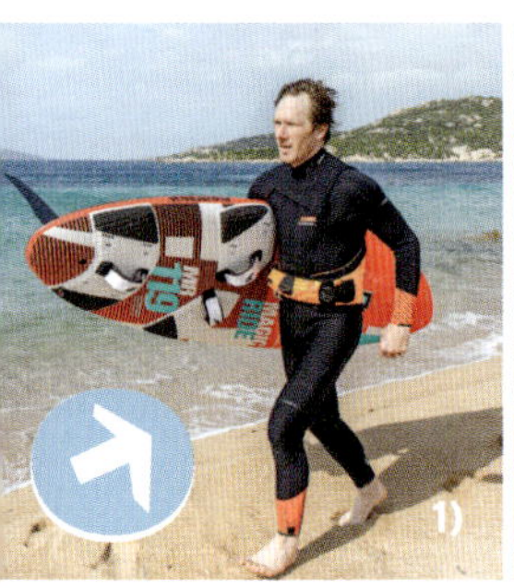
1)

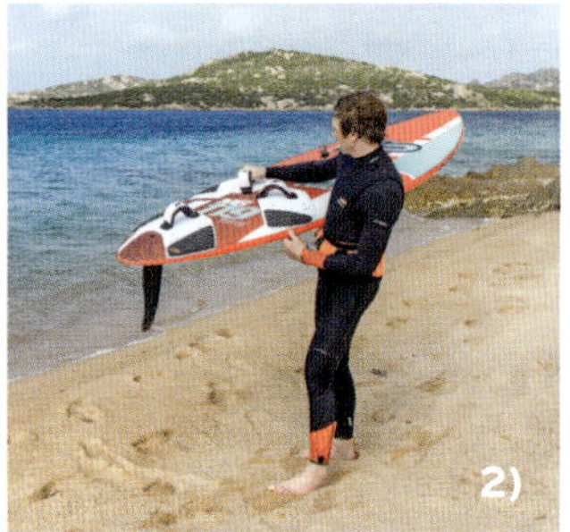
2)

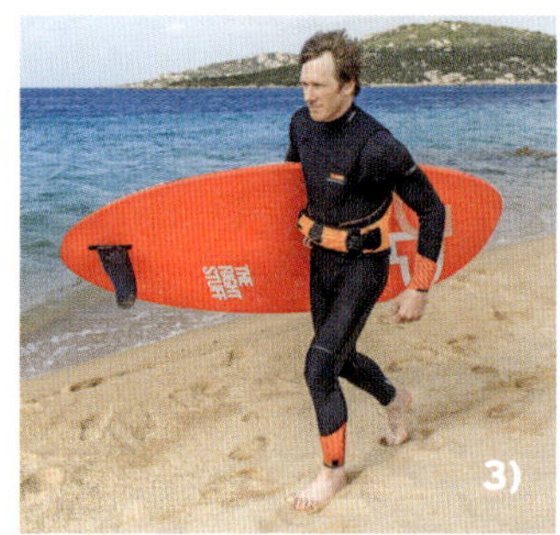

3)

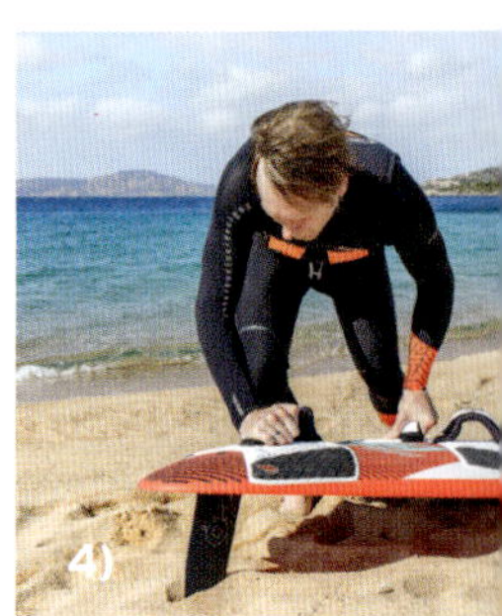
4)

Board tragen & lagern

Wer Brett und Segel getrennt trägt, sollte zuerst immer das Brett ans Wasser bringen. Der Grund: Ein allein am Strand zurückgelassenes Segel läuft bei viel Wind Gefahr wegzufliegen und kann andere Personen verletzen. Große Anfängerboards mit Schwert trägt man am einfachsten mit je einer Person an Bug und Heck. Leichtere Bretter kann man auch gut allein tragen: Sind die Arme lang genug, klemmt man sich diese einfach unter den Arm, das Deck zeigt dabei zum Körper **(1)**. Sind die Arme zu kurz, kannst du das Brett auch an der vorderen Schlaufe fassen **(2)** und mit der Unterseite zum Körper drehen **(3)**.

Tragen quer zum Wind: Kommt der Wind beim Weg ans Wasser von der Seite, nimm das Brett immer auf die Leeseite.
Tragen mit dem Wind/gegen den Wind: Richte das Brett immer so aus, dass das Heck zum Wind in Richtung Luv zeigt.
Lagern am Strand: Am Startpunkt angekommen lege das Brett mit dem Heck zum Wind ab und drücke, wenn möglich, die Finne in den Sand ein **(4)**. Jetzt kannst du das Segel holen. Nie solltest du das Brett quer zum Wind am Strand liegen lassen! Schon mittlere Windgeschwindigkeiten können das Brett über den Strand rollen, die Finne kann dann anderes Material beschädigen oder Personen verletzen. Für längere Pausen sollten Brett und Segel immer verbunden gelagert werden.

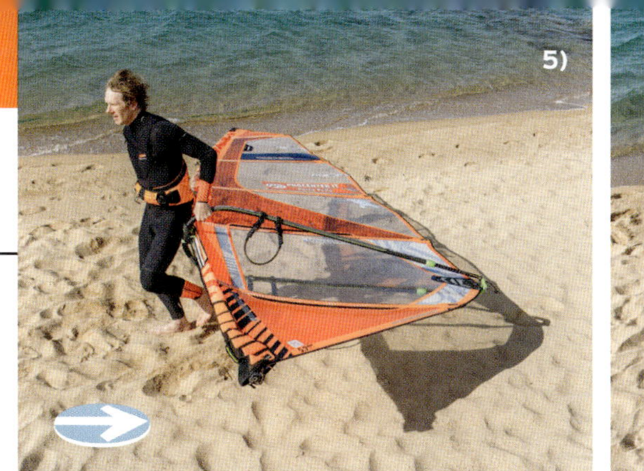

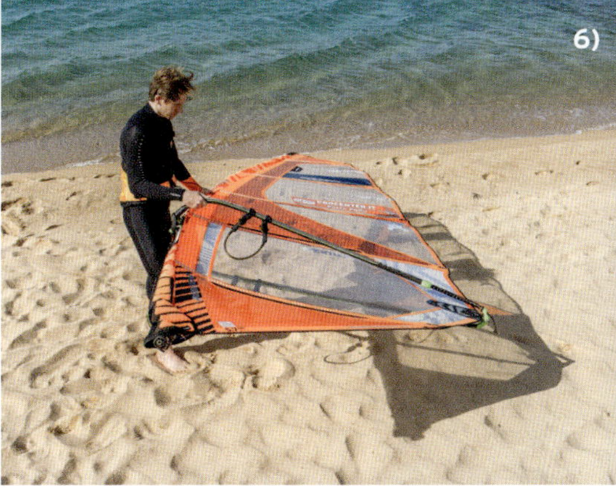

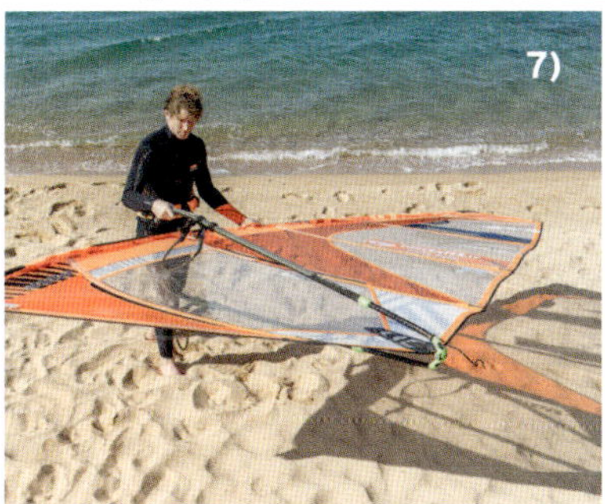

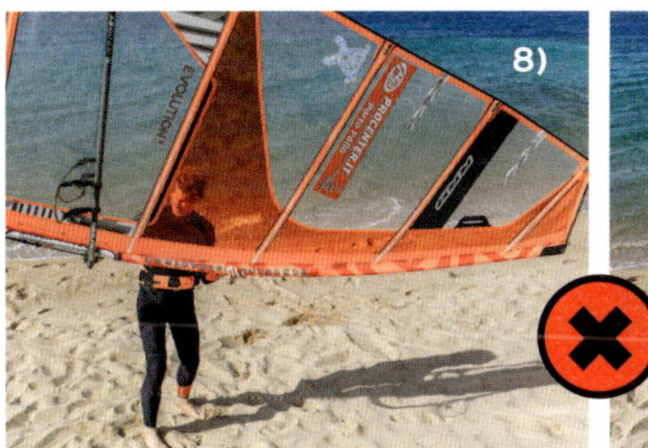

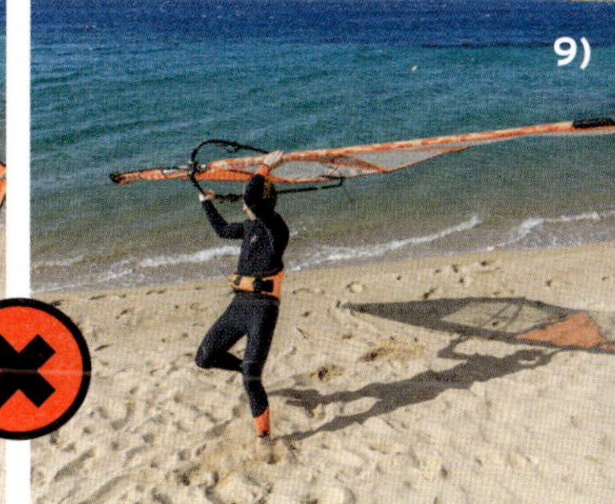

Segel tragen

Tragen vor dem Körper: Ein Segel trägt man am besten mit einer Hand am Mast, mit einer Hand an der Gabel vor dem Körper. Dabei sollte der Mast immer auf der Luvseite sein, dann schwebt das Segel frei und leicht. Je nachdem in welche Richtung du gehen willst, kannst du das Segel vor oder hinter dem Körper tragen **(5-6)** – Hauptsache der Mast bleibt auf der Luvseite. Die Tragevariante vor/hinter dem Körper ist vor allem bei viel Wind die sicherste und einfachste Möglichkeit, das Segel zu transportieren, weil das durch den Wind angeströmte Profil quasi schwerelos mitfliegt. Was bei falscher Ausrichtung passiert, verdeutlicht die Sequenz: Drehst du das Segel mit dem Gabelbaumende zum Wind nach Luv, machst du dir das Leben unnötig schwer. Entweder drückt der Wind das Schothorn nach unten, was das Tragen sehr mühsam macht, oder aber das Segel schlägt unkontrolliert nach oben – nicht ganz ungefährlich **(7-9)**.

Tragen auf dem Kopf: Auch die Tragevariante auf dem Kopf ist empfehlenswert, vor allem, wenn du längere Strecken zurücklegen musst oder der Wind sehr leicht ist und das Segel vor dem Körper getragen nicht mehr mitfliegt. Stelle dazu das Rigg auf und halte es mit der vorderen Hand am Mast **(10)**. Greife mit der freien Hand an den Gabelbaum und lege das Segel auf dem Kopf ab **(11)**. Nun kannst du dich auf den Weg machen. Auch hier gilt: Immer mit dem Mast oder dem Mastfuß zum Wind tragen **(12)** und keinesfalls mit dem Gabelbaumende zum Wind drehen!

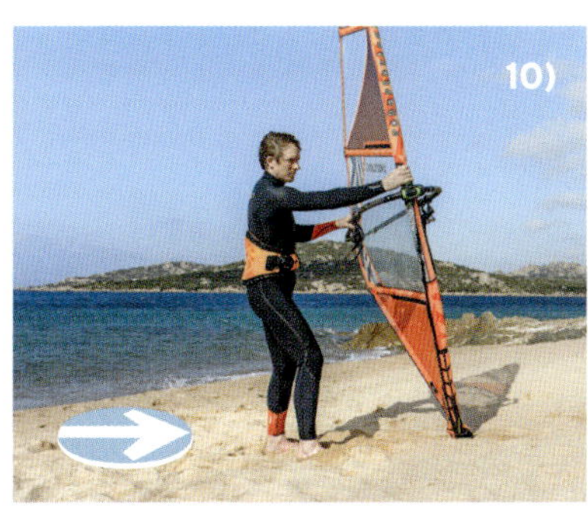

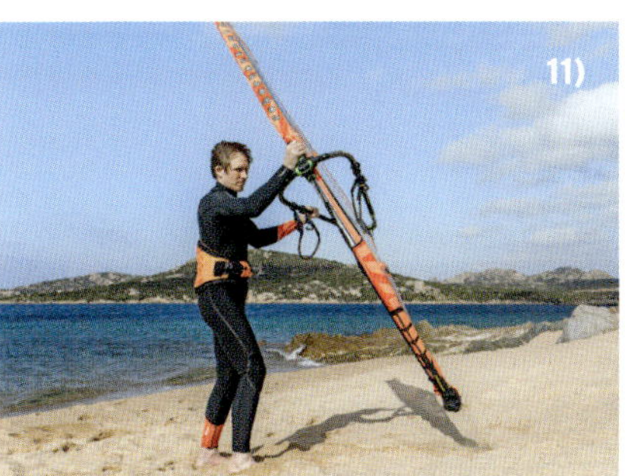

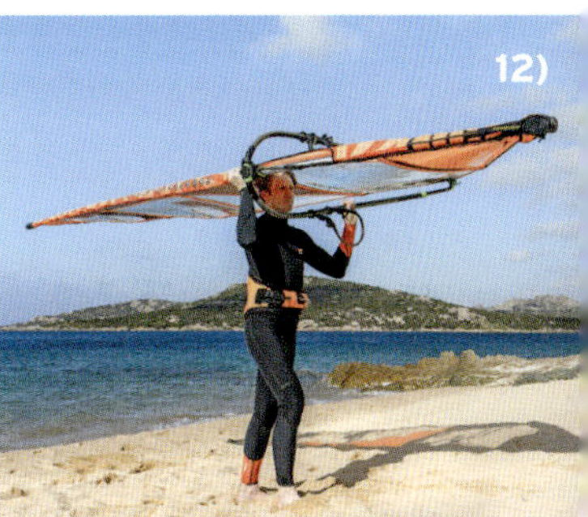

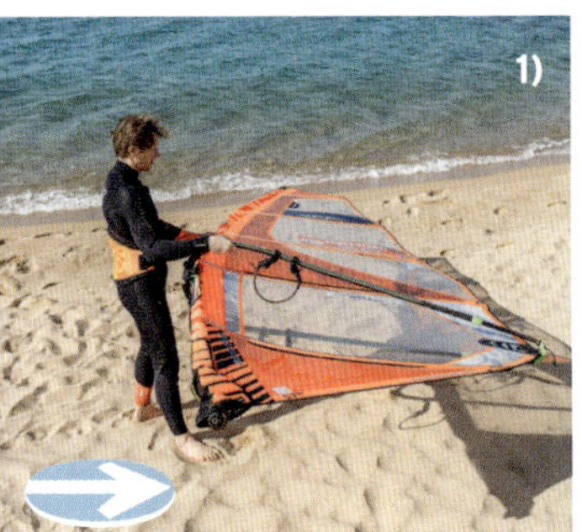
1)

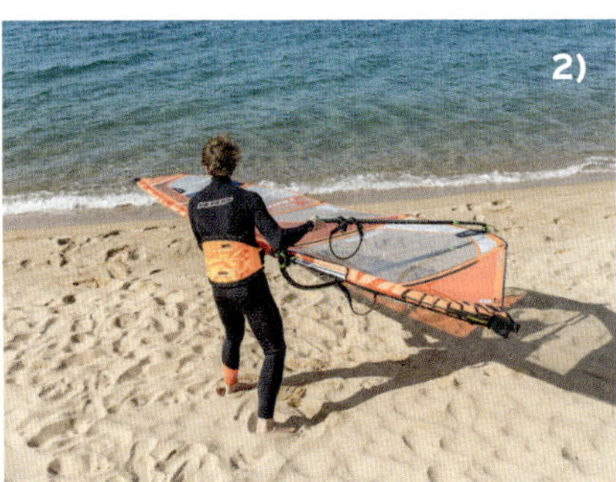
2)

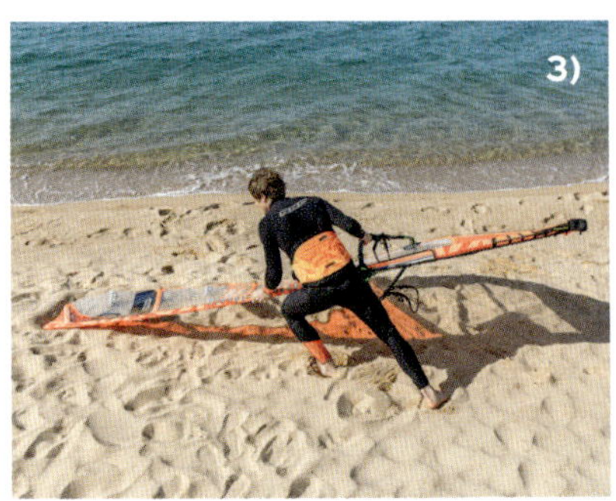
3)

Segel einzeln lagern

Manchmal ist es erforderlich, das Segel kurz allein liegen zu lassen. Halte dazu das Segel an Mast und Gabelbaum in Lee des Körpers **(1)**, drehe das Masttopp etwas zum Wind in Richtung Luv **(2)** und drücke es in den Sand ein **(3)**. Auf diese Weise kann es auch bei viel Wind nicht wegfliegen. Hast du keinen Sand, in den du das Segeltopp eindrücken kannst, musst dieses anderweitig beschweren – etwa mit einigen großen Steinen. Sind auch diese Mangelware, hast du nur noch die Möglichkeit, den Gabelbaum abzubauen: Das Segel liegt dann flach auf der Erde und bietet dem Wind so weniger Angriffsfläche.

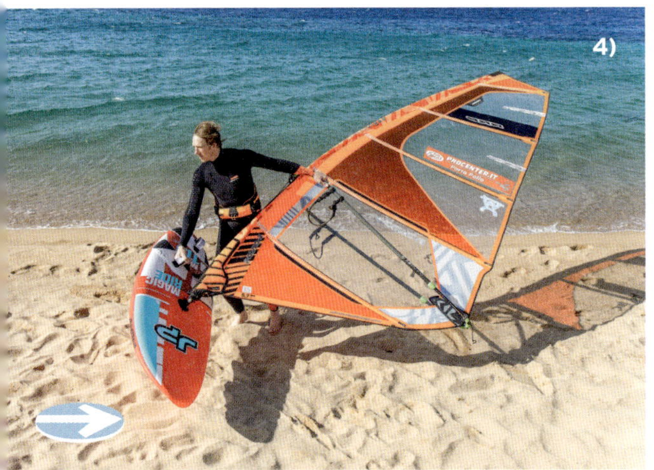
4)

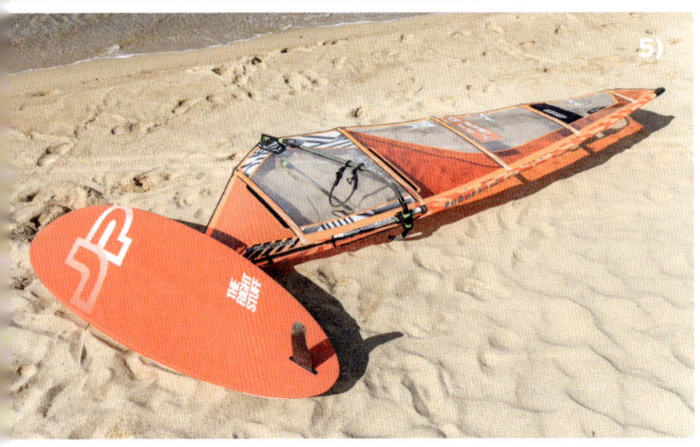
5)

Material zusammen tragen

Vor allem mit kleinem und leichtem Material macht es Sinn, dieses gemeinsam ans Wasser zu bringen. Auf diese Weise läufst du bei viel Wind nicht in Gefahr, dass beispielsweise das Brett wegfliegt, während du gerade dein Segel holst. Stecke Brett und Segel zusammen, das Segel liegt dabei auf der Leeseite. Greife nun mit der vorderen Hand die obere Fußschlaufe, mit der hinteren Hand den Gabelbaum und hebe das Material an **(4)**. Wie immer zeigt auch bei dieser Tragetechnik der Mast quer zum Wind, bzw. leicht nach Lee. Zum Lagern bleiben Brett und Segel idealerweise zusammengesteckt, das Segel wird mit dem Masttopp leicht nach Lee gedreht, das Brett umgeklappt **(5)**. Unterm Strich gibt es keine sicherere Variante als diese, um sein Material bei viel Wind am Strand zu lagern. Auch bei Sturm kann es so kaum wegfliegen.

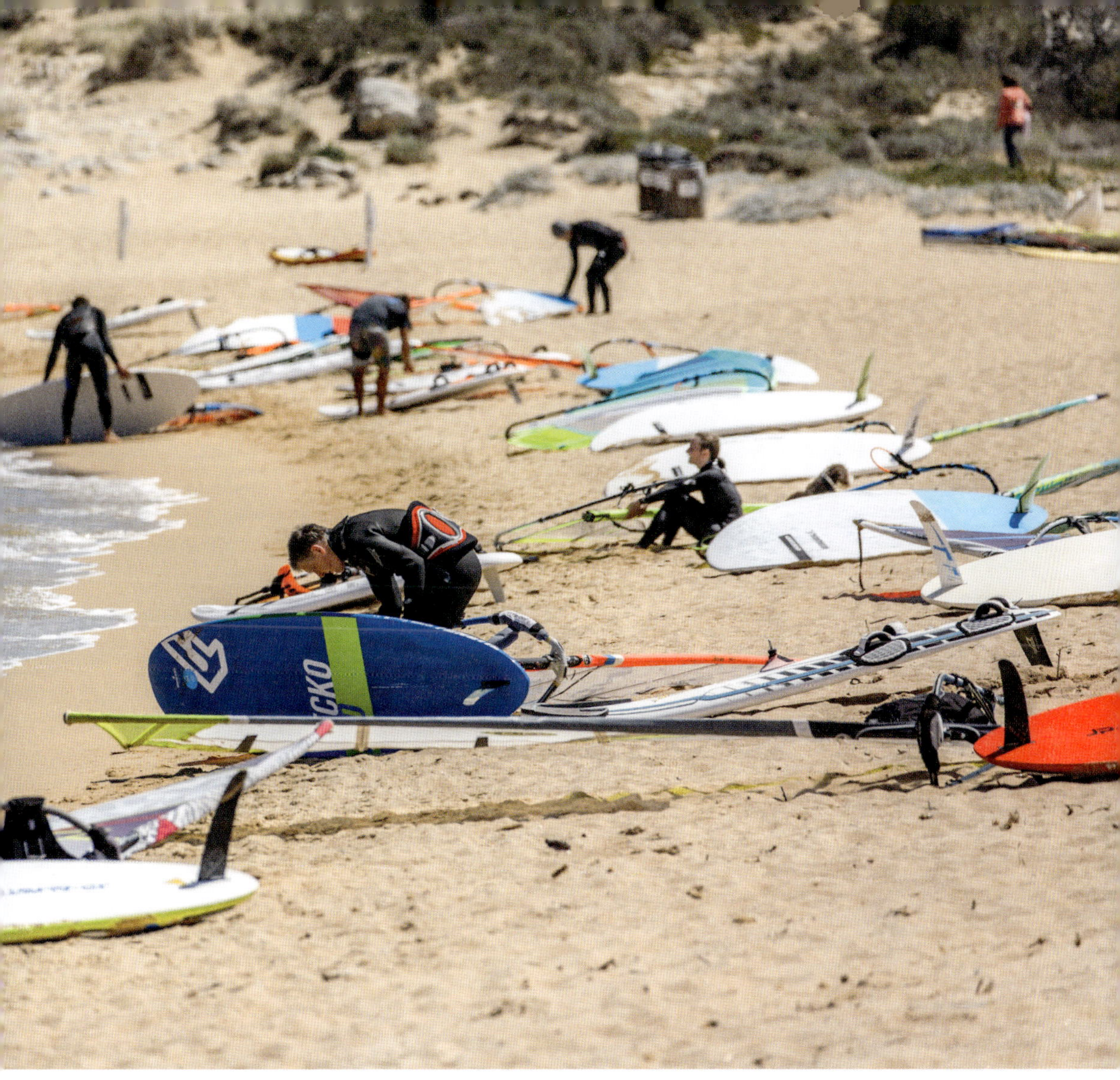

Volle (UV-)Dröhnung

Stundenlang auf Wind warten oder eine ausgedehnte Mittagspause verleiten oft dazu, das Material einfach aufgeriggt am Strand liegen zu lassen. Das ist bequem – wer aber an seinem Material noch länger Freude haben will, sollte das nicht tun. Vor allem der Monofilm – unterm Strich ist das nichts anderes als PVC-Folie – ist nicht UV-stabil. Je dünner ein Monofilm ist, desto schneller verliert er seine Geschmeidigkeit, er wird spröde und knittrig. Beim Auf- und Abbauen trägt er dann zunehmend bleibende Knicke davon, die als Sollbruchstellen nur auf den nächsten Schleudersturz ins Segel warten. Oft reißt die Bahn dann in einem Rutsch bis zur nächsten Naht durch. Ein weiterer Faktor ist die Durchsicht, die vor allem dann leidet, wenn fliegender Sand das Segel stundenlang wie Schleifpapier malträtiert. Aus diesem Grund sollte man Segel in längeren Pausen immer abbauen oder im Schatten lagern, das erhöht die Lebenszeit enorm. Auch wenn Boards weniger empfindlich gegenüber UV-Licht sind und das ein oder andere Sonnenbad am Strand normalerweise gut wegstecken, empfiehlt sich auch die Lagerung im Schatten. Bretter mit dunkler Oberfläche können sich in praller Sonne gelagert derart aufheizen, dass sie delaminieren – das heißt, die einzelnen Carbon- und Glasfaserlagen der Hülle lösen sich vom Schaumkern ab. Das Brett wird schnell weich und ist im Prinzip ein Totalschaden.

Kinderspiel

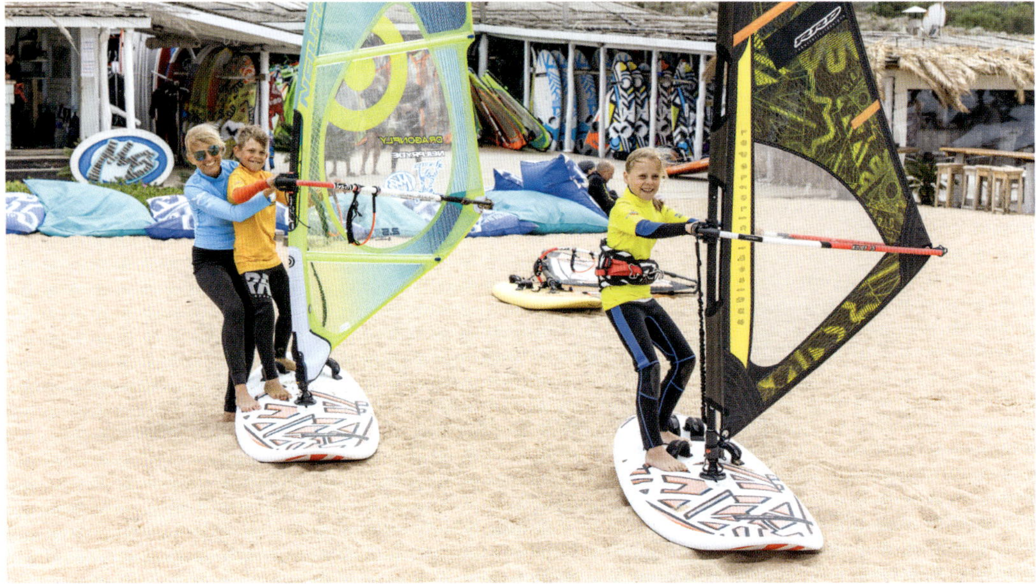

Wenn du willst, dass deine Kinder surfen lernen, dann versuche nicht, es ihnen selbst beizubringen. So blöd sich dieser Tipp anhört, so zutreffend ist er manchmal.

Oft stellen windsurfende Eltern ihre 8-jährigen Kinder im Urlaub aufs eigene Brett und geben Anweisungen in einer Form, wie sie sie selbst gern hören oder schon bekommen haben, ohne zu wissen, dass sich das Lernen von Kindern erheblich vom dem Erwachsener unterscheidet: Während Erwachsene den theoretischen Einführungen und Erklärungen eines Windsurflehrers problemlos auch über längere Zeit folgen und das Gehörte in die Praxis umsetzen können, rast bei Kindern die Aufmerksamkeits- und Motivationskurve im Zeitraffer gegen Null, wenn man ohne didaktisches Hintergrundwissen unterrichtet. Kommen dann noch falsches Material und ungeeignete Bedingungen dazu, enden die ersten Surfversuche des Nachwuchses recht schnell mit Frust und Tränen. Meine persönliche Erfahrung aus 15 Jahren Surfunterricht mit Kindern hat gezeigt: Kinder lieben es, gemeinsam mit Gleichaltrigen aufs Wasser zu gehen! Die beste Möglichkeit, den Nachwuchs fürs Windsurfen zu begeistern, ist deshalb ein Surfkurs in einer professionellen Windsurfschule – statt der eigenen Eltern übernimmt dann ein ausgebildeter Surflehrer diese Aufgabe. Im Kurs warten nicht nur viele Gleichgesinnte, die Kursinhalte und vor allem das verwendete Material sind außerdem speziell auf die Anforderungen von Kindern zugeschnitten: Wenig Theorie, viel Spaß und vor allem leichtes Material machen Windsurfen dann im wahrsten Sinne des Wortes zum Kinderspiel.

Ist der Anfang erstmal gemacht und die Kids haben Blut geleckt, stellt sich irgendwann die Frage nach dem passenden Material – was es dabei zu beachten gilt, erfährst du hier:

Der richtige Surfanzug

Kinder kühlen im Wasser schneller aus als Erwachsene, aus diesem Grund ist das Tragen eines Surfanzugs auch bei warmen Temperaturen wichtig. Surfanzüge mit langen Beinen sind von Vorteil, damit sich die Kinder beim Hochklettern aufs Brett nicht am rauhen Standlack die Knie aufscheuern. Bei heißen Temperaturen empfehlen sich Lycra-Shirts gegen die Sonne und natürlich entsprechender Sonnenschutz. Bei Kids unter zehn Jahren sollte auch eine Schwimmweste zur Grundausstattung gehören. Während in Surfschulen Neopren in der Regel gestellt wird, sollte man beim Kauf folgende Dinge beachten:

Welche Länge & Dicke?

Wie warm ein Neopren ist, hängt von der Dicke ab, diese wird in Millimetern angegeben und ist in der Regel auf den Neo aufgedruckt. Ein Neoprenanzug mit der Angabe »3/2« hätte eine Dicke von drei Millimetern am Rumpf und zwei Millimetern an Armen und Beinen. Da Kinder schnell auskühlen, sollten deren Neos bei gleicher Temperatur immer etwas dicker gewählt werden als bei Erwachsenen. Als Entscheidungshilfe für den Neo-Kauf kann die folgende Übersicht dienen:

Welches Neopren-Material?

Generell unterscheidet man Neos mit Glatthaut- und kaschiertem Material. Glatthautanzüge halten aufgrund der geringeren Verdunstungskälte noch etwas wärmer als kaschierte Neos, sind aber auch viel sensibler und weniger haltbar. Aus diesem Grund empfiehlt sich kaschiertes Material für die Anforderungen von Kindern deutlich besser – eine auf das Neopren aufgebrachte Nylonschicht verhindert an Knien und Beinen Beschädigungen, die beim Herumtoben und Hochklettern aufs Brett naturgemäß entstehen.

Welche Größe?

Etwas auf Zuwachs kaufen ist auch bei Kinderneos völlig legitim, vor allem bei Shortys für den Sommer. Will man regelmäßig auch in kühleren Gefilden aufs Wasser, sollte der Neo aber nicht zu groß sein, weil sonst viel kaltes Wasser eindringt und der Anzug weniger gut wärmt.
Tipp: Bei Ebay-Kleinanzeigen findet man unzählige Neos und Surfschuhe für Kinder!

Bezeichnung	Neoprendicke (Millimeter an Rumpf/Extremitäten)	Idealer Temperaturbereich
Fullsuit	5/4	10–18
Fullsuit	5/3	15–23
Fullsuit	4/3	20–28
Steamer/Long John	4/3 oder 3/2	> 24
Shorty	3/2 oder 2/2	> 28

Das richtige Kinder-Board

Viele Marken haben die speziellen Anforderungen von Kindern erkannt und bieten entsprechendes Material an. Auch hier gilt der Grundsatz, dass es nicht neu oder teuer sein muss, sondern passend! Spezielle Kinderboards sind kürzer und drehfreudiger und vor allem für Kinder unter zwölf Jahren ideal, weil diese die langen Bretter von Erwachsenen mit ihren kleinen Segeln noch nicht richtig drehen können.

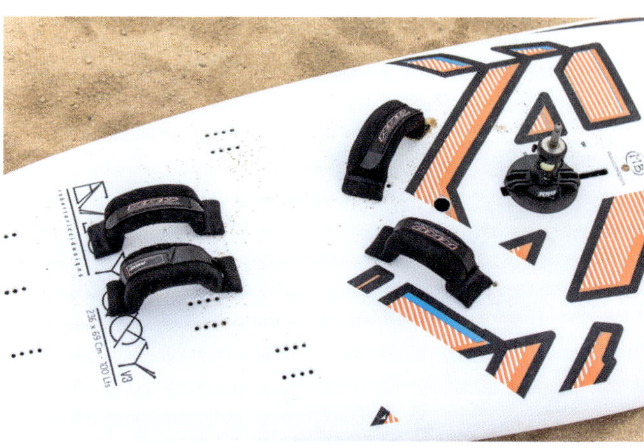

Nichtsdestotrotz können Kinder natürlich auch auf »normalen« Boards für Erwachsene Spaß haben und Windsurfen lernen. Einige kleine Adaptionen sind dafür allerdings nötig:

Schlaufenabstände: Die Abstände der Fußschlaufen sind bei speziellen Kinderboards hinsichtlich Schrittbreite und Schlaufengröße auf die kleinen Maße angepasst. Auf Erwachsenenboards sollte man die Schlaufen in nicht-zusammengehörende Plugs montieren, um einen kleinere Schrittbreite zu erreichen.

Softdeck: Kinderboards haben in der Regel ein bequemes Softdeck, was zum Spielen und Aufsteigen ideal ist und Verletzungen verhindert. Ähnlich gut geeignet sind unter diesem Aspekt aufblasbare Wind-SUPs.

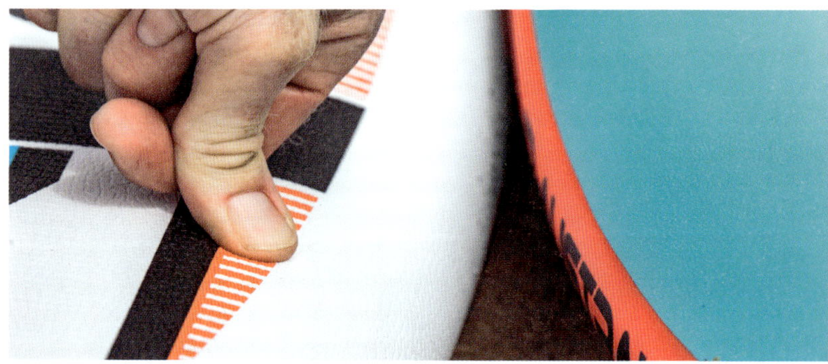

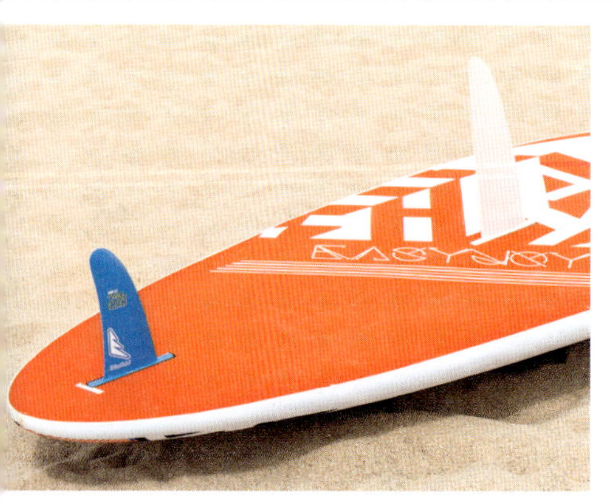

Kleine Finnen:
Je kleiner die verwendeten Segel sind, desto geringer ist der Steuerimpuls, den Kinder damit beim Wenden und Halsen geben können. Abhilfe schafft eine kleinere Finne mit nur 12-20 Zentimetern. Wer nicht extra eine Finne kaufen will, kann problemlos eine alte Finne auf das besagte Maß absägen – für Manöver bei Leichtwind reicht diese allemal aus und ermöglicht es dem Nachwuchs, auch mit Segelgrößen unter 3 qm das Board leichter zu drehen.

Centerfinne/ Schwert: Je kleiner die Segel sind desto schwieriger fällt Kindern zu Beginn auch das Kreuzen. Ein Schwert oder eine Centerfinne macht bei Leichtwind daher Sinn.

Das richtige Kinder-Rigg

Während man Bretter für Erwachsene mit den erwähnten Adaptionen noch gut an die Bedürfnisse von Kindern anpassen kann, kommt man um ein richtiges Kindersegel zu Beginn nicht herum – zumindest, wenn Kinder unter zwölf Jahren damit lernen sollen.
Generell gilt: Alter und Modell sind weniger entscheidend, je leichter das gesamte Rigg ist, desto besser!
Diverse Surfmarken bieten Komplett-Sets für Kids in unterschiedlichen Größen an, deren Segel durchweg aus leichtem Monofilm oder Tuchmaterial hergestellt sind. Aus Gewichtsgründen beschränkt man sich hierbei meist auf zwei bis drei Segellatten.
Ein weiterer wichtiger Aspekt sind die auf die kleinen Hände angepassten Komponenten. So sind die Gabelbäume und Masten extrem dünn und aus leichtem Aluminium gefertigt.
Je nach körperlicher Konstitution können Kinder ab dem zwölften Lebensjahr auch mit kleinen Segeln für Erwachsene weiterüben. Hierbei sollte man in jedem Fall darauf achten, einen dünnen Skinny-Mast (RDM) zu verwenden, um das Greifen zu erleichtern. Lange Masten, die am Topp weit überstehen, machen jedes Segel unnötig schwer und verhindern zudem, dass sich ein ausreichendes Profil bilden kann – im Notfall ist es daher besser, einen alten Mast unten (!) zu kürzen als einen langen Mast am Topp mehr als 15 Zentimeter überstehen zu lassen.

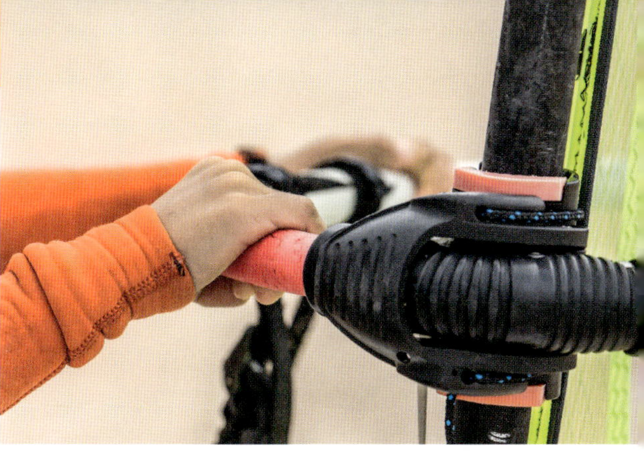

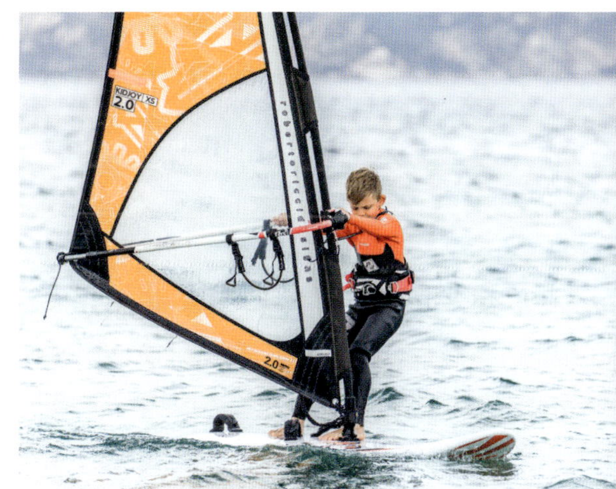

Kindersegel haben weniger Grundspannung und teilweise überhaupt keine Segellatten. Dadurch kann sich auch bei wenig Wind schon ein ausreichendes Profil und guter Vortrieb bilden.
Wenn Kinder schon Trapezfahren und Gleiten üben, helfen aber auch hier zwei bis drei Segellatten, den Segeldruckpunkt im Zaum zu halten.

Welche Segelgröße für welches Alter?
Die konstitutionellen Voraussetzungen von gleichaltrigen Kindern unterscheiden sich oft erheblich – daher sollte die folgende Empfehlung allenfalls als grobe Orientierung verstanden werden.
< 6 Jahre: 1–1,5 qm
6–7 Jahre: 1,5–2,0 qm
8–11 Jahre: 2,5–3,5 qm
11–14 Jahre: 3,0–4,5 qm (der Wechsel auf Erwachsenensegel kann in diesem Alter sinnvoll sein).

Wer ein passendes Kinderrigg für seinen Nachwuchs kaufen möchte, kann sich am besten aus dem Angebot der Komplettsets bedienen.
Hier kann man sicher sein, dass Segel, Mast und Gabelbaum perfekt zueinander passen und die Komponenten maximal leicht sind. Der Gebrauchtmarkt für solche Sets ist stark nachgefragt – was aber auch bedeutet, dass man gebrauchtes Material gut wieder verkaufen kann und sich die Kosten unterm Strich in Grenzen halten.

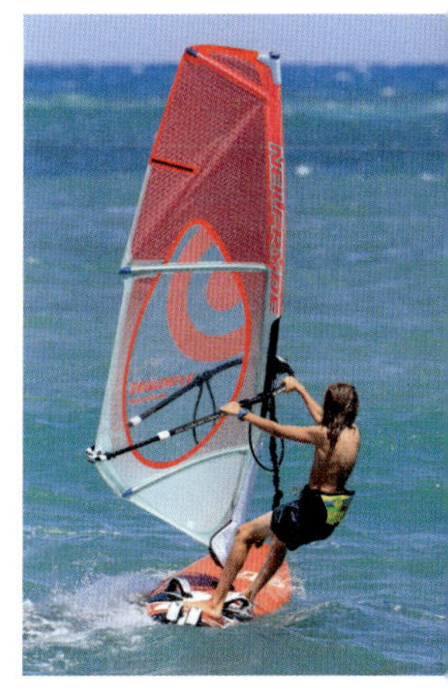

Wind & Wetter

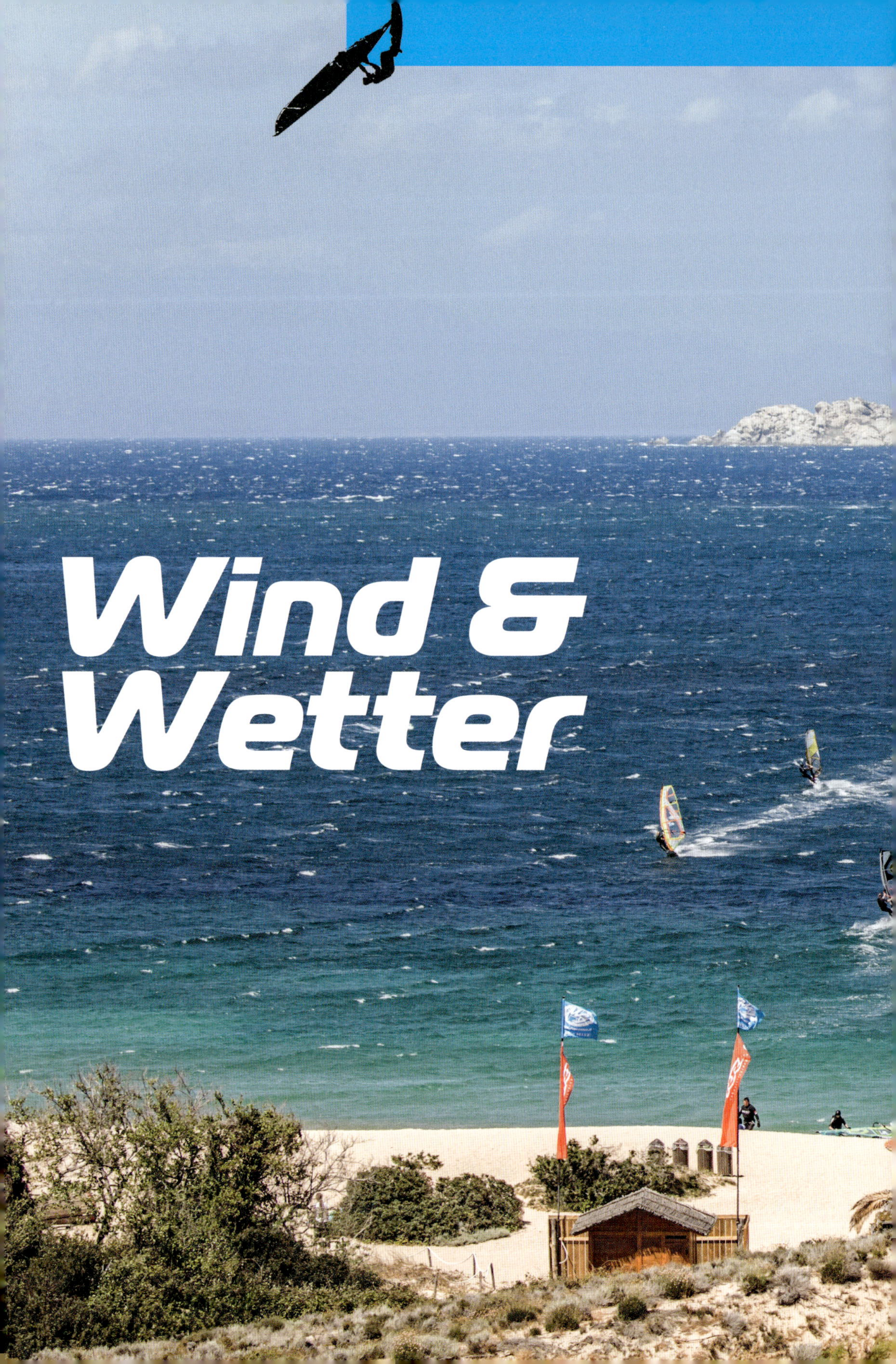

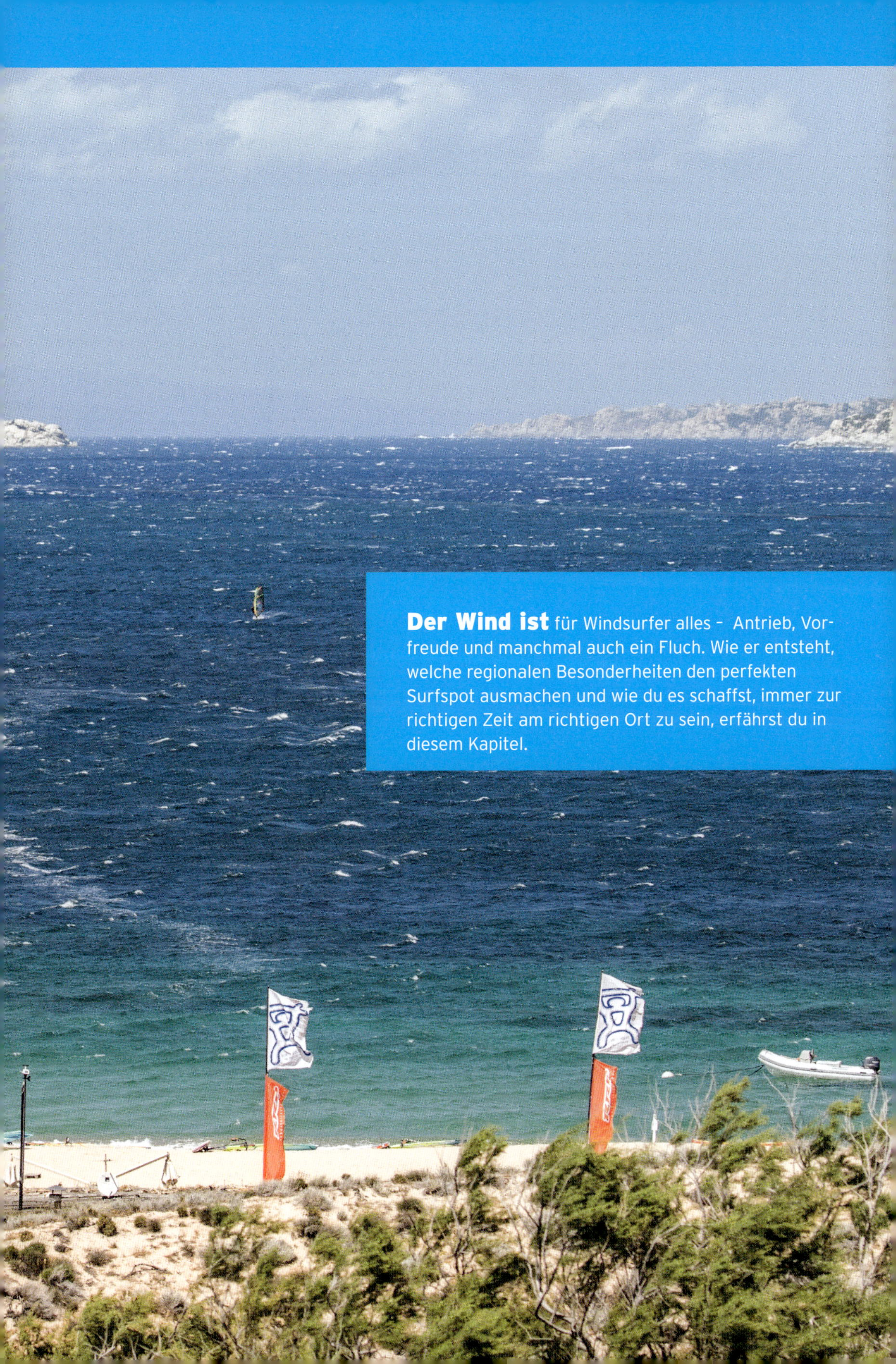

Der Wind ist für Windsurfer alles – Antrieb, Vorfreude und manchmal auch ein Fluch. Wie er entsteht, welche regionalen Besonderheiten den perfekten Surfspot ausmachen und wie du es schaffst, immer zur richtigen Zeit am richtigen Ort zu sein, erfährst du in diesem Kapitel.

Ein normaler Tag im Leben eines Windsurfers beginnt nicht mit einem ersten Kaffee, sondern mit dem Checken der aktuellen Windvorhersage. Taucht die Sommerflaute die Windkarten in eintöniges Flauten-Blau geht alles wie geplant seinen Gang. Poppen plötzlich grüne, gelbe oder gar rote Farbfelder am Homespot auf, wird's hektisch: Die Schwiegermutter muss ihren Geburtstag plötzlich allein feiern, die Uni-Vorlesung fällt aus, oder beim Chef flattert, mal wieder, eine Krankmeldung rein.
Dass man die Natursportart Windsurfen nur schwer planen kann, ist Segen und Fluch zugleich. Segen, weil gerade das Warten und die Ungewissheit Teil der Faszination sind. Fluch, weil nicht jede Uni-Vorlesung und To-do-Liste immer einfach wegorganisiert werden kann, vor allem dann nicht, wenn man fernab des Wassers wohnt.
Es wäre problemlos möglich mit dem Kapitel »Wind & Wetter« ein ganzes Buch zu füllen. Wetterexperte Meeno Schrader hat genau dies getan und mit *Das Wetterbuch für Wassersportler* eine ebenso detaillierte wie verständliche Wetter-Bibel für Segler und Surfer geschrieben (Delius Klasing Verlag, ISBN 978-3-7688-3776-7), welche Grundlage dieses Kapitels ist und allen wärmstens empfohlen werden kann, die noch tiefer in dieses Thema einsteigen wollen.

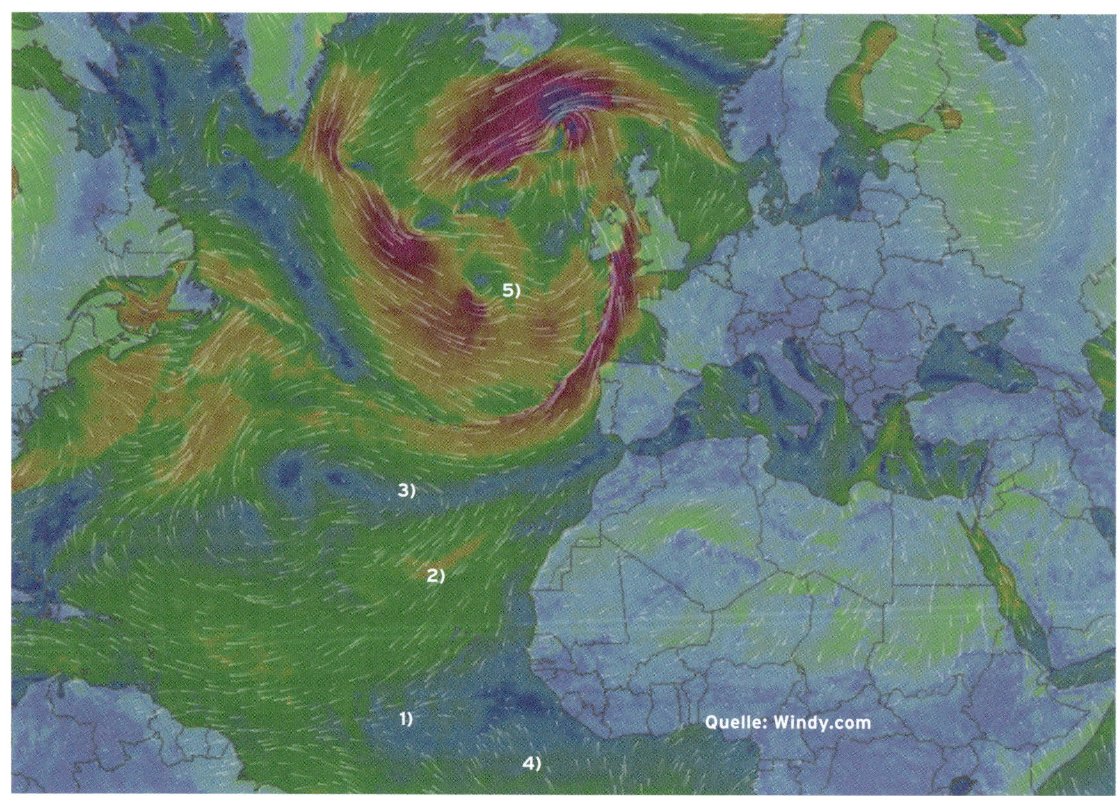

Der Strömungsfilm zeigt die großen Windsysteme: Aus dem Azorenhoch (3) in subtropischen Breiten strömt der Nordostpassat (2) zur äquatorialen Tiefdruckzone (ITCZ) (1). Dort treffen Nordost- und Südostpassat (4) aufeinander. Die mittleren Breiten sind von dynamischen Tiefdrucksystemen geprägt (5), die von West nach Ost ziehen.

Wie entsteht Wind?

Wind entsteht durch Luftdruckunterschiede. Der Luftdruck wird mit dem Barometer und in Hectopascal (hPa) gemessen, der Normaldruck aus Meeresniveau beträgt 1013 hPa. Bedingt durch die Sonneneinstrahlung kann es zum Aufsteigen von leichterer Warmluft kommen, an der Erdoberfläche fehlt dann gewissermaßen Luft – man spricht nun von einem »Tief«. Kommt es umgekehrt zum Absinken kalter Luftmassen, erhöht sich der bodennahe Druck, es entsteht ein »Hoch«. Da die Atmosphäre stets um ein Ausgleichen der Unterschiede bemüht ist, wird eine Luftbewegung in Gang gesetzt, um die Druckunterschiede auszugleichen – der Wind. Je größer die Unterschiede, desto stärker auch die Ausgleichsbewegung vom Hoch zum Tief. Auf Wetterkarten sind die Druckunterschiede in Form der Isobaren ablesbar, diese kennzeichnen Zonen gleichen Drucks. Je enger die Isobaren zusammenliegen, desto größer sind Druckunterschiede und Wind.
Die für Windsurfer wichtigsten Windsysteme wie der Passat, die Tiefdrucksysteme der Westwindzone sowie regionale Effekte mit Land-, See-, Berg- und Talwind sollen im Folgenden kurz beleuchtet werden.

Passat

Windsurf-Hotspots wie die Kanaren, Kapverden, Hawaii oder die Karibik profitieren allesamt vom Passat, einem weltumspannenden Windsystem. Der Passat entsteht letztlich aufgrund der Temperaturunterschiede zwischen äquatorialen Breiten und den Subtropen. In Äquatornähe steigen aufgrund der starken Sonneneinstrahlung stetig Luftmassen auf, diese Zone wird als Innertropische Konvergenzzone (ITCZ) bezeichnet. Dort steigt leichte Warmluft in Höhen bis zu 18 Kilometer auf, bevor sie beginnt, polwärts zu wandern. Auf ihrem Weg zu den Polen kühlt sie ab und sinkt im Bereich der Subtropen, etwa bei 20–40° nördlicher und südlicher Breite wieder ab, wodurch auf der Erdoberfläche eine ausgeprägte Hochdruckzone entsteht – auf dem Nordatlantik ist dies das berühmte Azorenhoch. Ausgehend von diesen Hochdruckzonen setzt sich nun auf der Nordhalbkugel eine bodennahe Ausgleichsbewegung von Nord nach Süd, hin zur äquatorialen Tiefdruckzone in Gang. Durch die ablenkende Kraft der Erdrotation (Corioliskraft) erfahren von Nord- nach Süd wandernde Luftteilchen eine Ablenkung nach rechts, aus einem Nordwind wird der Nordost- bis Ostpassat. Weil sich über dem Atlantik die Lage von Azorenhoch und äquatorialer Tiefdruckzone im Jahresverlauf verändert, verlagert sich auch die Passatzone – im Sommer liegt sie weiter nördlich und belüftet beispielsweise die Kanaren extrem zuverlässig, im Winter wandert sie weiter nach Süden und macht die Kapverden und die Karibik zu absoluten Windsurf-Hotspots. Ein vergleichbares Passatsystem findet sich auch auf der Südhalbkugel – mit dem Unterschied, dass hier die nordwärts zum Äquator wandernden Luftteilchen durch die Corioliskraft nach links abgelenkt werden. Es entsteht der Südostpassat.

Dynamische Tiefdruckgebiete

Das Wetter in Mitteleuropa wird in erster Linie von durchziehenden Tiefdruckgebieten bestimmt. Die Entstehung dieser Systeme wird als »Zyklogenese« bezeichnet. Tiefdruckgebiete entstehen an der sogenannten Polarfront, in diesem Bereich ist der Temperaturunterschied zwischen polarer Kaltluft im Norden und subtropischer Warmluft im Süden besonders groß. Da die Atmosphäre immer bestrebt ist, Unterschiede auszugleichen, wird die Polarfront instabil, sobald der Temperaturunterschied zwischen Kalt- und Warmluft zu groß wird. Durch die Reibung der Luftmassen aneinander entsteht Wärme, was zum Aufsteigen von Luftmolekülen und der Entstehung eines Tiefdruckkerns führt. Zu diesem Tiefdruckkern strömen nun die umliegenden Luftmassen hin, von Süden her schiebt sich warme Luft gen Norden, von Norden drückt Kaltluft nach Süden – es kommt zur Ausprägung der für Tiefs typischen

Warm- und Kaltfront. Auch hier werden die zum Tiefdruckkern einströmenden Luftmassen durch die Corioliskraft nach rechts abgelenkt, ein Tiefdruckwirbel entsteht.
Die für Mitteleuropa bedeutungsvollen dynamischen Tiefdrucksysteme entstehen meist über dem Nordatlantik und ziehen dann mit einer starken Höhenströmung ostwärts über Mitteleuropa hinweg (»Westwinddrift«). Da auf der Reise die Kaltfront immer etwas schneller unterwegs ist als die Warmfront, holt diese die Warmfront früher oder später ein, es kommt zur Vermischung (Okklusion). Haben sich Warm- und Kaltluft vermischt, schwächt sich das Tief ab, es hat seine Mission, die Temperaturgegensätze auszugleichen, erfüllt.
Im Gegensatz zum konstant wehenden Passat unterliegen die Winde bei dynamischen Tiefdrucksystemen hinsichtlich Richtung und Stärke wesentlich größeren Schwankungen. Im idealtypischen Verlauf nähert sich ein Tief von Westen und kündigt sich zunächst mit auffrischendem Südostwind an. Der Wind ist in diesem Sektor in der Regel sehr konstant, die Böigkeit gering, was das Windfeld auf der Vorderseite eines Tiefs sehr geeignet zum Windsurfen macht – abgesehen vom Regen, der jetzt oft ausgiebig fällt. Mit Eintreffen der Warmfront kommt es zu einem ersten Windsprung in Richtung Südwest, eine Drehung, die sehr plötzlich, innerhalb weniger Minuten passiert. Oft kommt es mit dem Eintreffen der Warmfront zu einer vorübergehenden Abnahme des Windes, später pendelt sich die Windstärke wieder ein. Mit Eintreffen der Kaltfront kommt es zum nächsten markanten Winddreher auf West-Nordwest bis Nordwest, in der Regel fällt dieser noch stärker aus als an der Warmfront: 30 bis 90 Grad

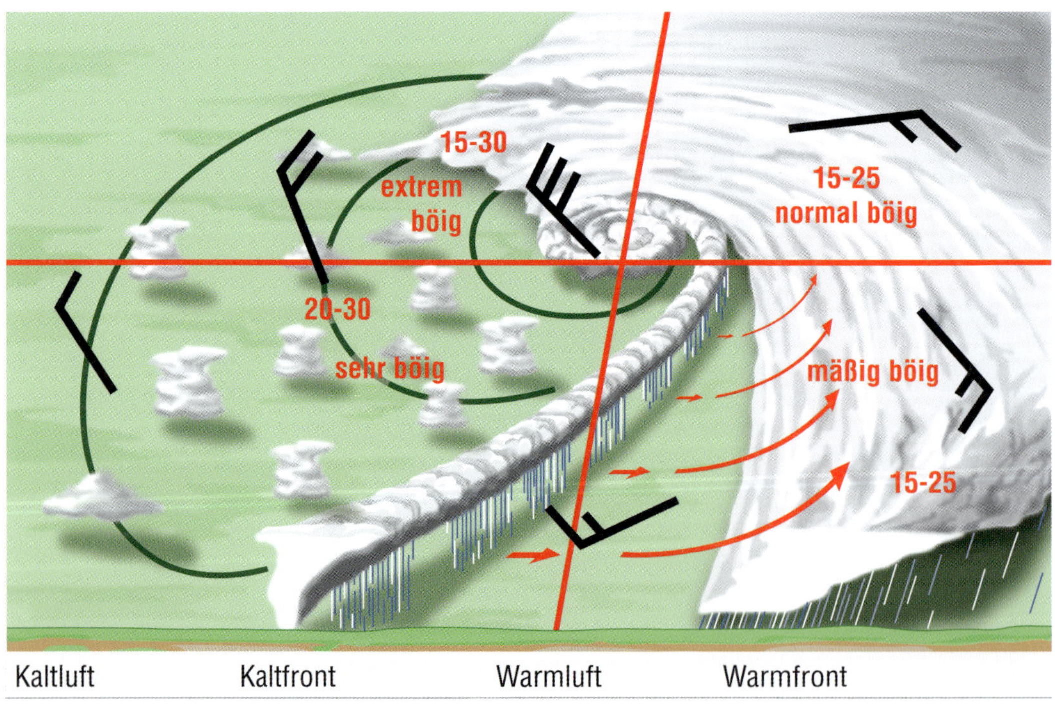

Ein Tief und seine vier Gesichter: Eingezeichnet sind typische Windgeschwindigkeiten und Richtungen, Böigkeit und Niederschläge.

binnen einer Minute sind keine Seltenheit. Für Windsurfer kann das Eintreffen der Kaltfront den Surfspaß kurzzeitig zunichte machen, der Wind wird zunehmend böig, zudem kommt es zu heftigen Wettererscheinungen mit starken Schauern. Bis sich der Wind stabilisiert hat, vergeht meist eine Zeit von 15 bis 60 Minuten. Aufklarender Himmel und das stärkste Windfeld des Tiefdrucksystems lassen Windsurfer dann über die in diesem Sektor erhöhte Böigkeit hinwegsehen.
Die Lage der Polarfront variiert im Jahresverlauf stark. Deshalb ziehen atlantische Tiefs im Nordsommer meist weiter nördlich durch, während über Mittel- und Südeuropa das stabile Azorenhoch ausgeprägt ist. Im Winterhalbjahr verlagert sich die Polarfront weiter nach Süden, Tiefdruckgebiete ziehen dann auch vermehrt im Mittelmeerraum vorbei.

Thermische Tiefdrucksysteme

Treibende Kraft für die Thermik ist die Sonne. Kommt es zu starker Sonneneinstrahlung auf eine Landmasse, führt dies zur Erwärmung der bodennahen Luftschichten. Da warme Luft leichter ist als kalte Luft, steigt diese auf, es entsteht ein Tiefdruckkern. Wie üblich ist die Atmosphäre bestrebt, die Druckunterschiede auszugleichen, wodurch eine Windbewegung hin zum Tief in Gang gesetzt wird. Thermische Tiefdrucksysteme kommen auf der ganzen Welt vor, im Gegensatz zu dynamischen Tiefdruckgebieten unterliegen sie nicht den für diese typsichen Lebenszyklen und Zugbahnen. Die für Windsurfer wohl bekanntesten Beispiele sind das Hitzetief über der Iberischen Halbinsel, welches beispielsweise die berühmte Nortada an der potugiesischen Küste befeuert. Der Meltemi, jener Nord- bis Nordwestwind, der die griechischen Inseln im Sommer extrem zuverlässig belüftet, resultiert ebenfalls aus der Ausbildung eines Hitzetiefs, in diesem Fall über der südlichen Agäis und dem türkischen Festland. Und auch der »Cape Doctor«, jener stürmische Südostwind, der die Region um Kapstadt zwischen Oktober und März zu einer der angesagtesten und windigsten Surf-Destinationen der Welt macht, hat seinen Ursprung in einem Hitzetief über dem Hinterland.

Berg-Tal-Wind

Neben Systemen wie dem Passat oder den dynamischen Tiefdrucksystemen der mittleren Breiten können regionale Thermiksysteme auch dort für Surfspaß sorgen, wo man es zunächst nicht erwarten würde. Ein Beispiel ist das Berg- und Talwindsystem in den Alpen.
Im Tagesgang auftretende Temperaturunterschiede bilden hier die Grundlage für ein sehr regelmäßig auftretendes Windsystem: An sonnigen Tagen erwärmt sich die Luft über den nackten Berghänge stärker als im Alpenvorland, wodurch Luftpakete über den Hängen aufsteigen. Dadurch bildet sich über den Berghängen ein lokaler Tiefdruckkern. Um die fehlenden Luftmassen auszugleichen, wird eine Ausgleichsbewegung vom Alpenvorland hin zu den Bergen in Gang gesetzt – der Talwind.
Wie stark der Talwind in Einzelfall ausgeprägt ist, hängt vom Temperaturunterschied ab: Entgegen der landläufigen Meinung, dass es die beste Thermik in den heißen Sommermonaten geben müsste, ist in der Regel ist das Frühjahr mit seinen noch kalten Nächten und schon kräftiger Sonneneinstrahlung am Tag die beste Zeit für eine gute Thermik im Alpenraum.
In der Nacht kehrt sich das System um: Die im Vergleich zum Alpenvorland starke Abkühlung sorgt dann für ein Absinken der Luftmassen und die Entstehung eines Hochdruckgebietes über dem Gebirge. Auch hier gilt: Je größer die Temperatur- und Druckunterschiede zwischen Gebirge und Alpenvorland, desto stärker die Ausgleichsbewegung, der Bergwind.
Kommen zum verlässlichen Berg- und Talwindsystem noch lokale Gegebenheiten wie Düseneffekte hinzu, können weitab der Meere wahre Windsurf-Hotspots entstehen. Bekanntestes Beispiel ist sicher der Gardasee, wo steile Felswände den Wind kanalisieren und verstärken.

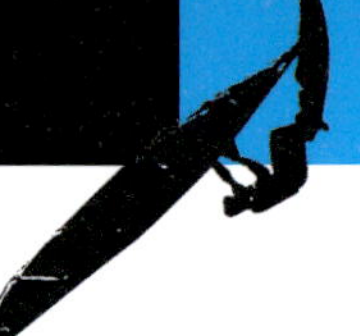

Land- und Seewind

Auch dieses Windsystem basiert auf unterschiedlichen Temperaturverläufen in Tagesgang. Infolge starker Sonneneinstrahlung erhitzt sich am Tag die Luft über dem Land oft stärker als über dem Wasser, Luftmassen steigen auf, es bildet sich ein lokaler Tiefdruckkern, wodurch eine Ausgleichsbewegung vom Meer her in Gang gesetzt wird - der Seewind. Dieser weht oft am stärksten am frühen Nachmittag, bevor er in Folge schwächer werdender Sonneneinstrahlung und Wolkenbildung am späten Nachmittag in sich zusammenbricht.
Umgekehrt in der Nacht: Die Abkühlung über Land erfolgt stärker als über dem Wasser, was zu absinkenden Luftmassen und zur Entstehung eines Hochdruckgebietes führt, aus dem Luft hin zum niedrigeren Druck strömt - der Landwind.

Regionale Effekte

Egal ob Passat oder regionale Thermik, es sind oft die lokalen Effekte, die viele Surfspots so besonders machen. Der Gardasee, die Kanaren-Topspots Sotavento und Pozo Izquierdo oder die griechischen Inseln Rhodos, Karpathos oder Kreta sind nur die bekanntesten Beispiele von Surfspots, an denen man regelmäßig mit dem kleinsten Segel unterwegs ist, während wenige Kilometer weiter die Fahnen schlapp am Mast in der Mittagssonne baumeln. Schuld daran sind Kap- und Düseneffekte:
Trifft Wind im stumpfen rechten Winkel auf ein einseitiges Hindernis wie ein ins Meer hinausragendes Kap, wird dieser an dessen Spitze stark beschleunigt. Je höher und steiler das Kap, desto stärker die Auswirkungen. Meteorologen beziffern das Hinausreichen des Kapeffekts auf etwa die 30-fache Höhe des Kaps: Ein 20 Meter hohes Kap würde den Wind also etwa 600 Meter weit ins Meer hinaus verstärken.
Ebenfalls großen Einfluss auf die lokalen Windverhältnisse haben Düseneffekte, die sich aufgrund von Hindernissen ergeben. Trifft Wind auf eine Verengung, etwa zwei Inseln oder Berge, quetschen sich die Luftmoleküle durch die Engstelle - vergleichbar, wenn man einen Wasserschlauch am Ende zusammendrückt. Düseneffekte können die Windgeschwindigkeit, je nach Höhe und Abstand der Hindernisse, um 20 bis 100 Prozent erhöhen. Die Liste an Spots, die auf diese Weise funktionieren, ist endlos, zu den prominentesten gehören in Europa die Straße von Bonifacio zwischen Korsika und Sardinien, die Meerenge von Gibraltar mit dem Hotspot Tarifa, viele Boraspots der kroatischen

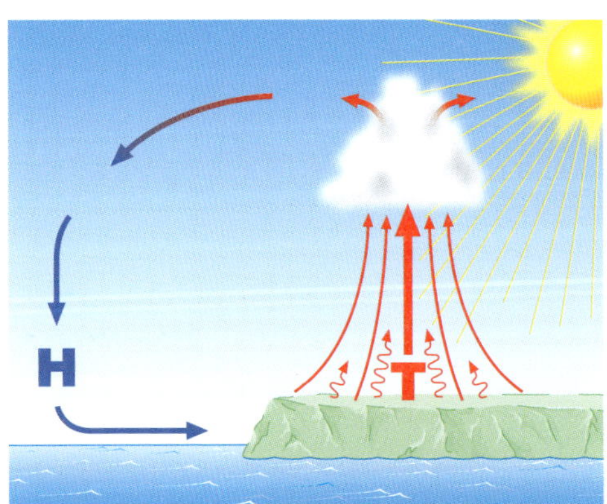

Erwärmen sich Luftpakete über dem Land, steigen diese auf und setzen einen Kreislauf in Gang, an dessen Ende der Seewind steht. Nachts kehrt sich das System um.

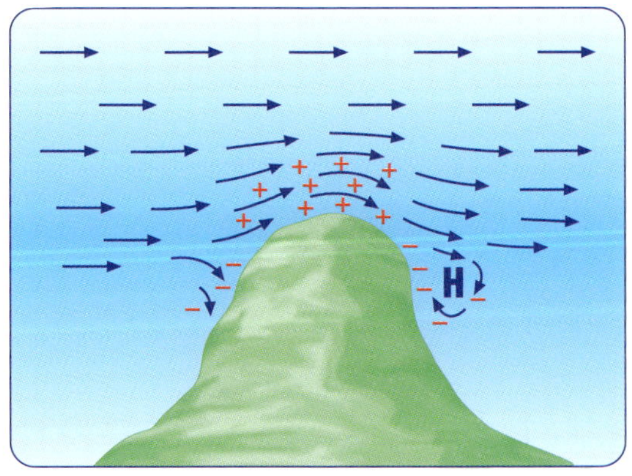

Der Kapeffekt sorgt für eine Erhöhung der Windgeschwindigkeit an der Spitze, aber auch für drehende und schwächere Winde vor und hinter dem Kap.

Adria und die griechischen Insel-Spots auf Rhodos, Kretas oder Karpathos.

Windvorhersagen richtig lesen

Üblicherweise wird die Windstärke in Knoten (kn) oder Meter pro Sekunde (m/s) angegeben. Die umgangssprachliche Bezeichnung »Windstärke« orientiert sich an der Beaufort-Skala, »Fünf Beaufort« (Bft) und »fünf Windstärken« sind also das Gleiche. Allerdings gibt die Beaufort-Skala immer nur bestimmte Bereiche wieder, fünf Beaufort kennzeichnen beispielsweise alles zwischen 16 und 21 Knoten.

Hier gibt's eine Umrechnungstabelle für alle verbreiteten Angaben:

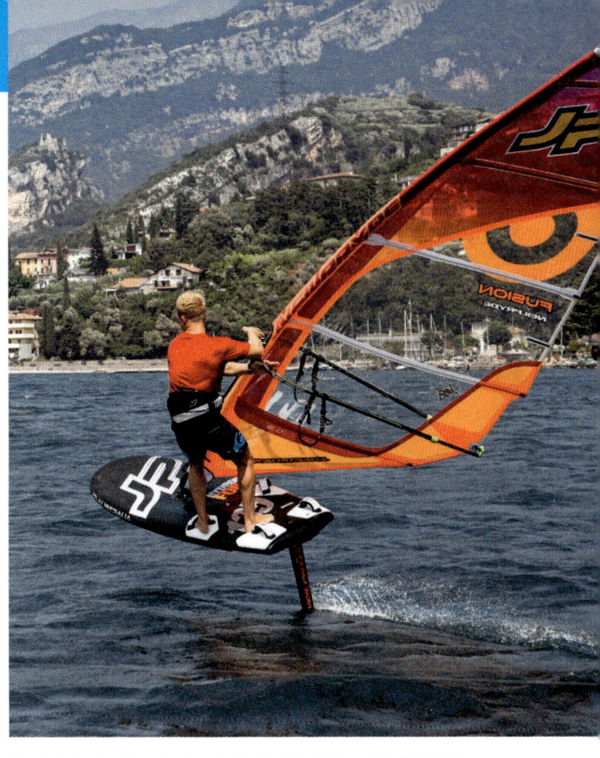
Dank lokaler Verstärkung ein Surfmekka - der Gardasee.

Windstärken-Tabelle zum Umrechnen von Knoten, Beaufort, m/s und km/h

Knoten	Beaufort	m/s	Km/h	Bezeichnung	Auswirkung auf See	Auswirkung an Land
1	0	0-0,2	<1	Windstille	Spiegelglatte See	Keine Luftbewegung
1-3	1	0,3-1,5	1-5	Leiser Zug	Kleine Kräuselwellen	Kaum spürbar, Rauch treibt leicht ab, Windfahnen unbewegt
4-6	2	1,6-3,3	6-11	Leichte Brise	Kleine, kurze und nicht brechende Wellen	Blätter rascheln, Wind im Gesicht spürbar
7-10	3	3,4-5,4	12-19	Schwache Brise	Vereinzelt brechende Kämme mit einzelnen Schaumköpfen	Blätter und dünne Zweige bewegen sich
11-15	4	5,5-7,9	20-28	Mäßige Brise	Kleine, längere Wellen. Verbreitet Schaumköpfe	Zweige und loses Papier bewegen sich
16-21	5	8,0-10,7	29-38	Frische Brise	Lange, mäßige Wellen. Überall Schaumkämme	Größere Zweige bewegen sich, Wind deutlich hörbar
22-27	6	10,8-13,8	39-49	Starker Wind	Größere Wellen und Schaumflächen. Brechende Kämme, etwas Gischt	Dicke Äste bewegen sich, hörbares Pfeifen an Drahtseilen
28-33	7	13,9-17,1	50-61	Steifer Wind	See türmt sich, Schaum legt sich in Windrichtung	Bäume schwanken, Widerstand beim Gehen gegen den Wind
34-40	8	17,2-20,7	62-74	Stürmischer Wind	Mäßig hohe Wellenberge mit langen Kämmen, wehende Gischt, Schaumstreifen	Große Bäume schwanken, erste Zweige brechen ab, das Gehen fällt schwer
41-47	9	20,8-24,4	75-88	Sturm	Hohe Wellenberge, dichte Schaumstreifen, rollende See, verminderte Sicht durch Gischt	Äste brechen, kleinere Schäden an Häusern und Dächern. Erhebliche Behinderung beim Gehen
48-55	10	24,5-28,4	89-102	Sturm	Sehr hohe Wellenberge. Lange, brechende Kämme, See weiß durch Schaum und schwer rollend. Verminderte Sicht	Bäume werden entwurzelt, Baumstämme brechen, größere Schäden an Häusern
56-63	11	28,5-32,6	103-117	Orkanartiger Sturm	Extrem hohe Wellenberge, Wellenkämme zu Gischt zerblasen, Sicht herabgesetzt	Schwere Sturmschäden, abgedeckte Dächer, Gehen quasi unmöglich
64-71	12	>32,7	>118	Orkan	Luft mit Schaum und Gischt angefüllt, See vollständig weiß. Sicht stark herabgesetzt	Schwerste Sturmschäden und Verwüstungen

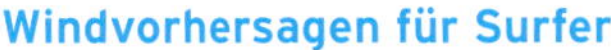

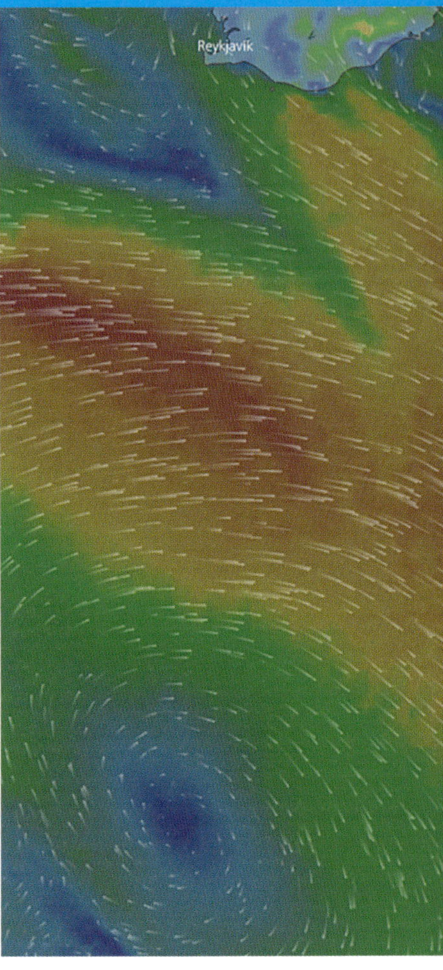

Windvorhersagen für Surfer

Es ist heute ungleich einfacher, seiner Leidenschaft punktgenau nachzukommen, als früher: Saßen die ersten Windsurfgenerationen noch gespannt vor dem Teletext oder dem Radio, um hinterher am Strand festzustellen, dass die Vorhersage mal wieder nicht stimmte, kann sich heute jeder die aktuelle Vorhersage sekundenschnell aufs Smartphone holen und anschließend am richtigen Spot aufschlagen. Trotzdem sollte man Windvorhersagen nicht blind vertrauen und bei der Interpretation der Forecasts bestimmte Dinge beachten:

Rechenspiele

Windvorhersagen basieren auf Rechenmodellen. Diese werden mit Messdaten – beispielsweise von Satelliten, Wetterbojen, Schiffsmeldungen und Radar – gefüttert und spucken am Ende eine Wetter- und Windvorhersage aus. Je nachdem welches Rechenmodell zugrunde liegt, entstehen aus den gleichen Messdaten unterschiedliche Vorhersagen. Jedes Modell hat im Normalfall bestimmte Stärken und Schwächen. So kann ein hochaufgelöstes Modell eventuell lokale Effekte wie Thermik oder Düseneffekte mit erfassen, vermag aber umgekehrt keinen Überblick über das große Ganze zu geben. Ein grobes Modell wie das oft verwendete GFS (»Global Forecast System«) – welches die Erdoberfläche mit einem Netz überzieht bei dem die Gitterpunkte teilweise 30 Seemeilen auseinander liegen – kann genau dies, scheitert aber an kleinräumigen und lokalen Effekten. An Spots wie dem Gardasee oder anderen Alpenseen kann es daher passieren, dass ein derartiges Modell nicht mal erkennt, dass sich hier ein nur wenige Kilometer breiter See in einem Bergtal befindet, geschweige denn, eine verlässliche Vorhersage ausspuckt. Deshalb gilt: Am besten checkst du immer mehrere Vorhersagedienste. GFS-basierte Vorhersagen passen für viele Küstenregionen und das Flachland gut, weil topographische Besonderheiten hier in der Regel keine große Rolle spielen. Besonders im Alpenraum solltest du immer auch lokale Wetterdienste checken, die mit höher aufgelösten Regionalmodellen arbeiten. Je stärker verschiedene Vorhersagemodelle übereinstimmen, desto sicherer ist es, dass der Wind auch wie prognostiziert eintrifft. Weichen die Vorhersagen stark voneinander ab, ist Vorsicht geboten. Man sollte sich dann im Zweifel eher auf ein Regionalmodell verlassen.

Vorhersage versus Trend

Obwohl viele Vorhersagemodelle auch für lange Zeiträume (zehn bis 14 Tage) noch Werte ausspucken, muss man klar festhalten, dass Meteorologen bereits ab fünf Tagen von »Trend« und weniger von »Vorhersage« sprechen. Die Treffsicherheit sinkt mit jedem Tag, den man weiter in die Zukunft geht und

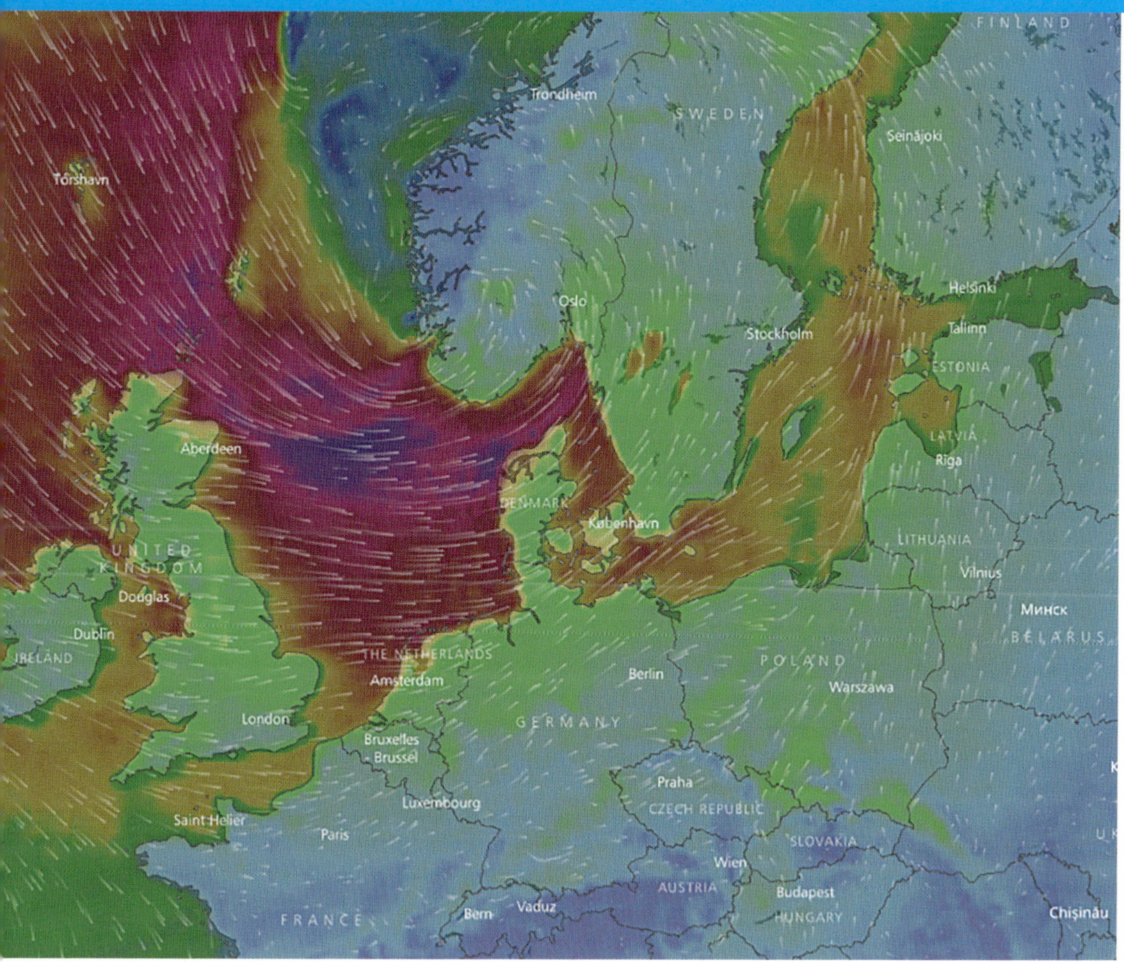

schwankt je nach Wetterlage. Hat sich eine stabile Hochdruckphase eingependelt, passen häufig auch 5-Tage-Vorhersagen gut, bei Frontenwetter und Westwindlagen ändern sich die Forecasts beinahe im Stundentakt. Du solltest dich also von 14-Tage-Vorhersagen nicht verrückt machen lassen.

Die besten Windvorhersage-Dienste

Abschließend gibt's hier einen Überblick über die bewährtesten Windvorhersage-Dienste. Diese bieten in der Regel neben Windvorhersagen auch noch Strömungsfilm, Niederschlag, Wellen, Tiden, Unwetterwarnungen, Webcams sowie gute Apps fürs Smartphone an.

Weltweit empfehlenswert sind:
Windfinder: www.windfinder.com
Windy: www.windy.com
Wisuki: www.wisuki.com
Windguru: www.windguru.com

Im Ausland lohnt sich mitunter ein Blick hin zu den nationalen Diensten, da diese lokale Besonderheiten oft besser berücksichtigen:

Dänemark & Nordeuropa:
DMI: www.dmi.dk/hav/udsigter/havprognoser/#danmark
FCOO: https://ifm.fcoo.dk
Gardasee/Alpenraum:
Meteotrentino: www.meteotrentino.it
Windinfo: www.windinfo.eu
Kroatien:
Aladin: http://meteo.hr
Griechenland:
Poseidon: www.poseidon.hcmr.gr

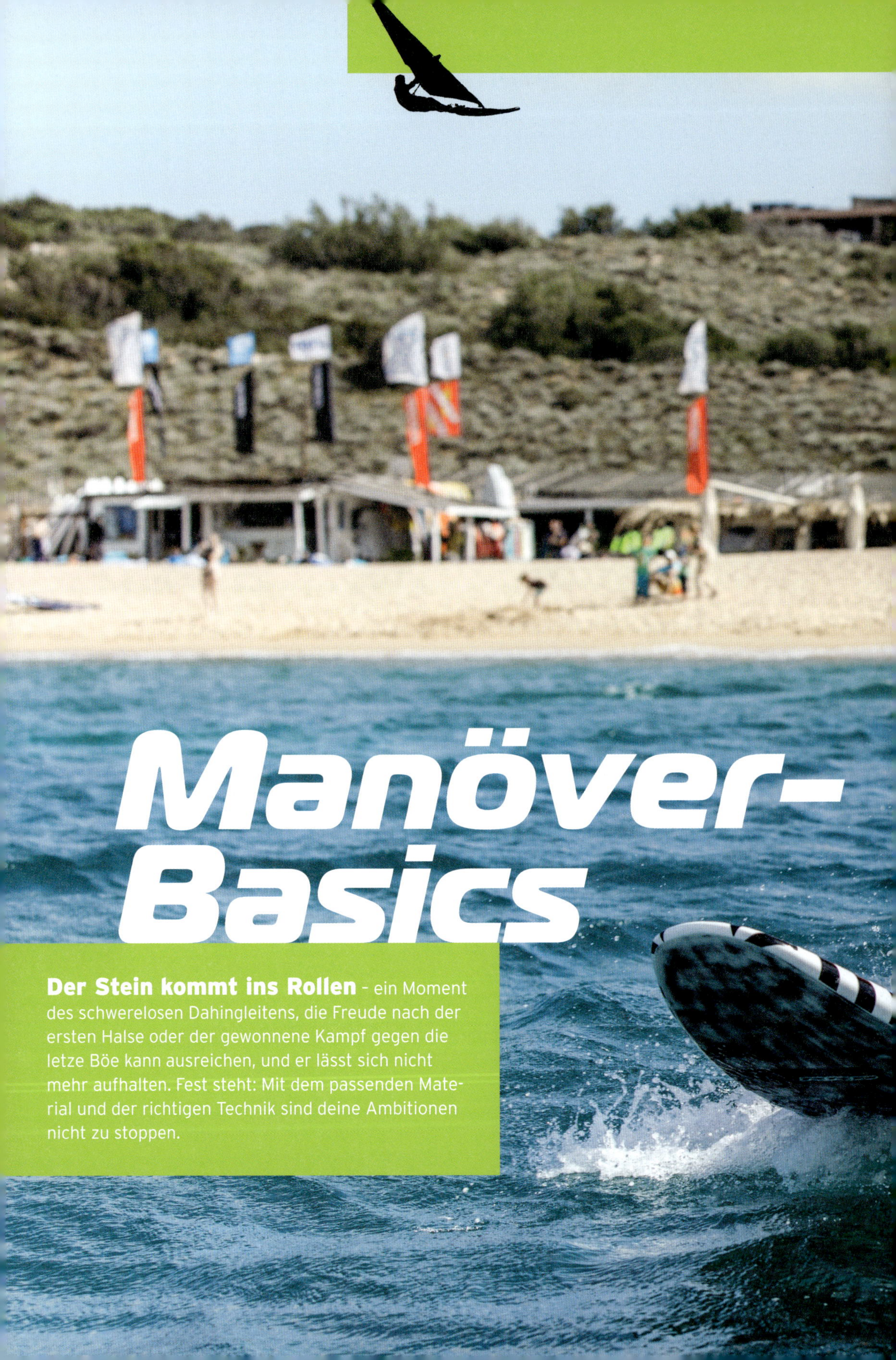

Manöver-Basics

Der Stein kommt ins Rollen - ein Moment des schwerelosen Dahingleitens, die Freude nach der ersten Halse oder der gewonnene Kampf gegen die letze Böe kann ausreichen, und er lässt sich nicht mehr aufhalten. Fest steht: Mit dem passenden Material und der richtigen Technik sind deine Ambitionen nicht zu stoppen.

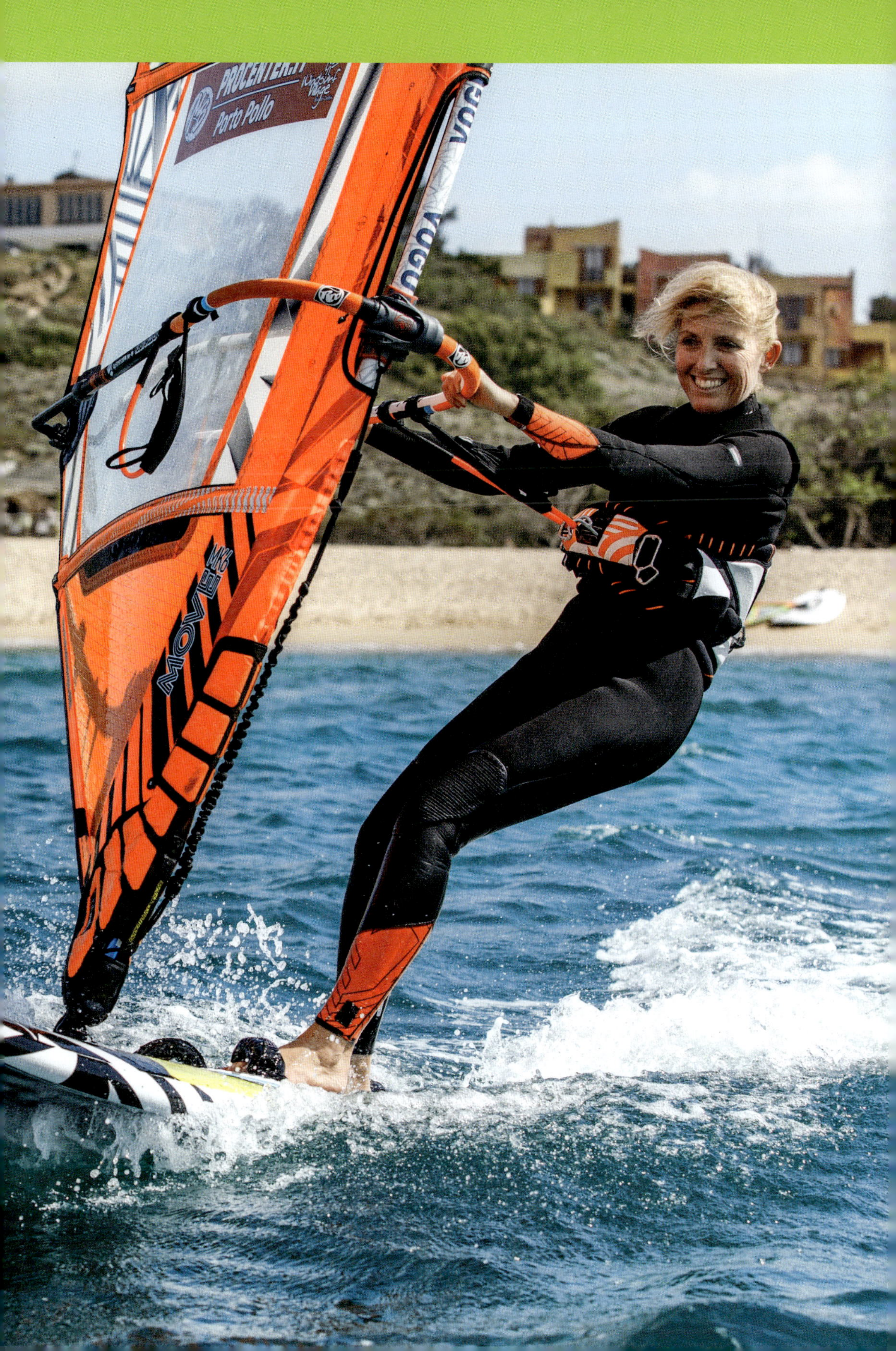
PROCENTER.IT
Porto Pollo

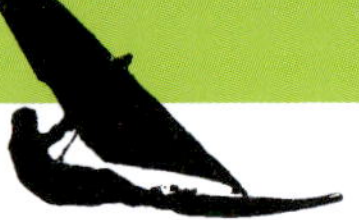

IDEALE BEDINGUNGEN:
1-3 Beaufort, glattes Wasser
IDEALES MATERIAL:
Longboards oder WindSUPs mit Schwert, leichte Segel
LERNVORAUSSETZUNGEN:
Keine

Starten

Das Abenteuer beginnt! Der Schotstart ist der Anfang eines jeden Surferlebens. Zum Üben ist ein Board mit ausreichend Volumen ein Muss. Die Faustregel lautet: Körpergewicht + 100 = Mindestvolumen. Zudem sollte das Segel leicht und nicht zu groß sein. Kommen jetzt noch glattes Wasser und die richtige Technik dazu, wird der Start zum Kinderspiel.

Startvorbereitung:
1) Damit es losgehen kann, muss das Brett erstmal in die richtige Position drehen. Stelle dich dazu aufs Board, die Füße unmittelbar links und rechts des Mastfußes, und greife die Aufholleine weit unten.

2-4) Gehe leicht in die Knie, halte den Rücken gerade und ziehe das Segel nur ein kleines Stück weit aus dem Wasser. Der Wind wird das Segel nun wie eine Fahne mit dem Wind auf die Leeseite drehen, dein Material pendelt sich dadurch automatisch in die richtige Position für den späteren Start aus. Versuche einen rechten Winkel zwischen Brett und Segel einzustellen.

5) Hast du den rechten Winkel zwischen Segel und Brett eingestellt, wird sich dein Brett automatisch genau quer zum Wind ausrichten. Erst jetzt solltest du das Segel komplett aus dem Wasser ziehen.

6) Orientiere dich auf dem Brett und greife mit der vorderen Hand (die Hand, die näher am Bug ist) den Mast unter dem Gabelbaum. Die vordere Hand wird immer als Masthand bezeichnet, die hintere Hand als Segelhand. Behalte konsequent den rechten Winkel zwischen Brett und Segel bei und den Mastarm gestreckt. Du bist jetzt in der »Grundstellung« und bereit für den Start. Weil Brett und Segel in dieser Position den Buchstaben »T« darstellen, wird in diesem Zusammenhang auch oft von der »T-Stellung« gesprochen.

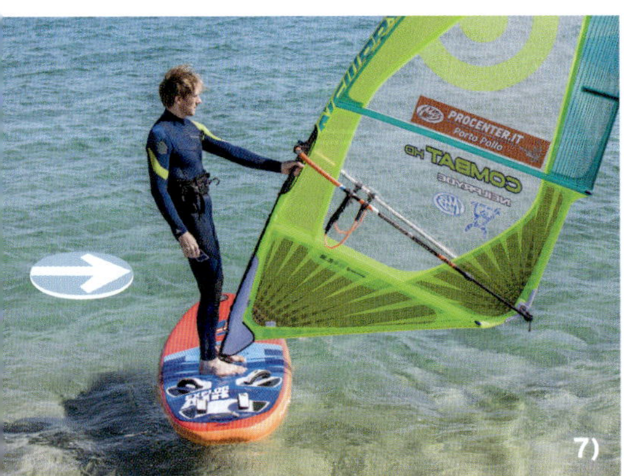

7)

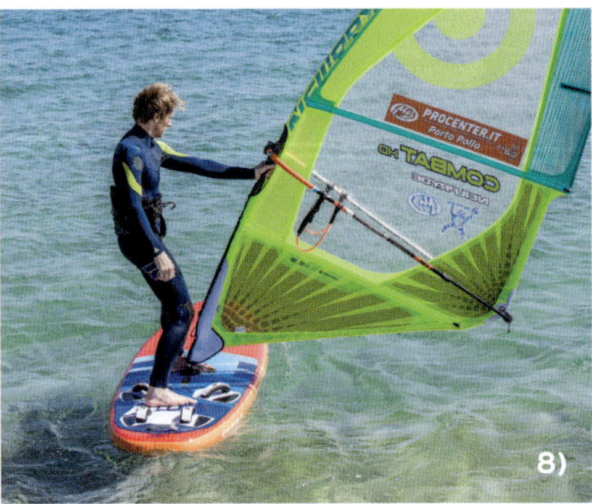

8)

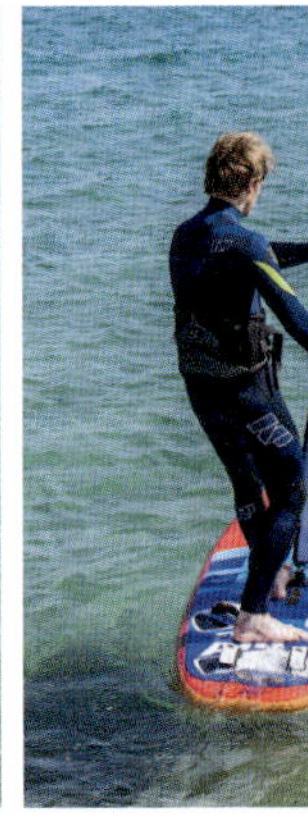

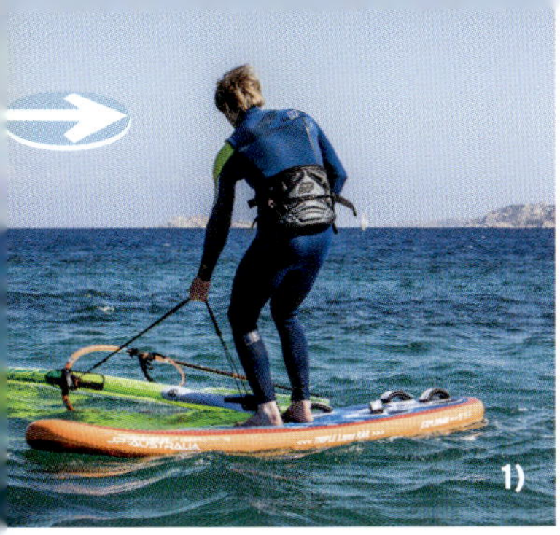

Start:

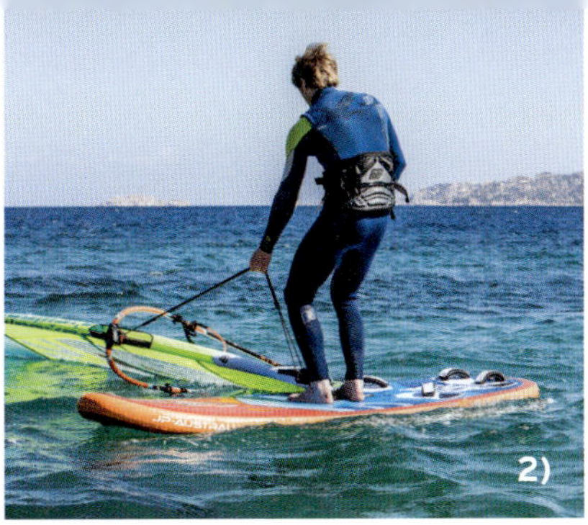

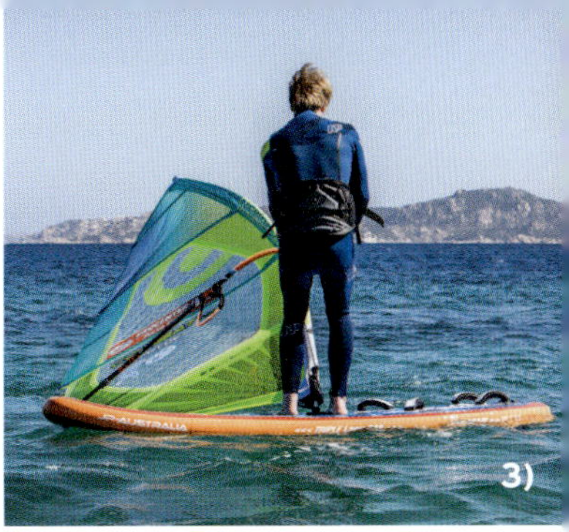

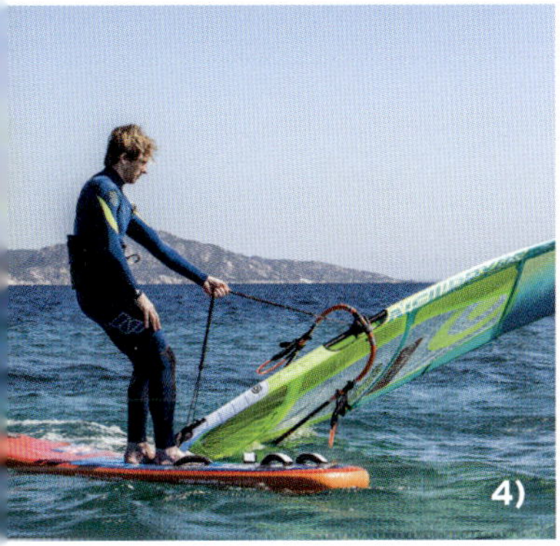

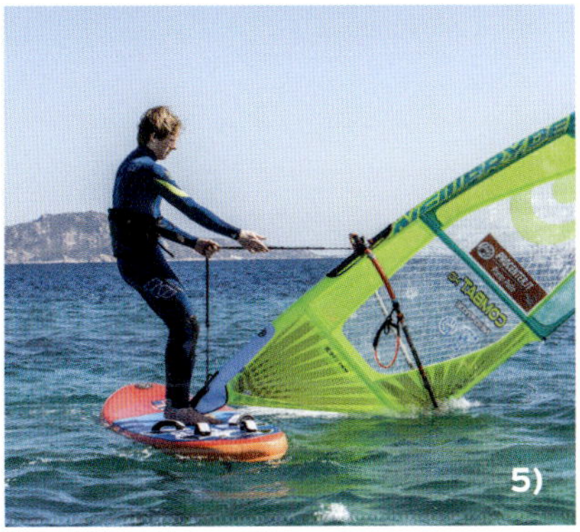

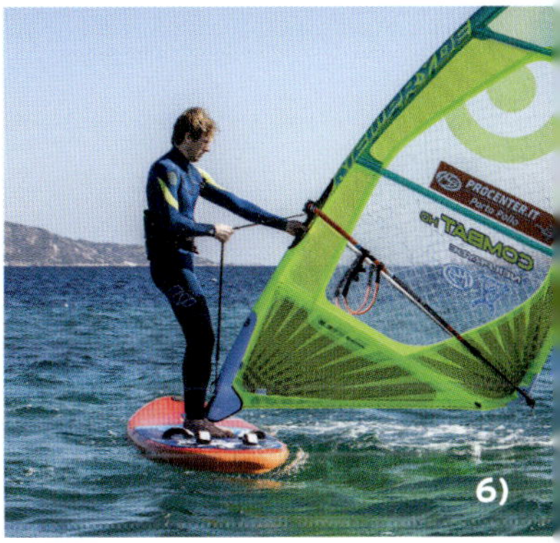

7-8) Ausgehend von der Grundstellung kannst du starten. Halte den Mastarm weiterhin gestreckt und das Segel 90° zum Brett und setze den hinteren Fuß einen Schritt nach hinten Richtung Schwert.

9-10) Der Schlüsselmoment: Bevor du mit der Segelhand an den Gabelbaum greifst, muss das Segel aus seiner zur Seite gekippten Position in die Senkrechte kommen. Ziehe dazu den Mast mit der Masthand vor dem Körper vorbei, bis er senkrecht steht. Du wirst fühlen, dass das Segel sich nun deutlich leichter anfühlt. Um bequemer und mehr in Fahrtrichtung zu stehen, kannst du den vorderen Fuß leicht drehen, sodass er neben oder direkt hinter dem Mastfuß steht.

11) Erst wenn der Mast senkrecht steht, greift die Segelhand an den Gabelbaum. Um anzufahren musst du den Wind einfangen – du tust dies, indem du das Segel mit der Segelhand langsam dichtholst. Verlagere dein Gewicht etwas aufs hintere Bein und halte den Mast senkrecht. Bei korrektem Start nimmt das Brett im rechten Winkel zum Wind Fahrt auf.

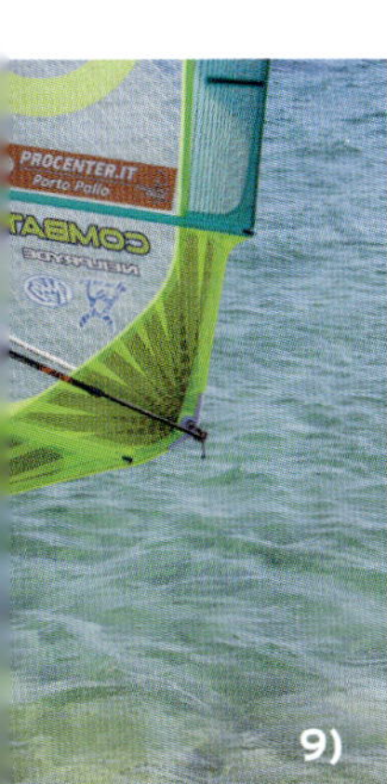

9)

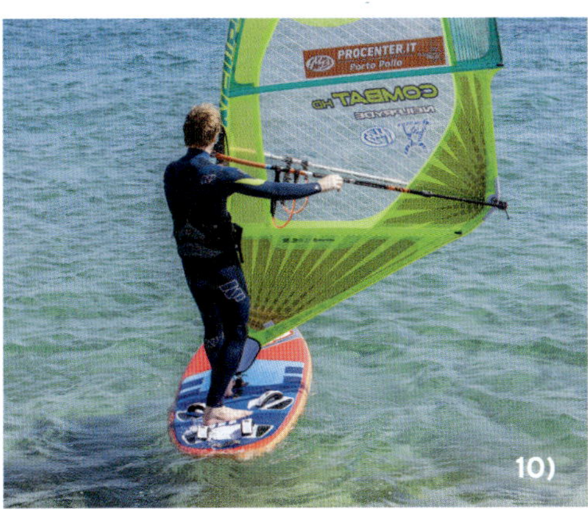

10)

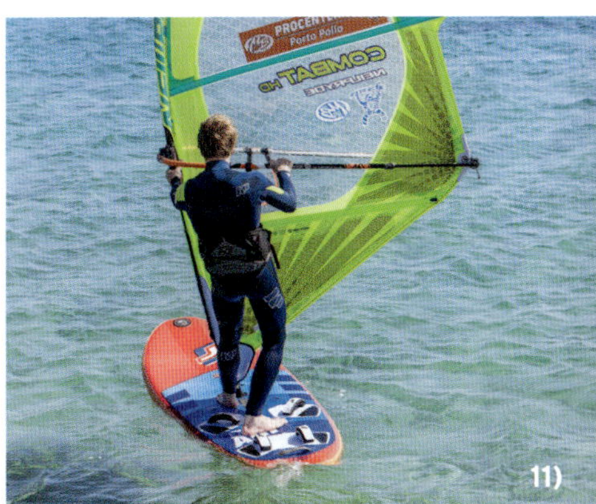
11)

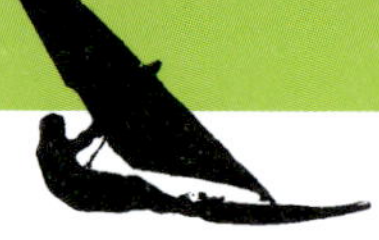

Starten – Fehleranalyse

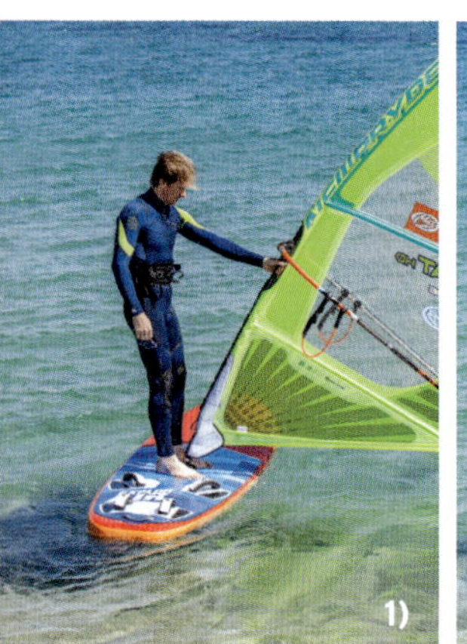
1)

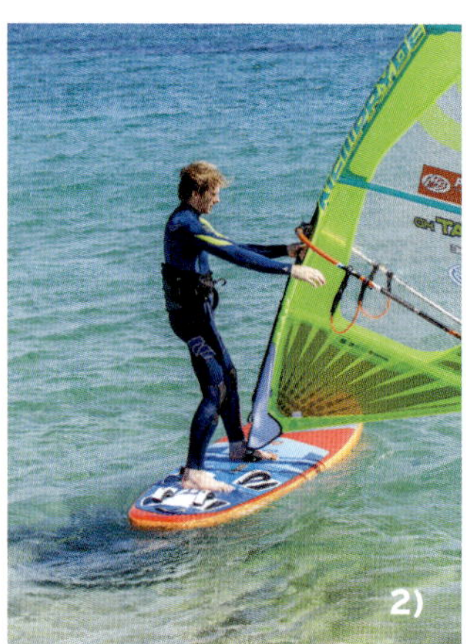
2)

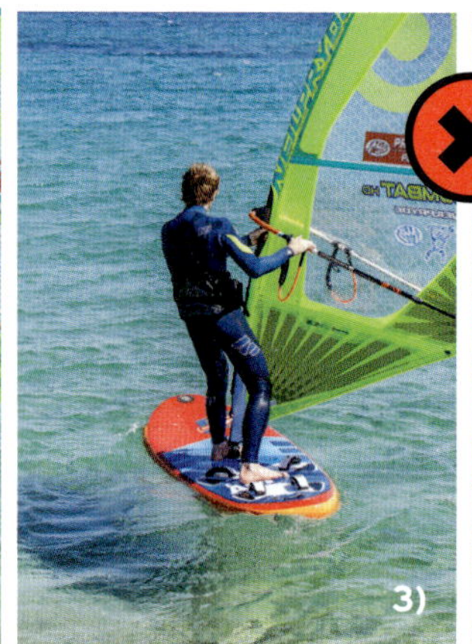
3)

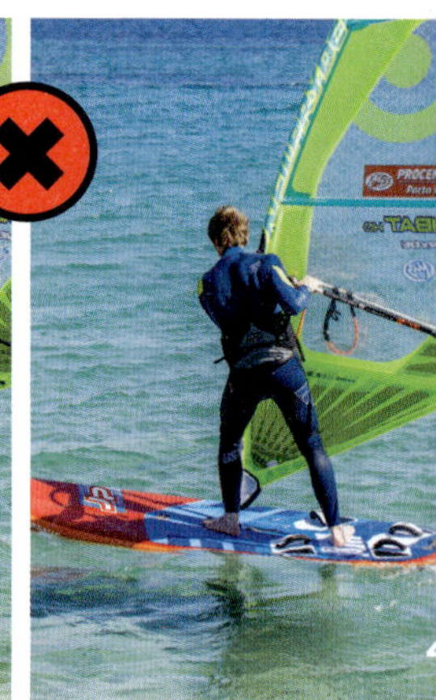

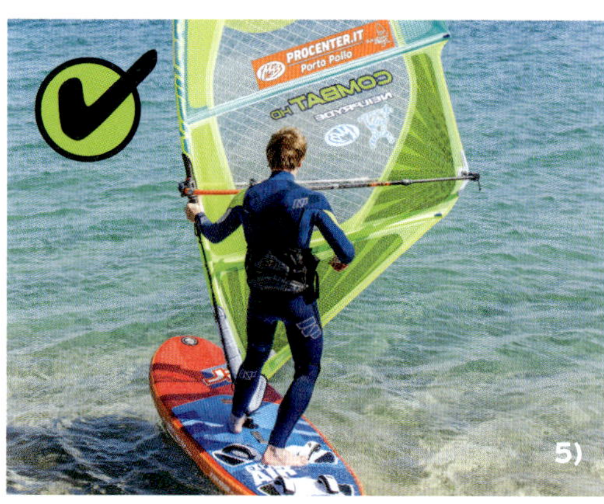
5)

»Warum dreht das Brett beim Starten ungewollt in den Wind?«

Wenn dein Brett beim Start ungewollt in den Wind nach Luv dreht und nicht in Fahrt kommt, hat dies einen einfachen Grund: Du stellst den Mast vor dem Dichtholen nicht komplett senkrecht! Die Bilderserie verdeutlicht das Problem: Bei der Grundstellung **(1)** ist noch alles perfekt, das Segel steht 90° zum Brett, das Board hat sich demzufolge genau quer zum Wind auf Halbwindkurs ausgerichtet. Das anschließende Senkrechtstellen **(2)** des Masts fällt hingegen zu halbherzig aus, die Segelhand greift zu früh an den Gabelbaum **(3)**. Holt man jetzt das Segel dicht, kommt das Brett nicht in Fahrt sondern dreht sofort mit dem Bug in den Wind **(4)**.

Lösung: Bemerkst du dieses Problem, gehe zurück in die Grundstellung und pendele das Board wieder auf Halbwindkurs aus. Orientiere dich: Wohin zeigt dein Brett in der Grundstellung? Dies ist der Kurs, den es zu halten gilt! Suche dir in der entsprechenden Richtung einen Fixpunkt am Ufer. Stelle nun beim Start den Mast komplett senkrecht **(5)** - dies ist der Fall, wenn er zwischen deinem Kopf und der Brettspitze steht, der Gabelbaum steht jetzt in etwa waagerecht. Hole dicht und überprüfe, ob dein Brett auf Kurs bleibt.

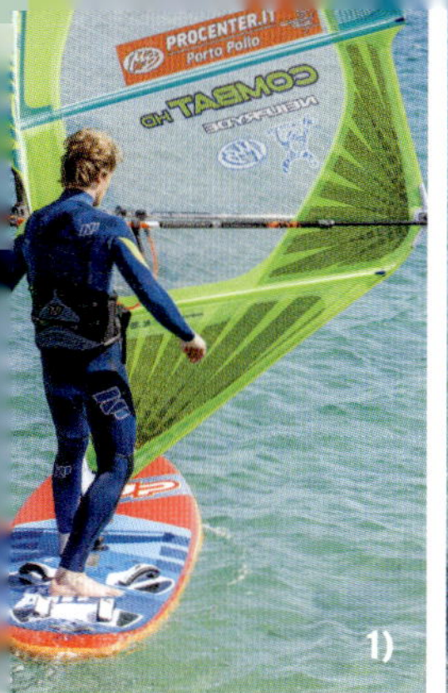

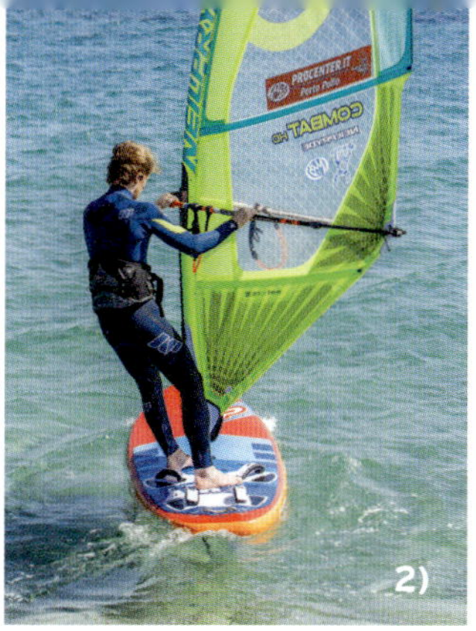

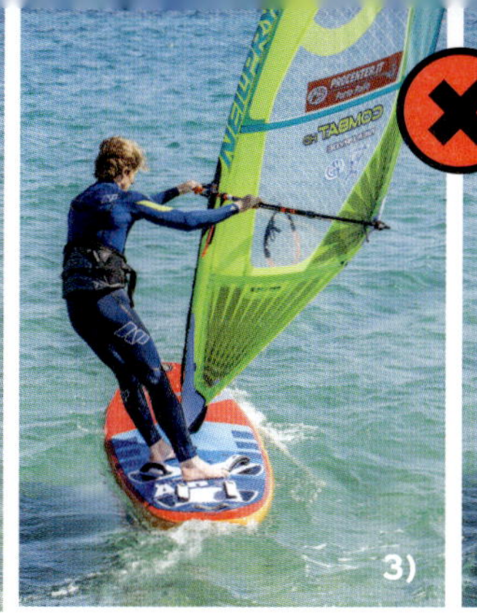

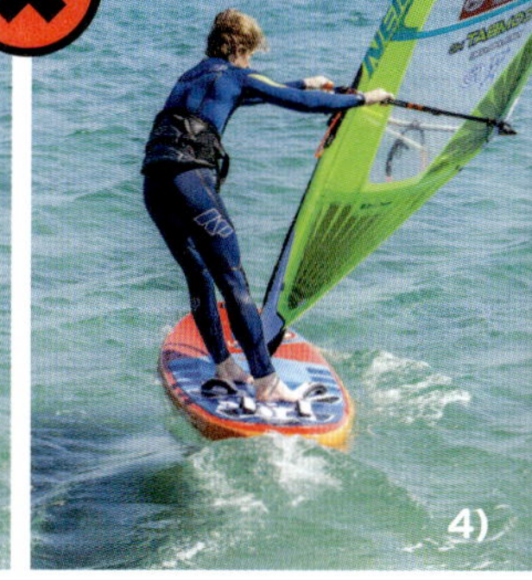

»Beim Dichtholen zieht es mich immer nach vorne!«

Der Klassiker unter den Startfehlern! Bei der Vorbereitung des Starts stimmt noch alles – der Mast wurde senkrecht gestellt **(1)**. Beim anschließenden Dichtholen kommt, je nach Wind, oft reichlich Zug ins Segel, den es zu bändigen gilt. In diesem Fall gelingt das nicht, der Mast kippt nach Lee weg, der Körper kommt in eine Vorlage und ein Sturz nach Lee aufs Segel wird die Folge sein **(2–4)**.

Lösung: Beim Start und dem Geradeausfahren muss der Mast in jedem Fall senkrecht stehen bleiben und darf nicht nach Lee wegkippen. Achte deshalb darauf, dass du beim Dichtholen dem steigenden Segelzug dein Körpergewicht entgegensetzt. Gelingt dies nicht, kannst du den Druck mit der Segelhand kontrollieren, sie ist dein Gaspedal. Öffnest du das Segel durch Strecken des Segelarms, sinkt der Druck im Segel, und du kannst die senkrechte Stellung des Masts gegebenenfalls wieder herstellen. Dieses Öffnen des Segels mit der Segelhand wird auch als »Auffieren« bezeichnet **(6)**. Schließt du das Segel durch Anziehen der Segelhand wieder **(5)**, steigt der Segelzug an und dein Brett beschleunigt – verlagere dein Körpergewicht dann wieder über das hintere Bein.
Die goldene Regel für die Kontrolle des Segelzugs lautet also: Halte den Mast immer senkrecht, kontrolliere den Segelzug durch Öffnen und Schließen des Segels mit der Segelhand!

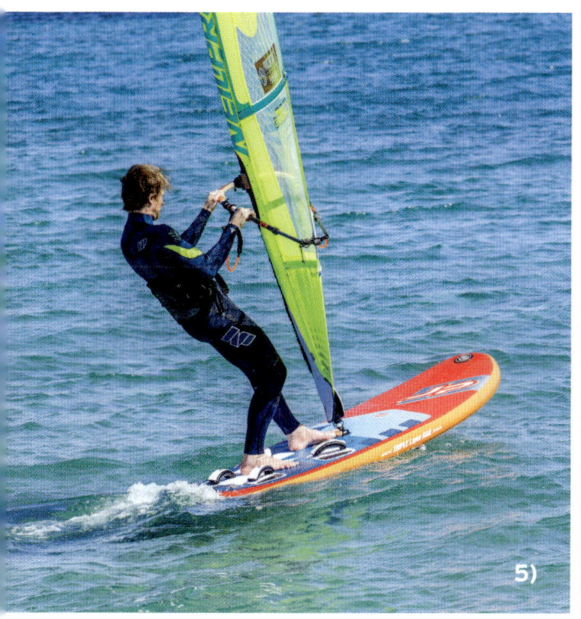

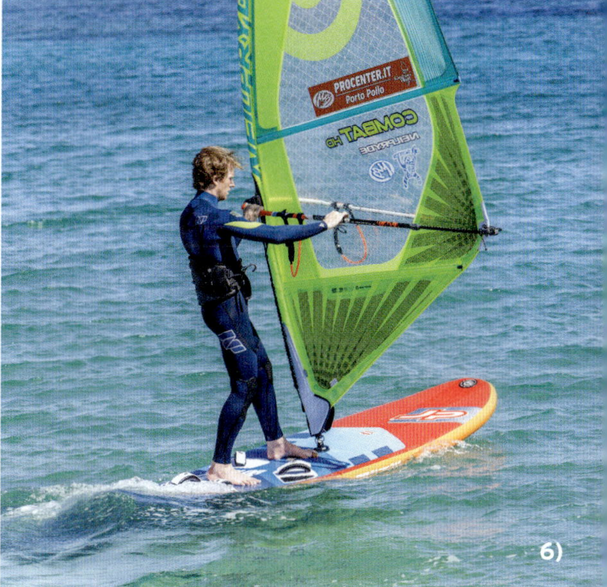

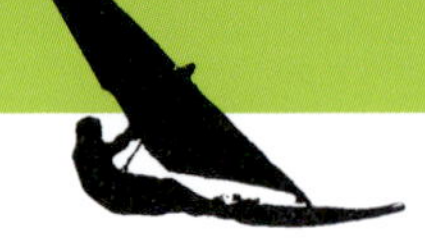

IDEALE BEDINGUNGEN: *2-3 Beaufort, glattes Wasser*
IDEALES MATERIAL: *Longboards oder Wind-SUPs mit Schwert, leichte Segel*
LERNVORAUSSETZUNGEN: *Starten*

Steuern & Kurse

Dein Fixpunkt beim Windsurfen ist der Wind, deshalb gibt es auf dem Wasser kein links und rechts, sondern nur Steuerbewegungen nach Luv (zum Wind) und Lee (weg vom Wind). Hast du den Start richtig ausgeführt, startest du automatisch auf Halbwindkurs, also genau 90 Grad zum Wind. Du hast nun zwei Möglichkeiten, deine Richtung zu verändern - entweder durch Anluven zum Wind hin, oder durch Abfallen vom Wind weg. Beide Steuerbewegungen werden durch eine Verschiebung des Segels eingeleitet - was es dabei zu beachten gilt, erfährst du hier:

Anluven:

Das Anluven ist eine Steuerbewegung, bei der das Brett eine Kurve nach Luv fährt.

1-2) Hole nach dem Start zunächst etwas Schwung. Vor dem eigentlichen Anluven solltest du die Segelhand am Gabelbaum ein Stück weit nach vorn in Richtung Mast verschieben.

3-4) Zum Anluven verschiebe das Segel am Körper vorbei nach hinten, das Gabelbaumende geht dabei nach unten in Richtung Wasser. Das Brett beginnt jetzt damit, eine Kurve nach Luv zu fahren. Dieser Kurs schräg zum Wind hin wird als Amwindkurs bezeichnet.

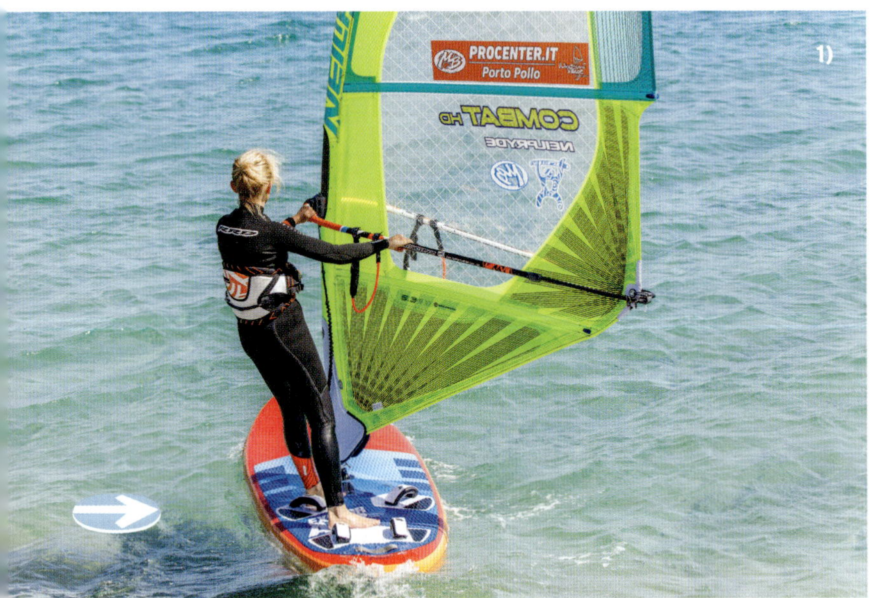

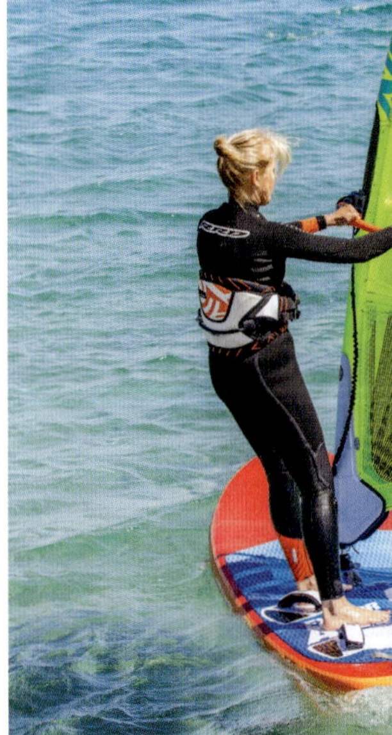

5) Alle windgetriebenen Sportarten haben gemeinsam, dass es nicht möglich ist, direkt gegen den Wind zu fahren. Aus diesem Grund musst du das Anluven rechtzeitig – bevor dein Brett komplett gegen den Wind gedreht hat – beenden. Bringe dazu das Segel zurück in die normale Fahrposition, der Gabelbaum steht wieder nahezu waagerecht. Rutsche jetzt auch mit der Segelhand am Gabelbaum wieder nach hinten und halte das Segel dicht.

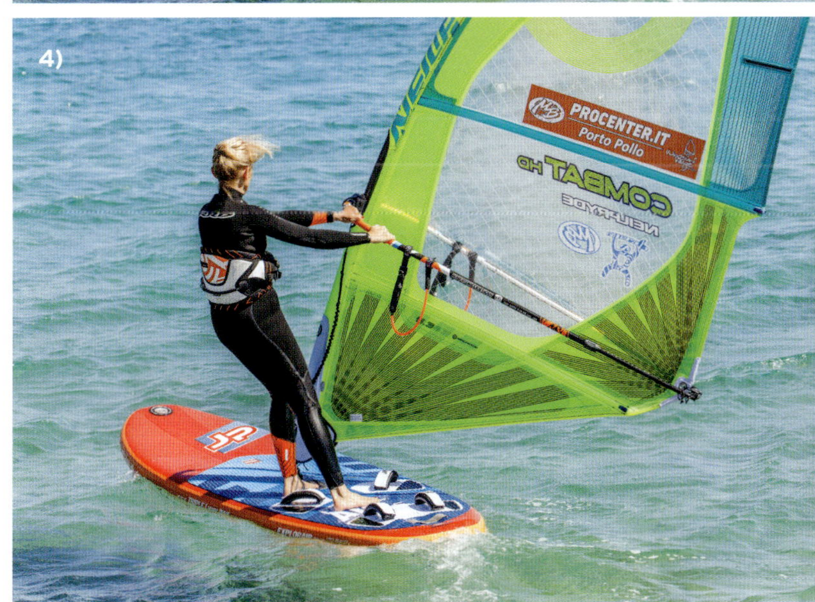

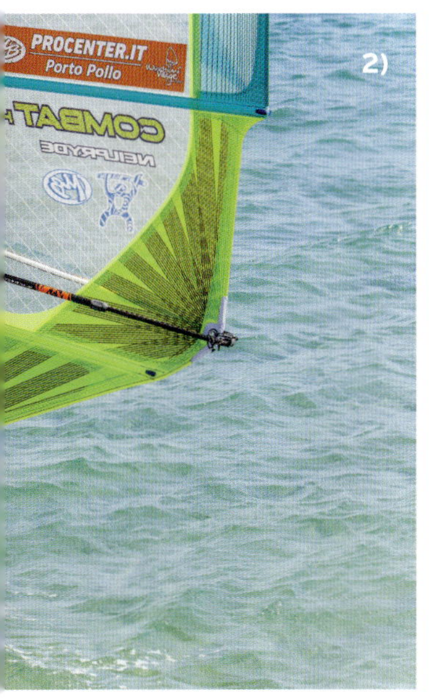

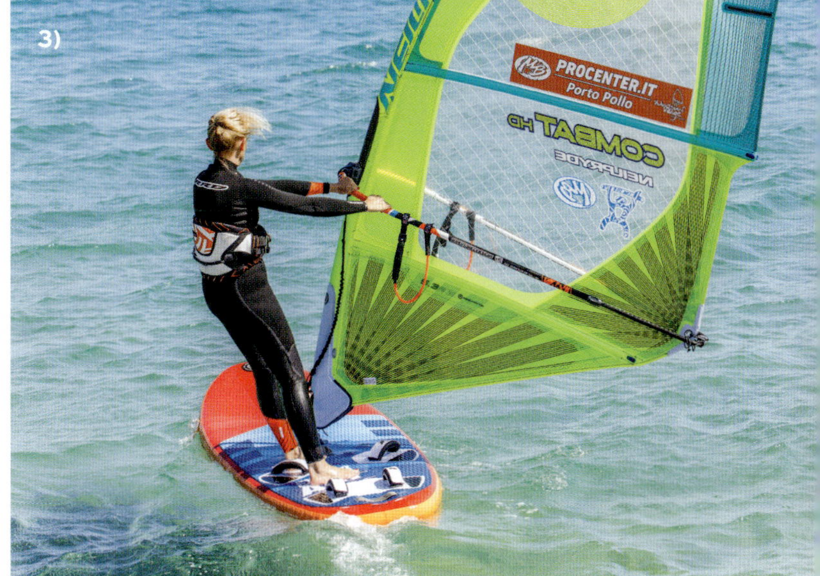

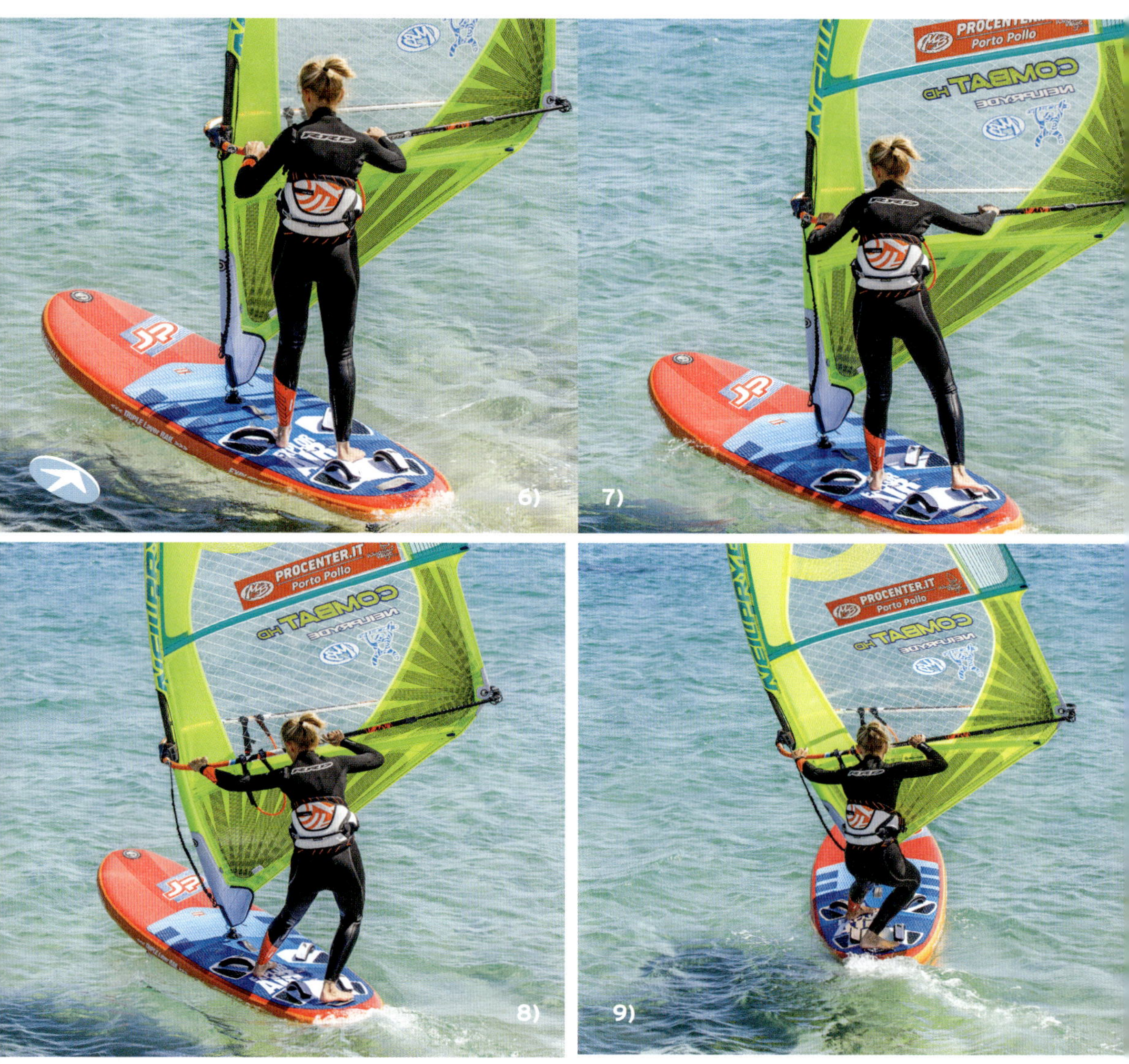

6) 7) 8) 9)

Abfallen:

Das Abfallen ist eine Steuerbewegung, bei der das Brett eine Kurve nach Lee fährt – sie stellt also das Gegenteil des Anluvens dar.

6-7) Auch hierfür solltest du nach dem Start zuerst ein wenig Schwung in normaler Fahrposition holen. Bevor du abfällst, greife mit der Segelhand am Gabelbaum weit nach hinten in Richtung Gabelbaumende. Weil beim Abfallen auch naturgemäß der Segelzug steigen wird, hilft es vor allem bei mehr Wind vor dem Abfallen das Gewicht etwas weiter nach hinten zu verlagern.

8-9) Zum Abfallen verschiebe das Segel am Körper vorbei nach vorn, der Mast kippt in Richtung Luv, das Gabelbaumende geht dabei nach oben. Das Brett beginnt jetzt eine Kurve nach Lee zu fahren. Während des Abfallens steigt der Segelzug spürbar an, dein Brett beschleunigt und dreht auf den schnellsten Kurs beim Windsurfen – dieser Kurs schräg vom Wind weg wird als Raumwindkurs bezeichnet. Wichtig: Weiche dem steigenden Segelzug während des Abfallens nicht aus, indem du das Segel öffnest, sondern halte mit der Segelhand konsequent dicht und nutze dein Körpergewicht, um nicht nach vorne übers Brett gezogen zu werden! Möchtest du auf dem

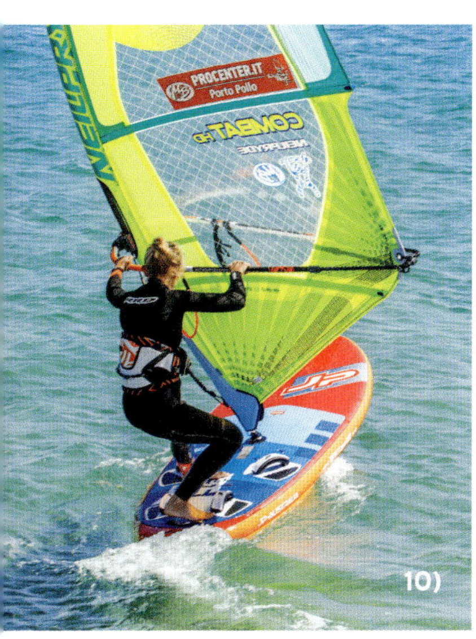

10)

Raumwindkurs weiterfahren, stelle das Segel wieder in die normale Fahrposition mit waagerechtem Gabelbaum.

10) Fällst du weiter ab, dreht dein Brett auf einen Kurs direkt nach Lee. Auf diesem Vorwindkurs lassen Segelzug und Speed spürbar nach.

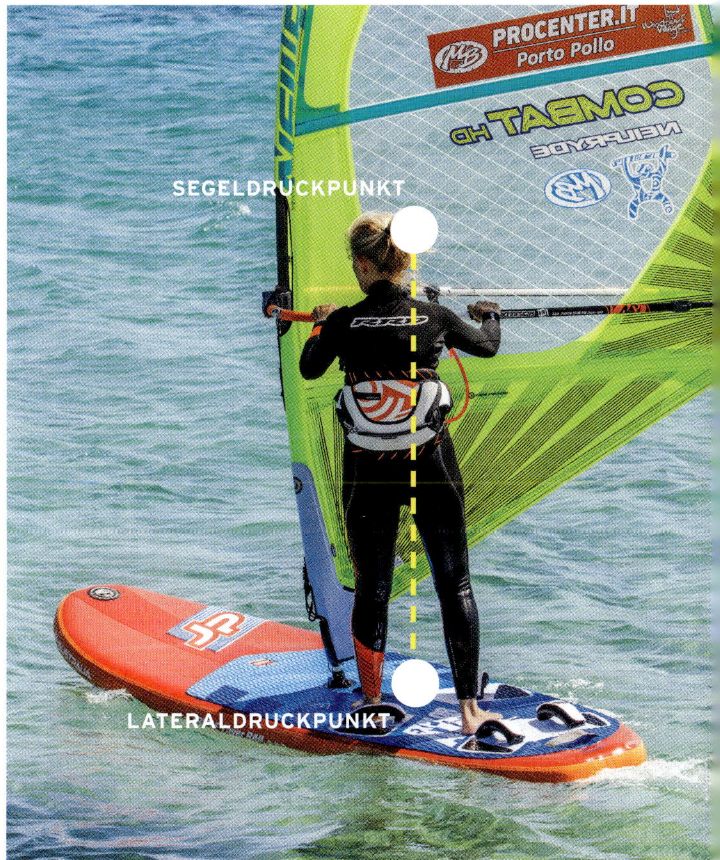

Die Physik hinter dem Steuern

Ohne zu tief in die physikalischen Hintergründe einsteigen zu wollen, hilft es doch, das zugrundeliegende Prinzip zu kennen: Dort, wo sich die Kräfte im Segel bündeln, liegt der **Segeldruckpunkt,** er stellt gewissermaßen das Kraftzentrum des Segels dar. Der Segelkraft entgegen wirkt die sogenannte Lateralkraft. Die Lateralkraft beinhaltet beispielsweise den Widerstand des Schwerts, der Finne und der Brettkanten im Wasser. Das Zentrum dieser Lateralkräfte ist der **Lateraldruckpunkt,** dieser liegt meist im Bereich des Schwertes und stellt gewissermaßen den Drehpunkt des Bretts dar. Bei normaler Fahrt (Bild oben) liegen Segeldruckpunkt und Lateraldruckpunkt genau übereinander, das Brett fährt geradeaus. Luvt man an, verschiebt man den Segeldruckpunkt hinter den Lateraldruckpunkt (= Drehpunkt), das Heck wird gewissermaßen weggedrückt, der Bug dreht folglich in den Wind. Umgekehrt beim Abfallen: Der Segeldruckpunkt wandert vor den Drehpunkt, der Bug wird nach Lee gedrückt.

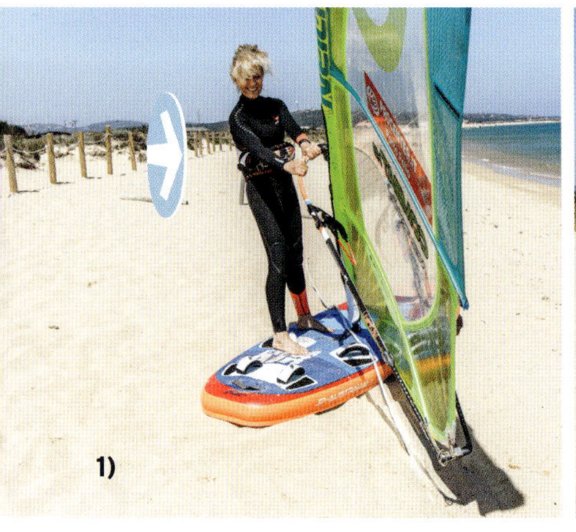
1)

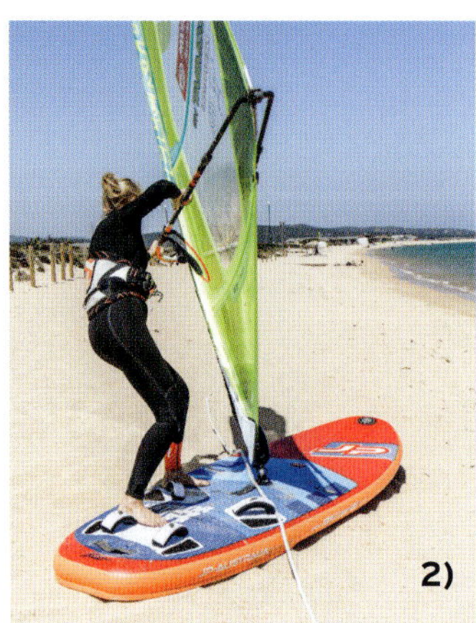
2)

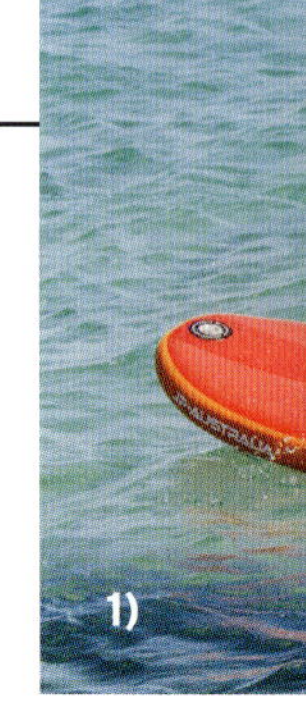
1)

Steuern in der Segelebene

Beim Steuern wird das Segel auf einer gedachten Linie, der sogenannten »Segelebene«, verschoben. Diese beschreibt den Winkel, in dem das Segel beim normalen Geradeausfahren zum Brett steht. Die Steuerbewegungen – Anluven und Abfallen – sollen auf genau dieser Linie vollzogen werden, was übersetzt bedeutet, dass das Segel beim Steuern weder dichtgeholt noch geöffnet werden sollte. Damit du das Segel auf der Segelebene verschieben kannst, musst du die Hände am Gabelbaum wandern lassen. Wird das Segel beim Anluven in der Segelebene nach hinten gekippt **(1)**, verschiebe die Hände am Gabelbaum näher zum Mast. Das Abfallen auf der Segelebene erfordert hingegen einen breiten Griff am Gabelbaum, die Segelhand rutscht weiter nach zurück und hält das Segel konsequent dicht **(2)**.

Die Kurse im Überblick

Bei windgetriebenen Sportarten wie Segeln oder Windsurfen bilden vier Kurse die Basis dafür, alle Punkte auf dem Wasser aus eigener Kraft erreichen zu können.
Der Start erfolgt immer quer zum Wind auf **Halbwindkurs** da sich das Brett durch das Einnehmen der Grundstellung (»T-Stellung«) stets im rechten Winkel zum Wind ausrichtet. Fällt man vom Halbwindkurs ab, dreht das Brett über den schnellen **Raumwindkurs** weiter bis auf den langsamsten Kurs beim Windsurfen, den **Vorwindkurs**. Durch Anluven erreicht man früher oder später immer einen **Amwindkurs**. Dieser Kurs – schräg zum Wind hin – ist die Grundlage, um weiter in Luv gelegene Ziele zu erreichen. Da der Kurs direkt gegen den Wind aus physikalischen Gründen unmöglich ist, stellt ein Zickzack-Kurs mit mehreren aufeinderfolgenden Amwindkursen die einzige Möglichkeit dar, Ziele in Luv aus eigener Kraft zu erreichen. Dieses Zickzack-Fahren nach Luv wird als Kreuzen bezeichnet.

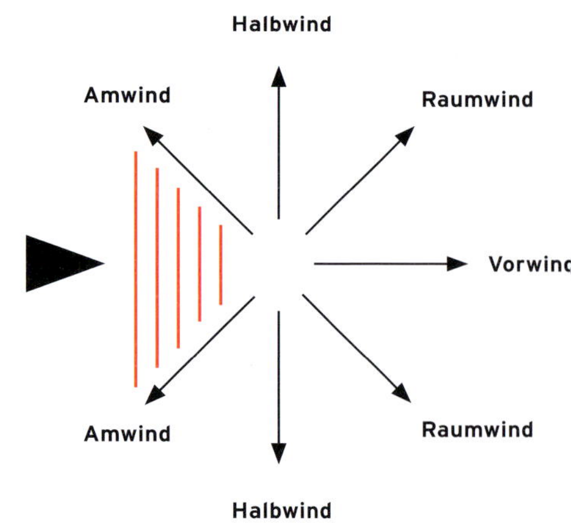

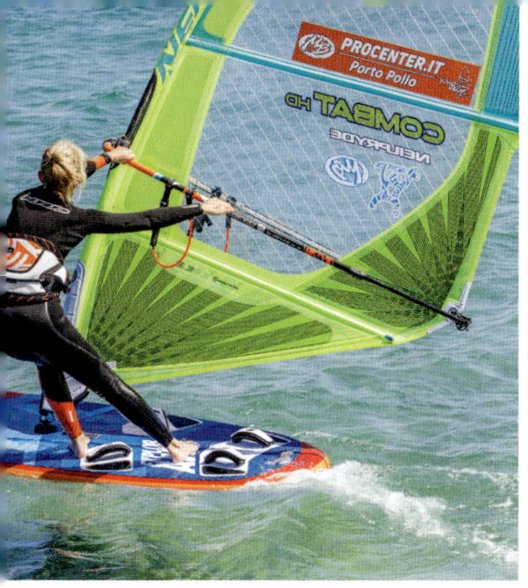

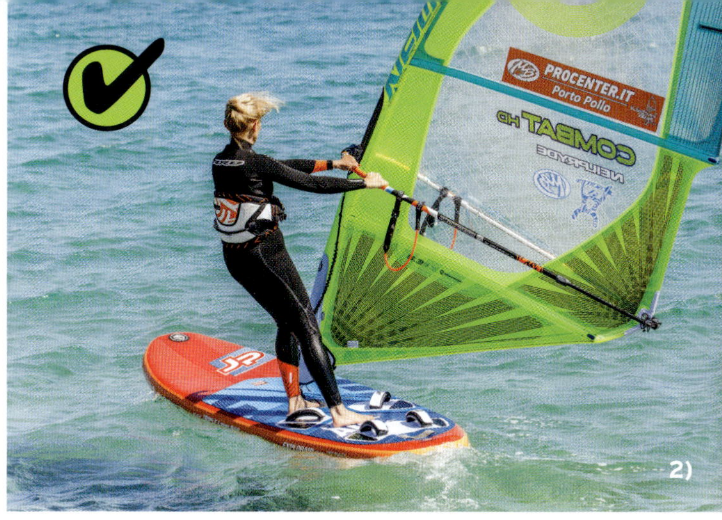

Fehleranalyse: Anluven

Beim Anluven soll sich nur das Segel in der Segelebene verschieben, der Körper soll gerade bleiben. Damit du beim Nach-hinten-Kippen des Segels selbst aufrecht stehen bleiben kannst, ist das Verschieben der Hände am Gabelbaum essenziell. Im Fehlerbild **(1)** wurde die Segelhand nicht nach vorn verschoben, steigender Segelzug und eine spürbar abnehmende Geschwindigkeit des Bretts, bedingt durch ein ungewolltes Überziehen des Segels übers Brett, sind die Folge. **Tipp:** Stellst du fest, dass dein Brett beim Anluven trotz spürbarem Segelzug nicht vom Fleck kommt, gehe zurück in die Grundstellung, starte erneut und achte dann beim Anluven darauf, die Hände am Gabelbaum nach vorn zu verschieben und das Segel auf der Segelebene, also in unverändertem Winkel zum Brett, zu verschieben **(2)**.

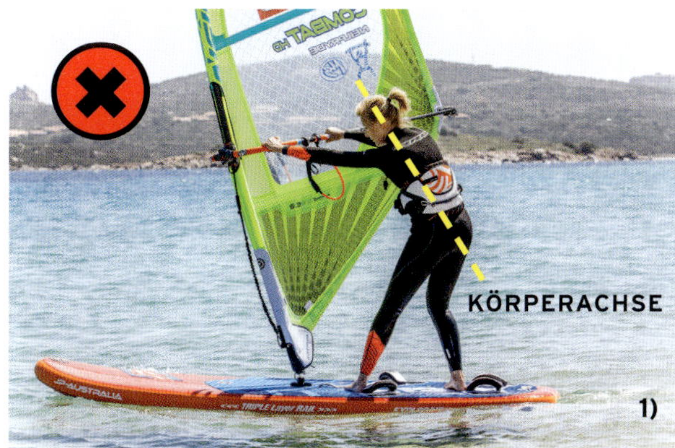

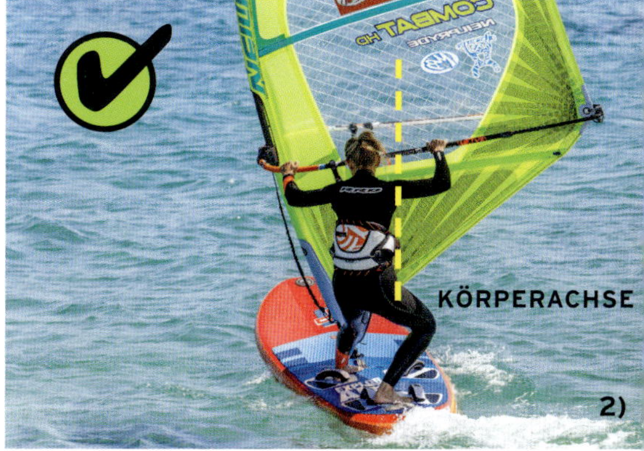

Fehleranalyse: Abfallen

Wie bereits erwähnt, ist es beim Abfallen völlig normal, dass der Segelzug spürbar ansteigt. Deshalb passiert es oft, dass man vom Segel nach vorn über das Brett gezogen wird und den Segelzug nicht beherrschen kann **(1)**. Während du beim normalen Geradeausfahren dem steigenden Segelzug durch ein kontrolliertes Auffieren, also Öffnen des Segels mit der Segelhand, entgegenwirken kannst, bringt dich dies beim Abfallen nicht weiter. Warum? Zwar lässt beim Auffieren der Segelzug wie gewohnt nach, allerdings dreht das Board dann auch nicht mehr weiter nach Lee. Aus diesem Grund musst du dem steigenden Segelzug dein Körpergewicht entgegensetzen: Versuche bereits vor dem Abfallen dein Gewicht einen Schritt weit nach hinten in Richtung Heck zu verlagern und auch die Hände am Gabelbaum nach hinten zu verschieben. Falle nun in der Segelebene ab und halte das Segel mit der hinteren Hand konsequent dicht. Halte dein Gewicht über dem hinteren Bein und lehne die Schultern zurück – auf diese Weise kannst du dein Segel auch bei viel Wind kontrollieren und den Segelzug in Geschwindigkeit ummünzen **(2)**.

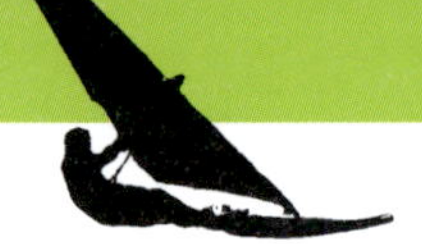

IDEALE BEDINGUNGEN: *3-4 Beaufort*
IDEALES MATERIAL: *Longboards oder Wind-SUPs mit Schwert*
LERNVORAUSSETZUNGEN: *Starten, steuern*

Kreuzen

Abtreiben ist nervig, gehört aber dazu, wenn du das Surfen lernst. Bei jedem Sturz oder dem Segelaufholen treibt dich der Wind unweigerlich ein Stück weit nach Lee ab, und während der ersten Stunden auf dem Wasser ist es meist nötig, paddelnd oder zu Fuß zurück in Richtung Luv zu gelangen.

Doch natürlich geht's auch eleganter, mit dem Kreuzen! Da man beim Windsurfen – wie übrigens auch bei allen anderen windgetriebenen Sportarten – eben nicht direkt gegen den Wind fahren kann, führt der Weg zurück nach Luv über einen Umweg: Mit mehreren aufeinanderfolgenden Amwindkursen geht es gewissermaßen zick-zack nach Luv. Zum Lernen des Kreuzens sind große Bretter mit einem Schwert oder Wind-SUPs mit einer Centerfinne ideal, denn Schwert bzw. Centerfinne hemmen, wie der Kiel eines Segelbootes, die seitliche Abdrift nach Lee.

1) Einer der häufigsten Fehler beim Lernen des Kreuzens ist es, direkt beim Start einen Kurs in die Richtung des gewünschten Ziels, also nach Luv, einzustellen. Das Problem: Das Brett zeigt dann zwar theoretisch in die gewünschte Richtung, kommt aber nie in Fahrt. Akzeptiere deshalb, dass du ein Ziel in Luv auf direktem Wege nicht erreichen kannst, konzentriere dich auf einen sauberen Start auf Halbwindkurs und hole erstmal etwas Schwung.

2-3) Beginne nun mit dem Anluven und beobachte deinen Kurs. Ausgehend vom Halbwindkurs kannst du, je nach Material, Fahrkönnen und Windstärke, deinen Kurs etwa 30-40 Grad zum Wind verändern. Lass das Brett etwas zum Wind drehen und stelle dann den Gabelbaum wieder gerade – du »läufst jetzt Höhe«, das heißt, du surfst auf Amwindkurs schräg zum Wind.

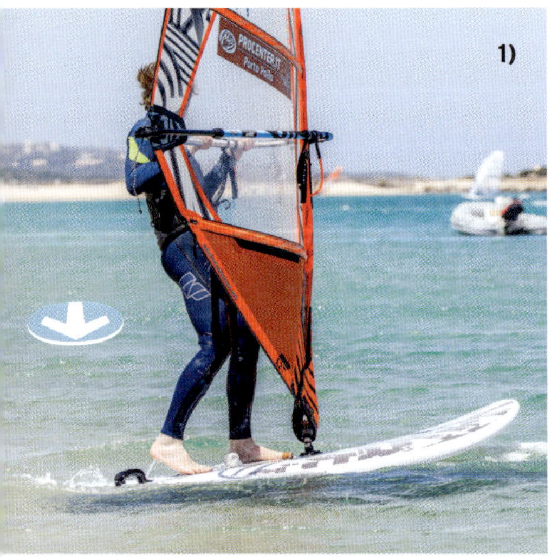

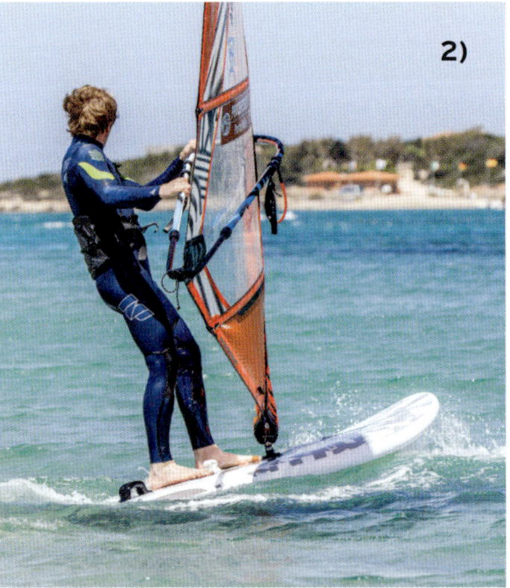

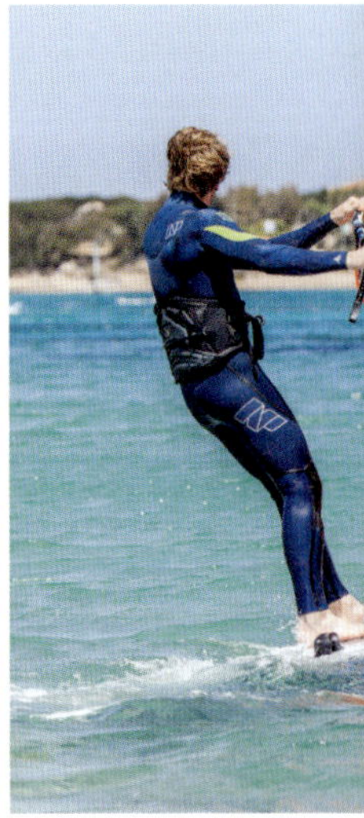

4) Der wichtigste Aspekt beim Kreuzen ist die Orientierung auf dem Wasser. Suche dir nach dem Anluven einen Fixpunkt den du konsequent anvisierst – dieser sollte sichtbar weiter in Luv liegen als der Kurs, den das Brett beim Start hatte, allerdings auch nicht zu weit in Luv. Dreht dein Brett wieder nach Lee zurück, steuere durch leichtes Anluven gegen. Dreht dein Brett ungewollt immer weiter in den Wind, achte darauf, den Gabelbaum nach dem Anluven wieder in die Waagerechte zu bringen, um zu verhindern, dass dein Board stehenbleibt.

Zum Umdrehen ist die Wende das Mittel der Wahl, auch diese bringt dich ein Stück weit nach Luv. Was es dabei zu beachten gilt, erfährst du ab Seite 66.

Deine Checkliste fürs Kreuzen

1. Orientieren: Stelle die Grundstellung ein, das Segel steht genau auf der Seite und ist jetzt wie eine Fahne. Du hast dabei zwei Fixpunkte: Die Windrichtung und den Kurs, den dein Board automatisch einnimmt (Halbwindkurs). Suche dir einen Fixpunkt auf diesem Halbwindkurs, starte und hole Schwung.

2. Anluven: Luve an, lasse das Brett vom Halbwindkurs um 30–40 Grad nach Luv auf Amwindkurs drehen und stelle den Gabelbaum wieder waagerecht.

3. Fixpunkt suchen: Suche dir auf Amwindkurs einen neuen Fixpunkt und korrigiere deinen Kurs über kleine Steuerbewegungen, wenn dein Brett ungewollt vom Fixpunkt abweichen sollte.

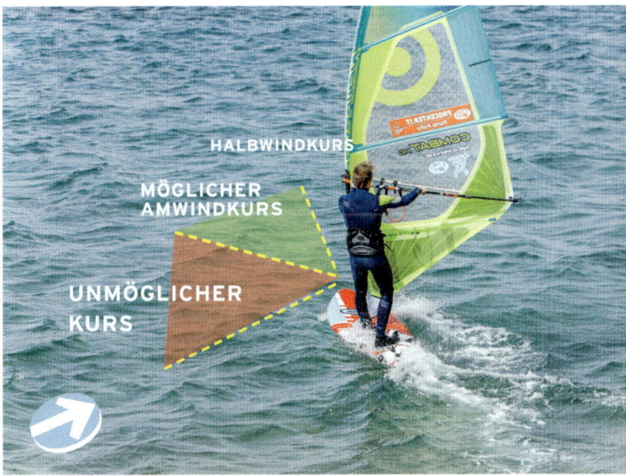

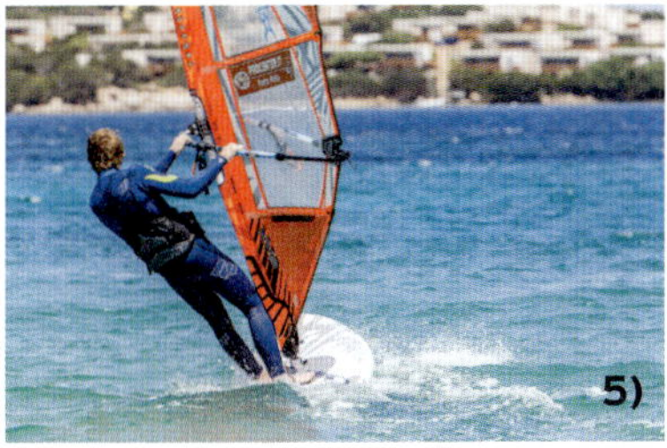

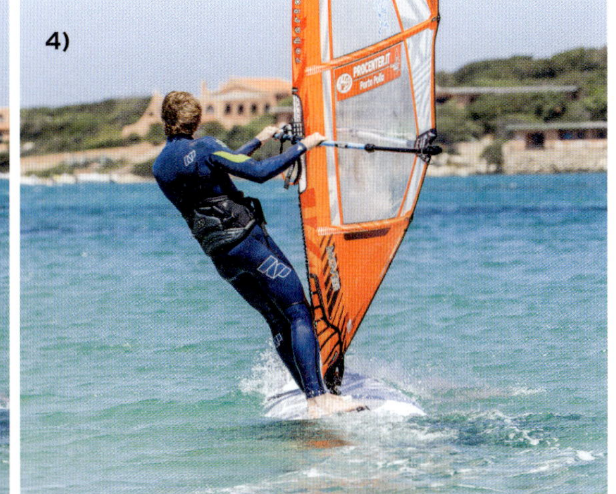

Gib dir die Kante!

Wenn dein Brett ein Schwert hat und du nicht im Gleiten bist, ist ein Ausklappen des Schwerts die effektivste Möglichkeit, die seitliche Abdrift zu verringern. Vor allem auf Brettern ohne Schwert kann das Höhelaufen zu Beginn aber mühsam sein, denn durch den fehlenden Widerstand im Wasser erhöht sich die seitliche Abdrift. Ein guter Trick für das Kreuzen auf Boards ohne Schwert ist es daher, die Luvkante bewusst etwas tiefer ins Wasser zu drücken **(5)**. Setze dazu einfach den vorderen Fuß etwas von der Mittellinie weg in Richtung Luvkante.

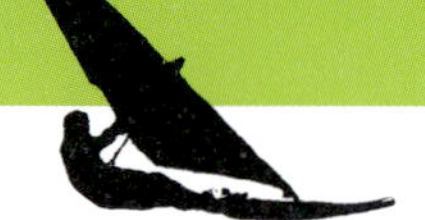

IDEALE BEDINGUNGEN: *2-3 Beaufort, glattes Wasser*
IDEALES MATERIAL: *Longboards mit Schwert oder WindSUPs*
LERNVORAUSSETZUNGEN: *Starten, Anluven*

Basis-Wende

Dein erstes echtes Manöver! Die Basiswende ist eine der simpelsten Möglichkeiten das Brett umzudrehen, um danach in die andere Richtung starten zu können. Eine Wende ist eine 180-Grad Drehung, die durch Anluven eingeleitet wird. Da das Brett beim Wenden einen Halbkreis zum Wind hin, also nach Luv, fährt, kann man durch regelmäßiges Wenden auch dem anfangs üblichen Abtreiben nach Lee entgegenwirken. Aus diesem Grund werden im Anfängerkurs auch meist zuerst die Wende und das Kreuzen unterrichtet, bevor Manöver nach Lee (Halsen) an der Reihe sind.
Zum Üben der Basiswende sollte man ein möglichst großes Board mit viel Volumen (grobe Faustregel: Körpergewicht + 100 = empfohlenes Brettvolumen) und einem Schwert verwenden, dazu ein mittelgroßes und nicht zu schweres Rigg.

1) Hole nach dem Start erstmal Schwung und bereite die Wende vor, indem du die Segelhand am Gabelbaum etwas nach vorn in Richtung Mast verschiebst.

2-3) Die Brettdrehung nach Luv leitest du, wie der Name bereits erahnen lässt, durch Anluven ein. Kippe dazu dein Segel in der Segelebene am Körper vorbei nach hinten, das Gabelbaumende zeigt Richtung Wasser. Du wirst sofort spüren, dass dein Brett seine Richtung zum Wind hin ändert. Stelle kurz nach dem Einleiten des Anluvens deinen vorderen Fuß vor den Mast.

4-5) Dass dein Brett komplett bis in den Wind gedreht hat, merkst du daran, dass die Geschwindigkeit immer weiter gen Null geht

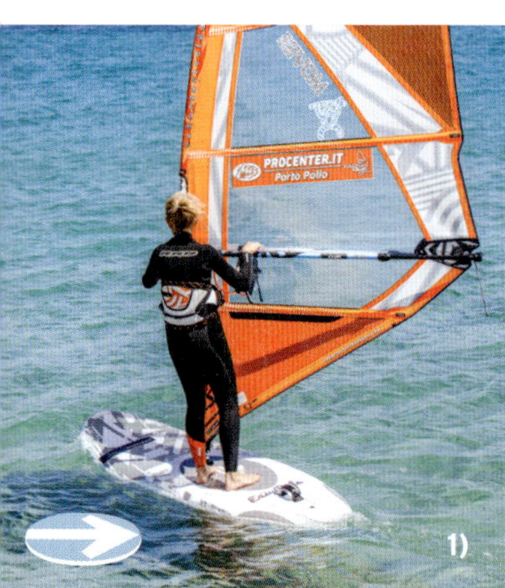

1)

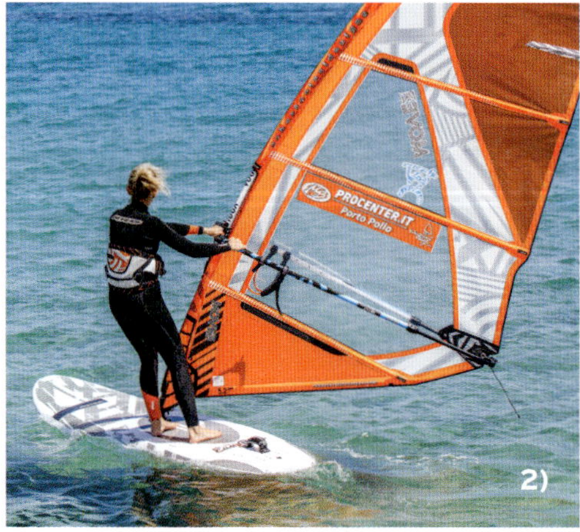

2)

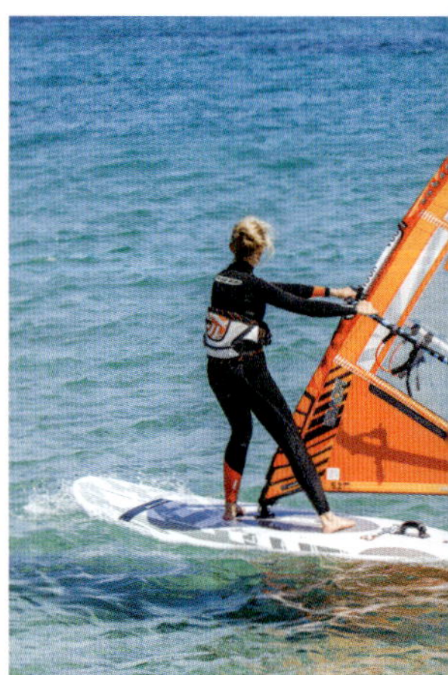

und der Bug genau gegen die kleinen Windwellen zeigt. Die ersten 90-Grad der Wende sind bereits geschafft. Ziehe dein hinteres Bein nach und halte die Füße möglichst nah am Mastfuß und auf der Mittellinie des Boards. Je weiter du vom Drehpunkt (dem Mastfuß) weg stehst, desto wackliger wird es sein.

6-8) Den zweiten Teil der Basiswende absolvierst du durch das Weiterschwenken des Segels über das Heck auf die neue Seite. Je weiter du es schaffst, das Gabelbaumende dabei zum Wasser zu neigen, desto größer ist der Steuerimpuls des Segels – halte also die Arme möglichst lang und greife am Gabelbaum so weit wie möglich vorn beim Mast. Schwenke das Segel weiter, bis du wieder deine Grundstellung erreicht hast und das Segel im 90-Grad-Winkel zum Brett steht. Die Füße bleiben dabei eng am Mastfuß und folgen dem Segel in kleinen Schritten. Die Fußspitzen zeigen dabei immer in Richtung des Gabelbaumendes.

Sobald das Segel wieder im 90-Grad-Winkel zum Brett steht (Grundstellung, bzw. »T-Stellung«) hast du die Wende geschafft. Greife nun mit der vorderen Hand den Mast und starte in die neue Richtung.

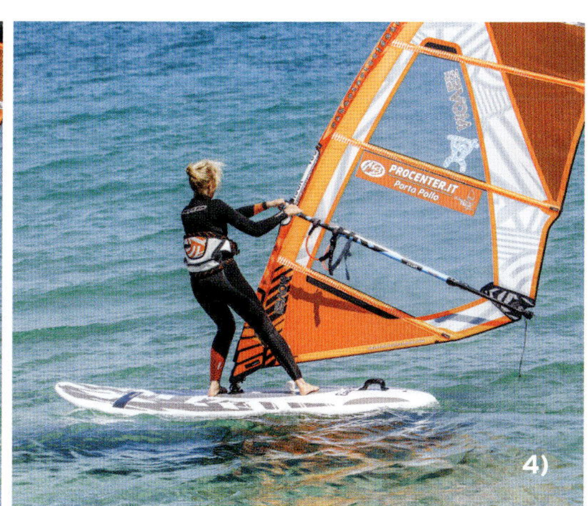

3) 4)

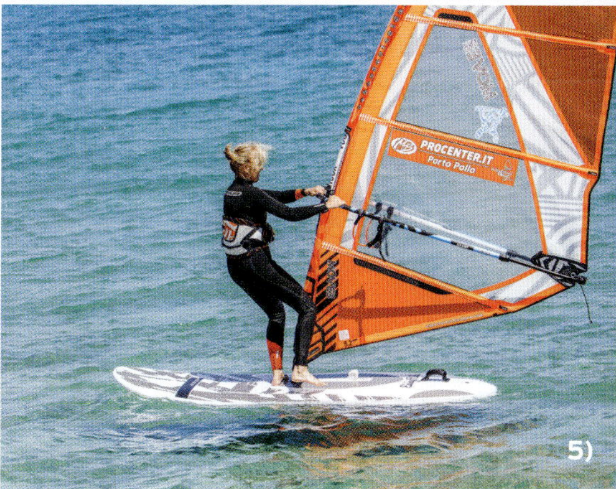

5)

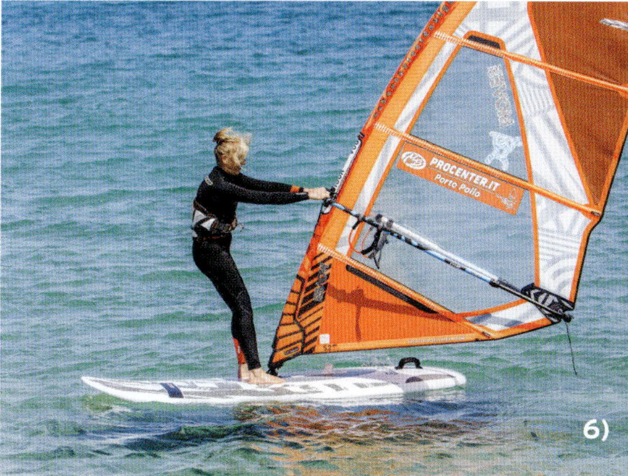

6)

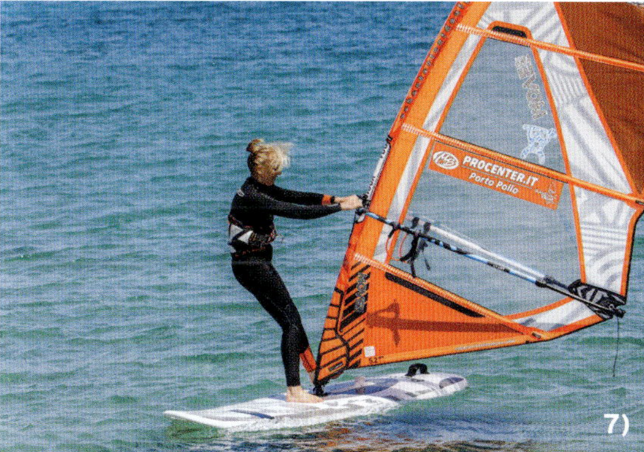

7)

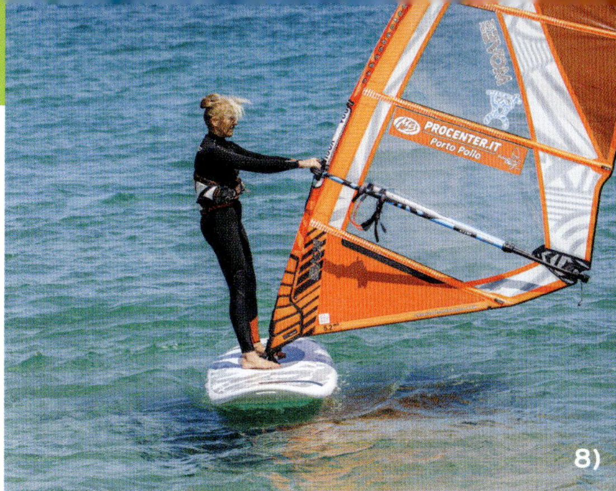

8)

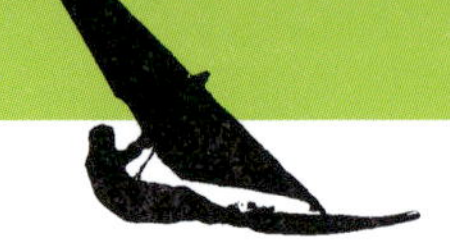

IDEALE BEDINGUNGEN: *2-3 Beaufort, glattes Wasser*
IDEALES MATERIAL: *Longboards mit Schwert oder Wind-SUPs*
LERNVORAUSSETZUNGEN: *Starten, Anluven*

Schnelle Wende

Egal ob Anfänger oder Worldcup-Profi - diese Wende begleitet dich ein Windsurfleben lang und ist eines DER Schlüsselmanöver. Der erste Teil der schnellen Wende gleicht der Basistechnik, der anschließende Wechsel der Segelseite erfolgt bei dieser Variante jedoch viel schneller. Wurde das Brett bei der Basiswende durch langsames Weiterschwenken des Segels am ausgestreckten Arm aus dem Wind gedreht, erfolgt dies bei der schnellen Variante durch konsequentes Abfallen. Unterm Strich hat man bei der schnellen Variante also, abgesehen vom kurzen Moment des Seitenwechsels, immer Druck im Segel, was vor allem auf kleinen Brettern ohne Schwert viel mehr Sicherheit und Stabilität bringt. Wer die grundlegende Steuerung aus Anluven und Abfallen sowie die Basiswende beherrscht, sollte keine Zeit verlieren und den nächsten Schritt machen. Und so wird's gemacht:

1-2) Wie bereits erwähnt, ähneln sich beide Wendenvarianten zu Beginn - aus der normalen Fahrposition schiebt man die Hände am Gabelbaum etwas nach vorn in Richtung Mast und luvt an: Das Segel kippt in der Segelebene am Körper vorbei nach hinten, das Gabelbaumende zeigt zum Wasser. Während das Brett zum Wind dreht, setze zügig den vorderen Fuß nach vorn vor den Mastfuß und luve weiter an. Das Segel bleibt dabei immer leicht dichtgeholt, so dass du immer etwas Zug auf der hinteren Hand spürst.

3) Luve so lange an, bis die Unterkante deines Segels dein Schienbein berührt. Dies ist das Signal, dass dein Brett weit genug gegen den Wind gedreht hat und du den Seitenwechsel vollziehen kannst.

4-5) Der Seitenwechsel: Ziel ist es, möglichst flüssig und schnell die Segelseite zu wechseln. Ideal sind zwei Schritte mit den Füßen, die Hände greifen zeitgleich über Kreuz auf die andere Gabelbaumseite.

6-7) Um das Brett aus dem Wind in die neue Fahrtrichtung zu dirigieren, musst du abfallen. Schiebe dazu das Segel in Richtung Bug, das Gabelbaumende geht nach oben. Wichtig: Hole

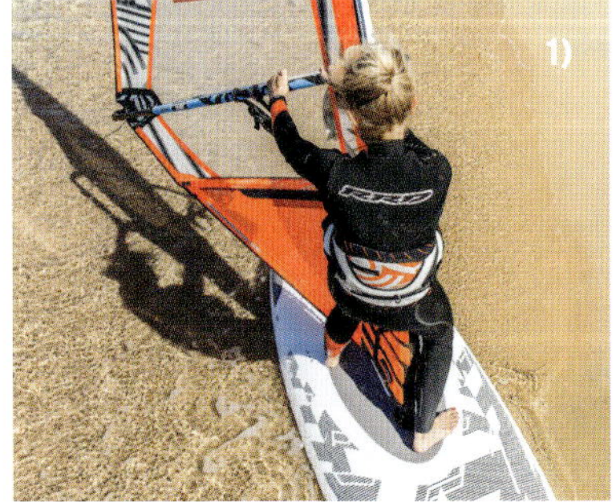
1)

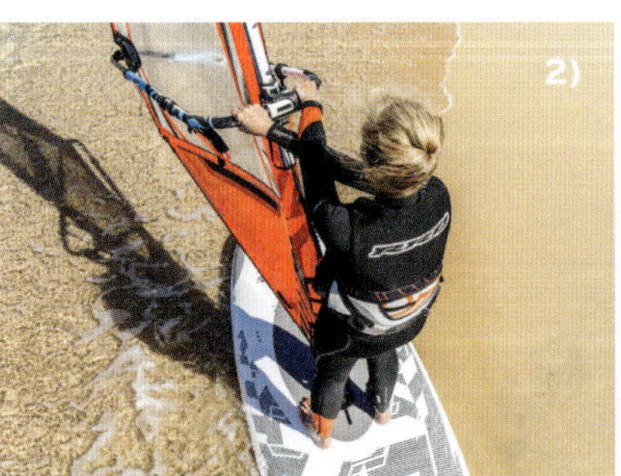
2)

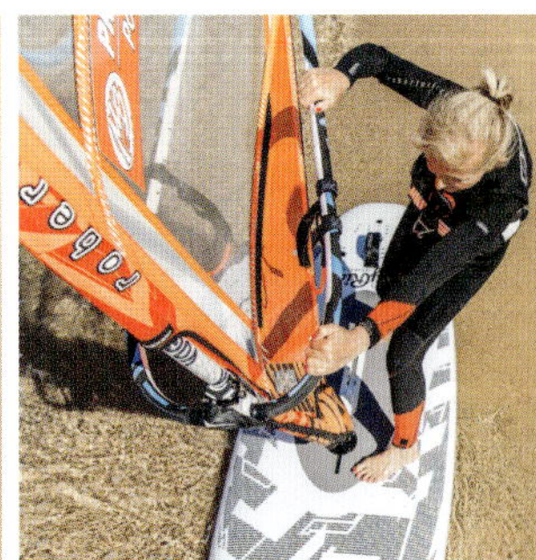

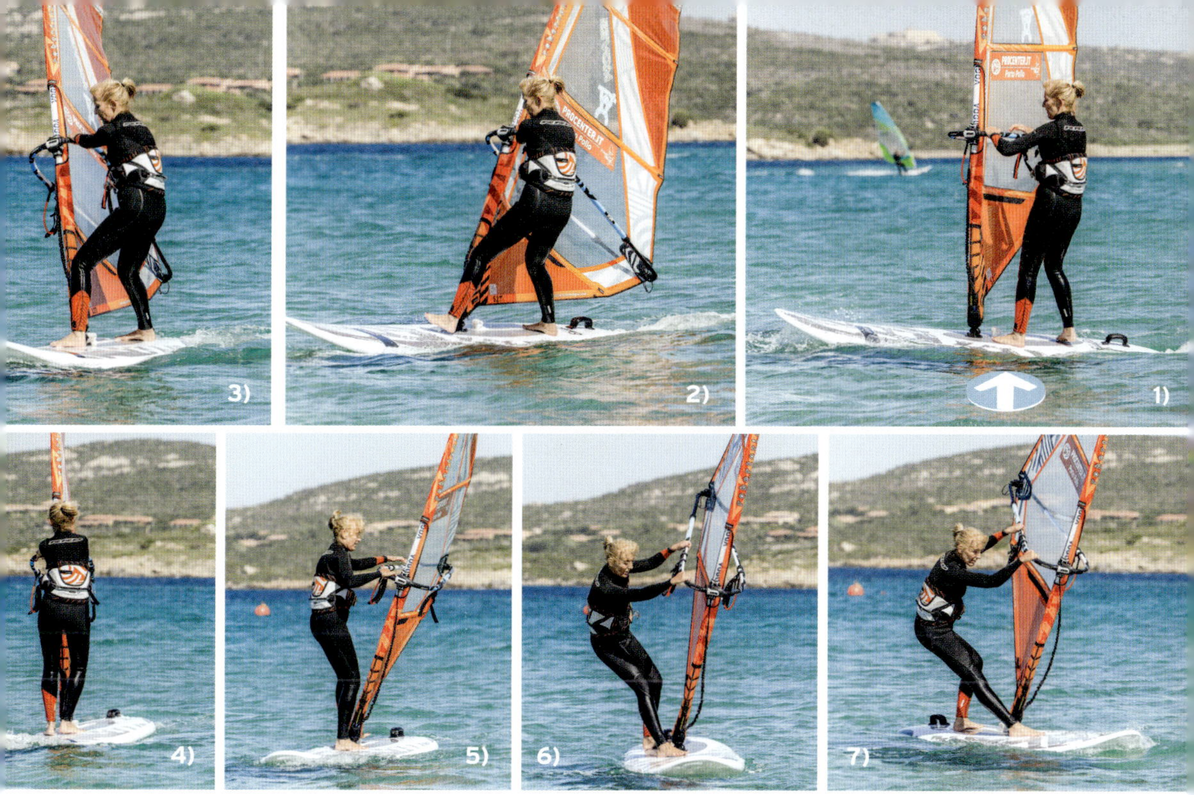

mit der hinteren Hand stark dicht, um Wind ins Segel zu bekommen. Auf neuem Kurs setzt du den vorderen Fuß wieder zurück hinter den Mast und fährst in die neue Fahrtrichtung weiter.

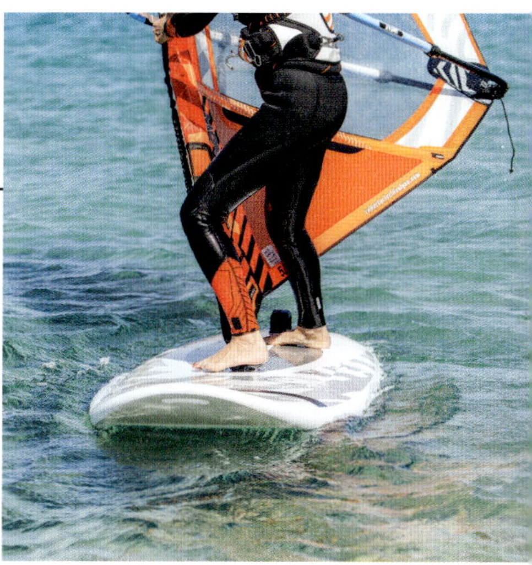

Timing für den Seitenwechsel

Besonders auf kleinen und wackligen Brettern entscheidet das richtige Timing über Surfen oder Schwimmen. Während des Anluvens **(2)** steht der vordere Fuß direkt vor dem Mast, der hintere Fuß bleibt an Ort und Stelle und kann lediglich etwas gedreht werden, um komfortabler zu stehen. Berührt das Unterliek, also die untere Seite des Segels, dein Schienbein, ist dies das Signal, dass das Brett bis in den Wind gedreht hat und der Bug nach Luv zeigt **(3)**.

Übungstipp!

Die perfekte Vorübung für den Seitenwechsel: Richte dein Brett am Ufer so aus, dass der Bug genau gegen den Wind nach Luv zeigt, nur am Mast gehalten, weht dein Segel wie eine Fahne nach Lee und sollte bei richtiger Ausrichtung des Boards genau über dem Heck stehen. Nun lässt sich der flüssige Seitenwechsel samt Kreuzgriff der Hände in Ruhe auf beide Seiten üben: Stelle dich aufs Board und luve an **(1)**. Ein Wechsel mit nur zwei Schritten ist das Ziel, jeder zusätzliche Schritt würde die Sache auf kleinen Boards unnötig wacklig werden lassen. Der erste Schritt erfolgt Hacke an Hacke, die Hände greifen überkreuz **(2)**. Der zweite Schritt erfolgt weit nach hinten auf die Mittellinie des Bretts, eine Abfallbewegung folgt **(3)**.

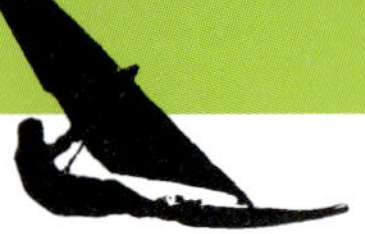

Der erste Fehler passiert oft schon an Land – dann nämlich, wenn man bei wenig Wind am Strand sitzt und auf mehr Wind hofft, anstatt einfach mit einem großen Board aufs Wasser zu gehen und die Bewegungsabläufe zu üben. Der abgegriffene Surflehrer-Spruch, dass man »bei jedem Wind was lernen kann«, trifft selten so gut zu wie bei der Wende. Vor allem der flinke Seitenwechsel erfordert Routine auf großen Boards, dann steigt auch die Erfolgsquote auf kleinen Brettern und bei weniger perfekten Bedingungen. Nichtdestotrotz gibt es auch einige technische Fehler, die nahezu jeder Lernende macht – wie du sie erkennst und vermeidest, erfährst du jetzt.

Wende – Fehleranalyse

»Beim Seitenwechsel fehlt mir der Platz!«

Egal ob Basis-Wende oder schnelle Version, zum Seitenwechsel benötigst du Platz. Ziehst du die Arme an, steht das Rigg aufrecht und du raubst dir den nötigen Raum für den Fußwechsel auf die andere Seite. Besonders auf kleinen Boards kannst du nicht einfach mit den Füßen weiter auf den Bug ausweichen, da du dann sofort die Brettspitze auf Tauchstation schicken würdest. Lasse deshalb die Arme bis zum Seitenwechsel lang! Dies hat auch einen weiteren Vorteil: Durch die gestreckten Arme wandert das Segel mit dem Gabelbaumende weiter zum Wasser, die Anluv- bzw. Steuerbewegung verstärkt sich, das Brett dreht schneller durch den Wind. Statt also mit viel Kraft und angezogenen Armen das Segel zum Heck zu ziehen, lass den Wind die Arbeit machen, strecke die Arme aus und halte das Segel nur mit der hinteren Hand leicht dichtgeholt.

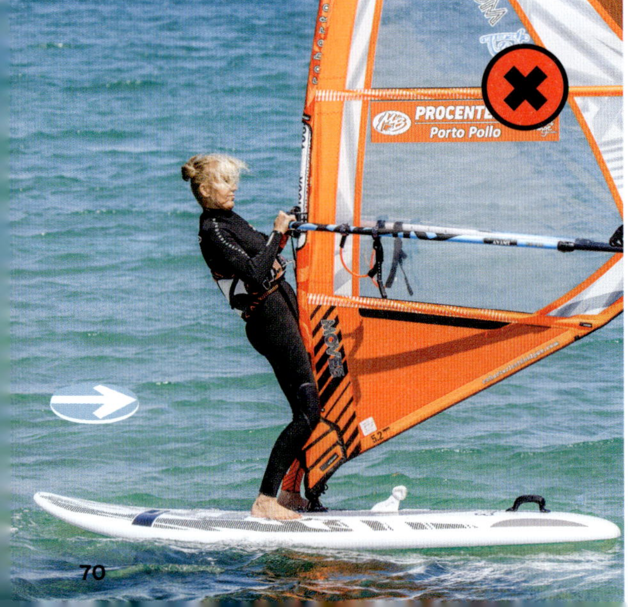

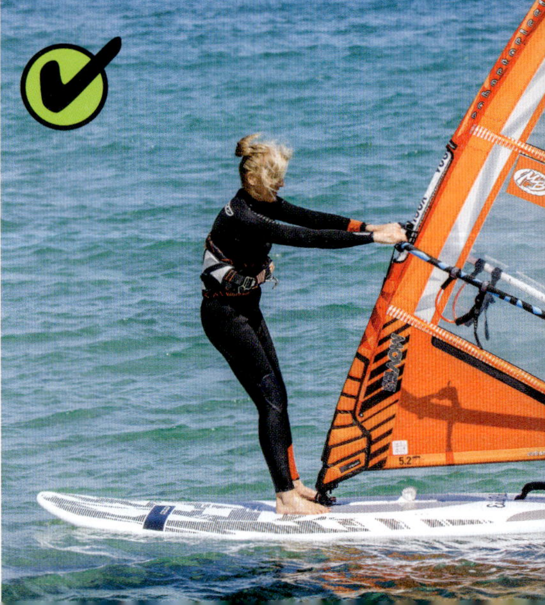

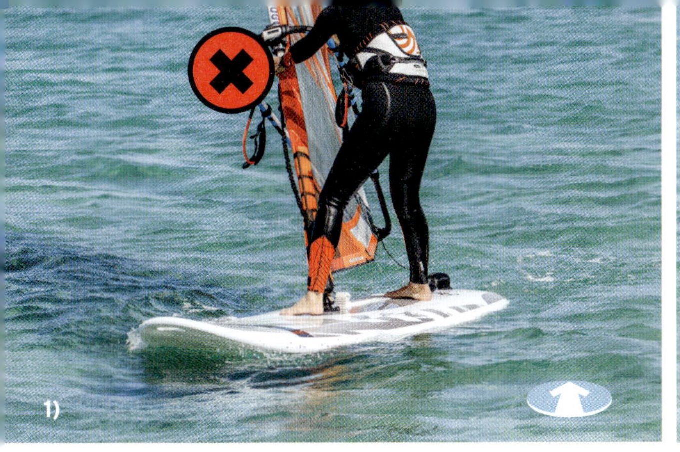
1)

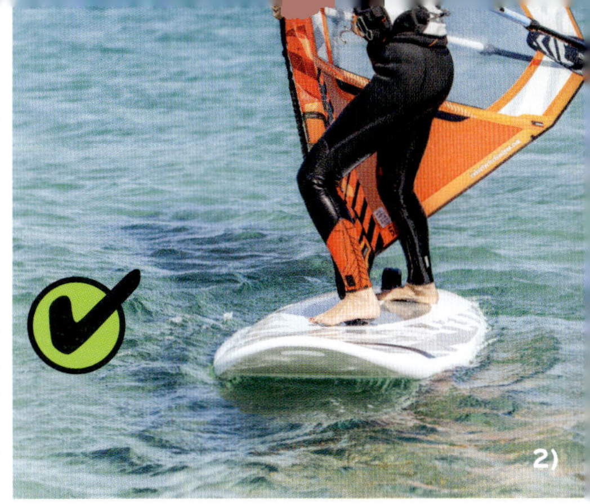
2)

»Das Segel kommt mir entgegen!«

Kommt der Wind beim Seitenwechsel der schnellen Wende plötzlich von vorn, also der falschen Seite ins Segel, nennt man das »backschlagen«. Das Brett dann aus dem Wind zu drehen, ist schwer bis unmöglich. Das ungewollte Backschlagen kann zwei Gründe haben:

Seitenwechsel zu früh: Idealerweise erfolgt der Seitenwechsel beim Wenden erst, wenn das Brett schon bis gegen den Wind gedreht hat, also der Bug nach Luv zeigt. Kontrolliere deshalb, ob das Unterliek des Segels auch tatsächlich dein Schienbein berührt, bevor du die Segelseite wechselst – das Segel ist folglich schon etwas über das Heck überzogen **(2)**. Ist dies nicht der Fall **(1)**, hat dein Brett noch nicht weit genug gedreht und das anschließende Abfallen wird schwierig.

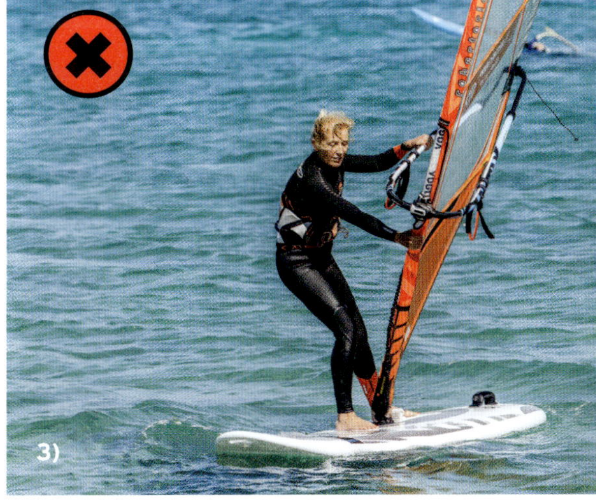
3)

Segel beim Abfallen zu offen: Der zweite Grund für ein ungewollt backschlagendes Segel kann eine fehlerhafte Abfallbewegung nach dem Seitenwechsel sein, bei der das Segel zu offen steht **(3)**. Da dein Brett ja während des Seitenwechsels fast genau im Wind steht, unterscheidet sich das Abfallen in dieser Situation etwas vom normalen Steuern: Um den Wind von der richtigen Seite ins Segel zu bekommen, musst du mit der Segelhand extrem dichtholen – ein breiter Griff an der Gabel hilft dir dabei **(4)**.

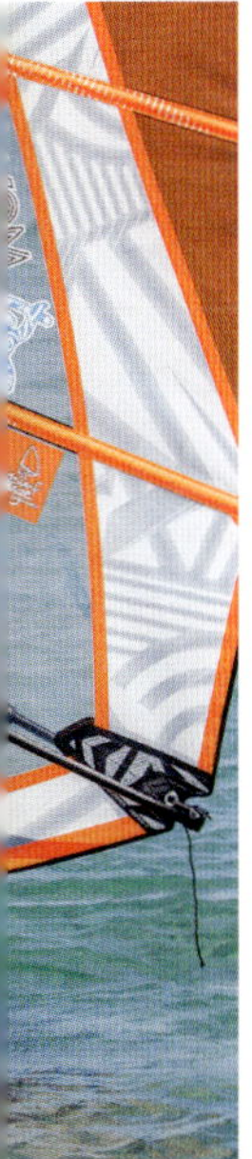

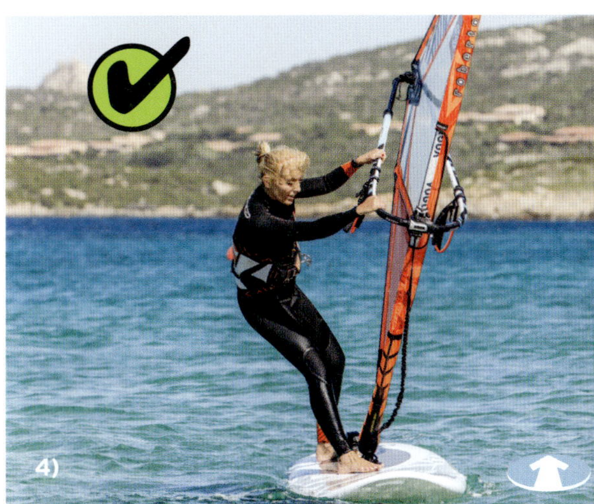
4)

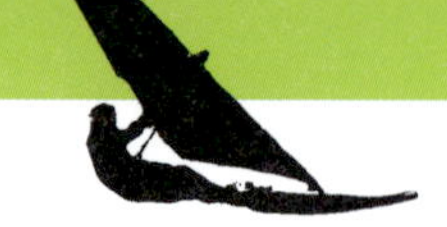

IDEALE BEDINGUNGEN: *2-3 Beaufort, glattes Wasser*
IDEALES MATERIAL: *Longboards oder Wind-SUPs mit Schwert, leichte Segel*
LERNVORAUSSETZUNGEN: *Starten, Steuerung, Kreuzen*

Basis-Halse

Unzählige Varianten der Halse werden dir im Laufe deines Surferlebens begegnen – Manöver wie eine durchgeglittene Powerhalse haben akutes Suchtpotenzial. Den ersten Grundstein für alles, was noch kommt, legst du mit der Basishalse. Diese ist, wie auch die Wende, eine 180-Grad Drehung – allerdings wird jede Halse durch Abfallen eingeleitet, das Brett fährt dementsprechend eine Kurve nach Lee. Aus diesem Grund macht das Fahren einer Halse vor allem dann Sinn, wenn man »Höhe vernichten« will, d. h. ein Ziel anstrebt, welches sich weiter in Lee als der Ausgangspunkt befindet. Sobald man steuern, kreuzen und wenden kann, ist man im Prinzip gerüstet, um auch die Halse zu lernen.
Zum Üben der Basishalse sollte man ebenfalls ein möglichst großes Board mit viel Volumen und einem Schwert verwenden, dazu ein mittelgroßes und nicht zu schweres Rigg.

1) Hole wie immer nach dem Start erstmal etwas Schwung und bereite die Halse vor, indem du die Segelhand am Gabelbaum etwas nach hinten in Richtung Gabelbaumende verschiebst.

2-3) Die Brettdrehung nach Lee leitest du durch Abfallen ein. Kippe dazu dein Segel in der Segelebene am Körper vorbei nach vorne, der Mast kippt zum Wasser, das Gabelbaumende zeigt Richtung Himmel. Halte mit der Segelhand voll dicht, hänge deinen Körper ins Segel und verlagere dein Gewicht aufs hintere Bein, denn während des Abfallens steigt der Segelzug naturgemäß spürbar an. Hältst du während des Abfallens schön dicht, wirst du sofort spüren, dass dein Brett seine Richtung vom Wind weg nach Lee ändert.

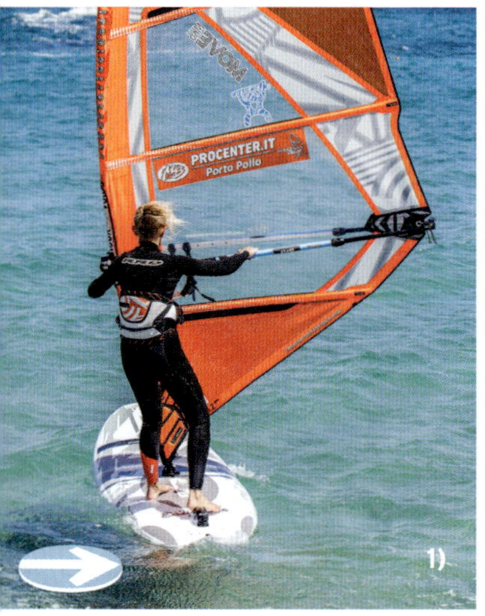

1)

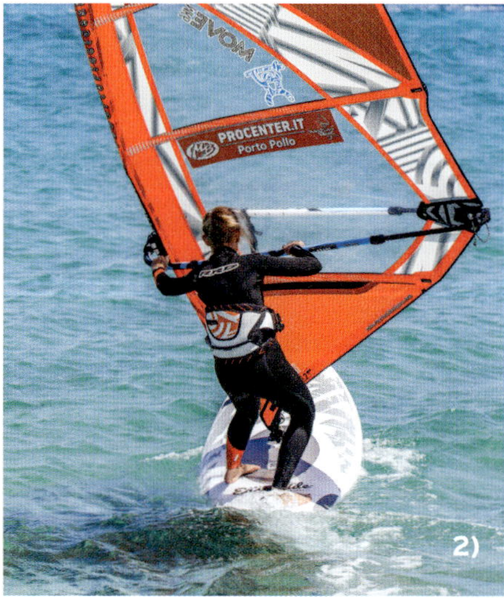

2)

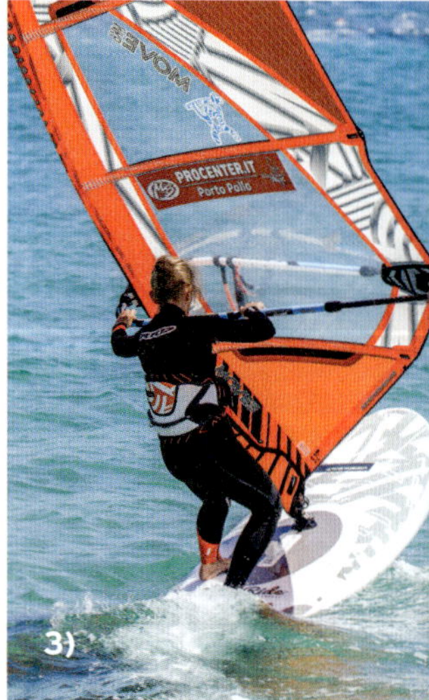

3)

4-5) Falle so lange ab, bis dein Brett direkt mit dem Wind nach Lee zeigt. Du erkennst diesen Kurs daran, dass der anfänglich hohe Segelzug nun deutlich abnimmt und du genau in Richtung der kleinen Windwellen unterwegs bist. Der Vorwindkurs stellt gewissermaßen den Scheitelpunkt der Basishalse dar. Jetzt ziehst du den vorderen Fuß nach hinten zum Schwert, du stehst nun mit beiden Füßen parallel und in Fahrtrichtung, das Segel steht vor dir in der Waage und fühlt sich leicht an. Den schwierigsten Teil hast du jetzt schon hinter dir.

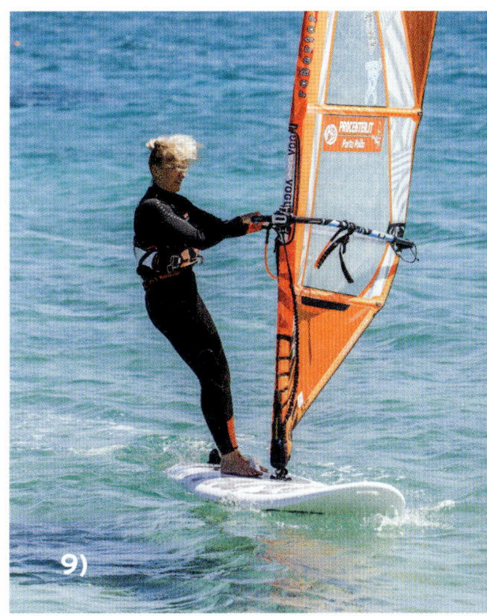
9)

6-7) Den zweiten Teil der Basishalse absolvierst du durch das Weiterschwenken des Segels über den Bug auf die neue Seite. Löse dazu die Segelhand vom Gabelbaum, der Wind klappt dein Segel nun von ganz alleine vorn über den Bug auf die andere Seite. Greife mit der frei gewordenen Segelhand an den Mast, sie wird jetzt zur neuen Masthand.

8-9) Setze den neuen Fuß nach vorn zum Mastfuß und hole das Segel von der neuen Seite dicht.

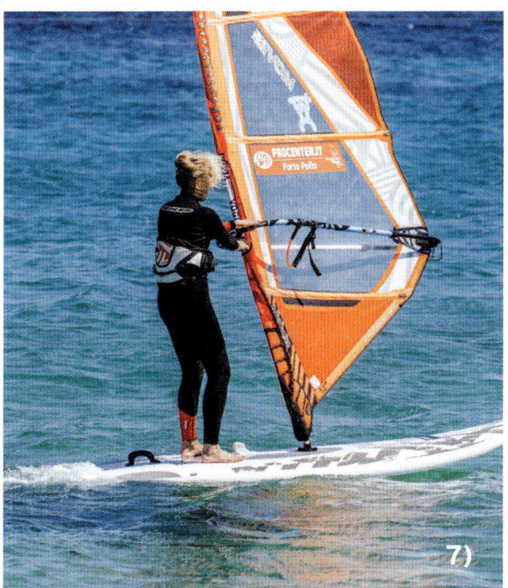

7)

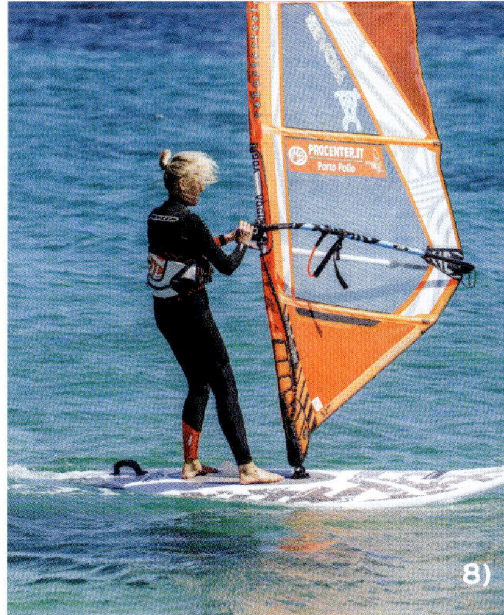

8)

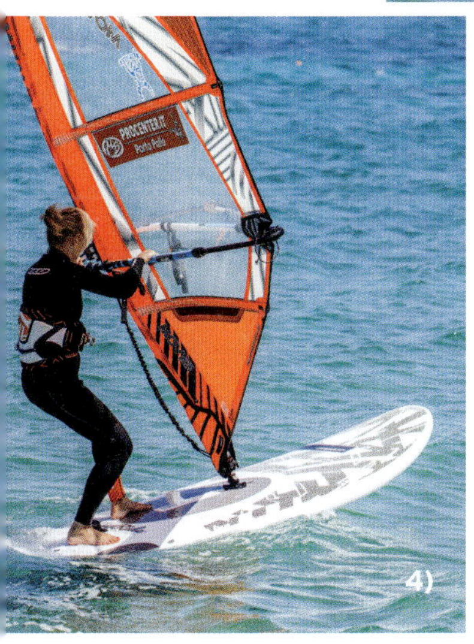

4)

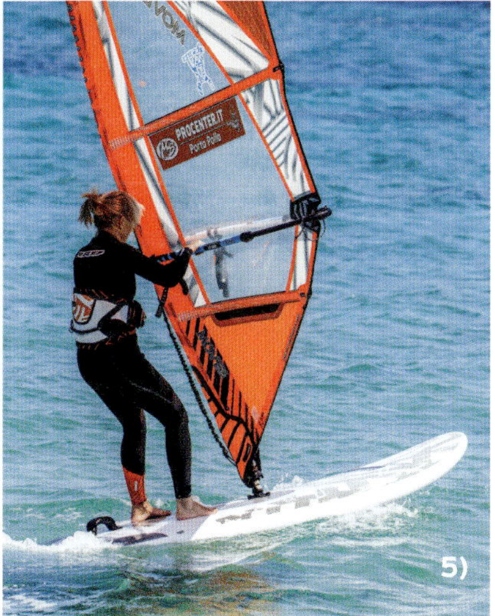

5)

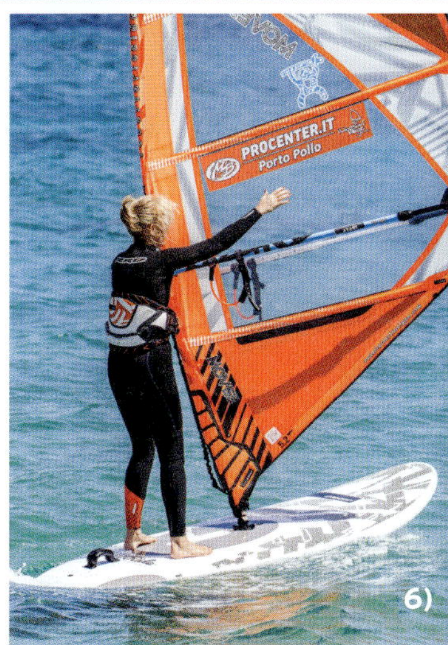

6)

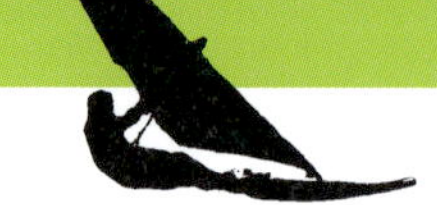

IDEALE BEDINGUNGEN: *3-4 Beaufort, glattes Wasser*
IDEALES MATERIAL: *Longboards mit Schwert, Wind-SUPs & große Freerideboards*
LERNVORAUSSETZUNGEN: *Basishalse, Steuerung, Kreuzen*

Schnelle Halse

Auch bei der schnellen Halse fährt das Brett eine durch Abfallen eingeleitete 180-Grad-Drehung nach Lee. Der erste Teil bis zum Scheitelpunkt auf Vorwindkurs ist komplett identisch mit der Basishalse, Das Umschlagen des Segels, Schiften genannt, wird allerdings erst vollzogen, wenn du die komplette 180-Grad-Drehung gefahren hast. Diese Technik garantiert, dass du während der gesamten Drehung Zug im Segel hast - was auf kleinen Brettern ohne Schwert enorm hilft, die Balance zu halten.

1) Schwung holen und die typische Vorbereitung, bei der die Segelhand am Gabelbaum weit nach hinten rutscht, dürften dir bereits von der Basishalse bekannt sein.

2-3) Die Brettdrehung nach Lee leitest du wie üblich durch Abfallen ein. Kippe dazu dein Segel in der Segelebene am Körper vorbei nach vorn, der Mast kippt zum Wasser, das Gabelbaumende zeigt Richtung Himmel. Halte mit der Segelhand voll dicht und hänge deinen Körper ins Segel, denn während des Abfallens steigt der Segelzug wieder spürbar an. Weiche diesem nicht aus, indem du das Segel öffnest, sondern versuche dichtzuhalten und stattdessen dein Körpergewicht entgegenzusetzen. Auch eine weiter hinten zum Heck orientierte Standposition kann dir helfen, den Segelzug beim Abfallen zu bändigen.

4-5) Falle auch diesmal so lange ab, bis dein Brett direkt mit dem Wind nach Lee zeigt. Du erkennst diesen Kurs daran, dass der zunächst hohe Se-

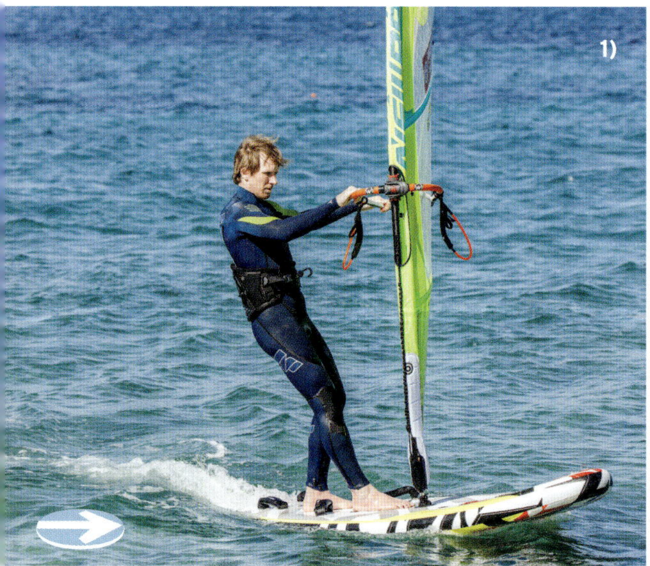

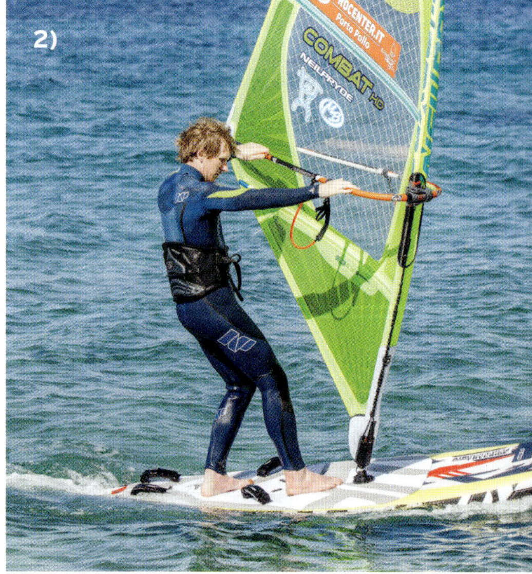

gelzug deutlich abnimmt und du genau in Richtung der Windwellen unterwegs bist. Der Vorwindkurs stellt den Scheitelpunkt der Halse dar – und das Ende der Gemeinsamkeiten mit der Basishalse. Der Fußwechsel wird jetzt komplett vollzogen: Ziehe zuerst den vorderen Fuß zurück und setze den neuen Fuß nach vorn.

6) Auch nach dem Fußwechsel solltest du dir noch keine Gedanken über das Segelschiften machen. Ziel ist es jetzt, durch Segelsteuerung weiter bis auf neuen Raumwindkurs zu drehen. Neige dazu den Mast nach außen Richtung Wasser.

6)

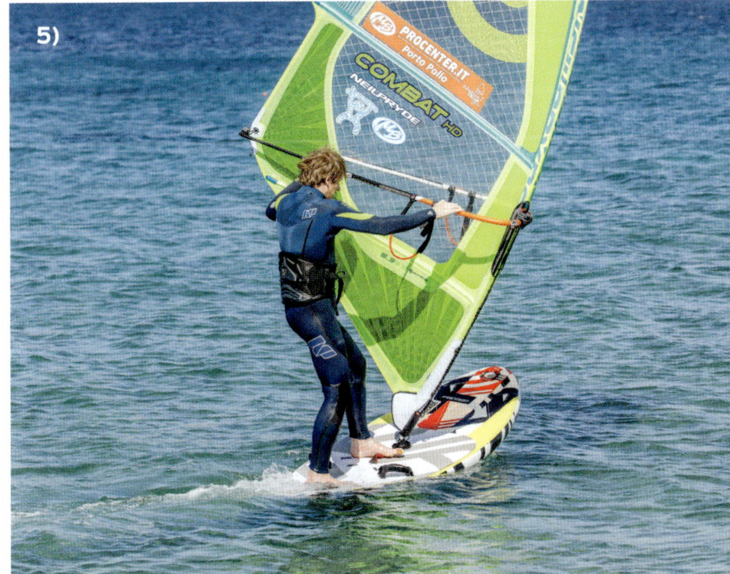

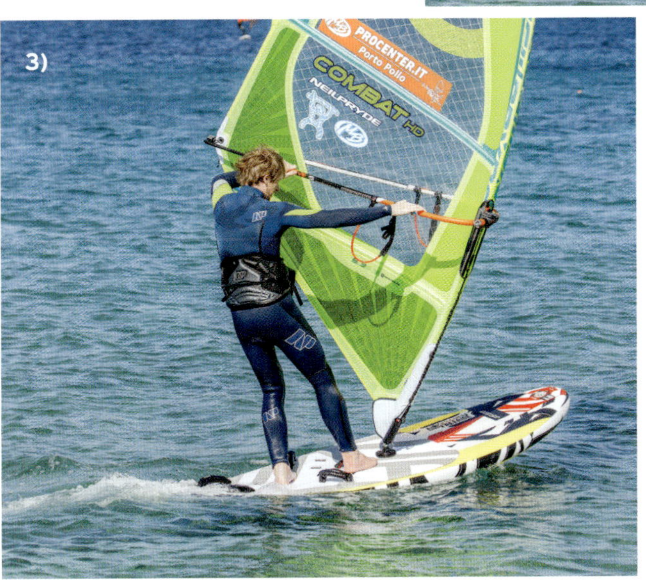

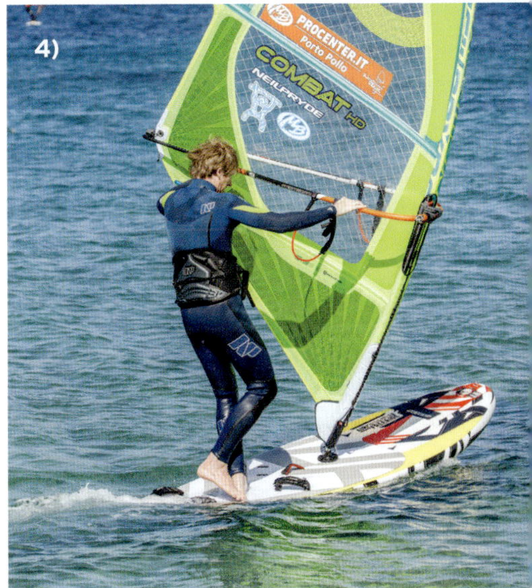

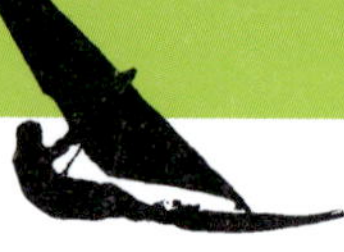

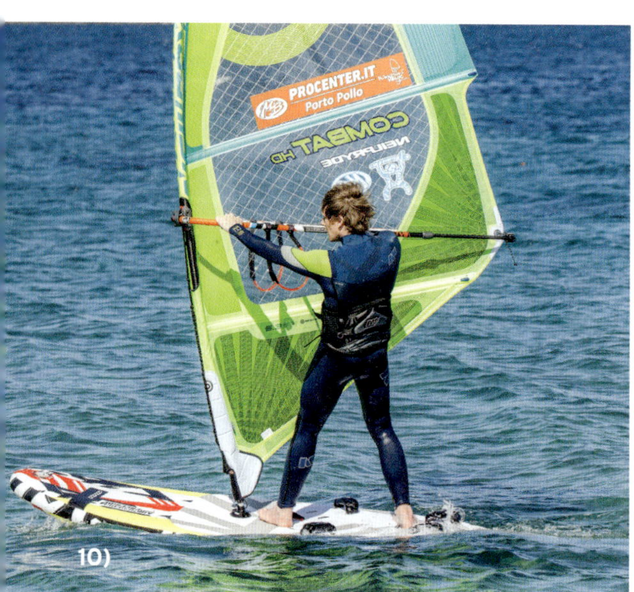

10)

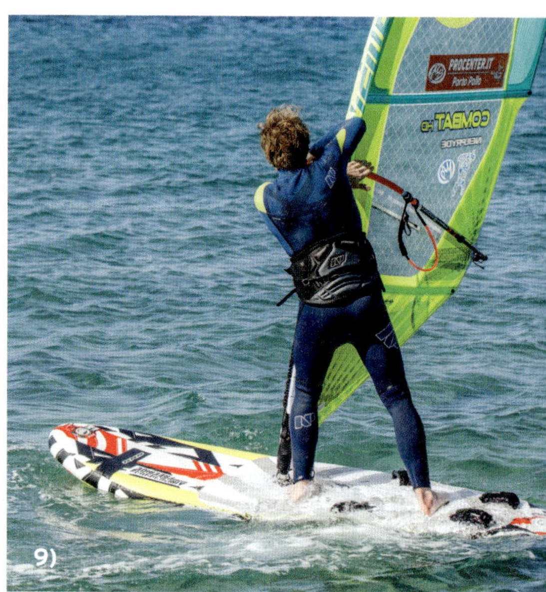

9)

7) Kippe den Mast konstant weiter nach außen in Richtung Wasser, das Brett dreht nun in die neue Fahrtrichtung weiter. Weil die Ecke am Gabelbaumende auch als »Schothorn« bezeichnet wird, bezeichnet man diese Phase als »Schothorn-voraus-Fahrt«. Alternativ wird auch der englische Begriff »Clew first« verwendet. Auch mit dem Schothorn voraus kannst du mit der in Fahrtrichtung gesehen hinteren Hand – in diesem Fall ist das die Hand beim Mast – das Segel dichtholen und auffieren und so den Segelzug kontrollieren.

8-10) Hauptmerkmal der schnellen Halse ist, dass die komplette 180-Grad-Drehung mit Segelsteuerung zu Ende gefahren wird. Auf diese Weise hast du immer Druck im Segel, was dir vor allem auf kleineren Brettern und bei Wellen mehr Sicherheit gibt, als dies bei der wackeligen Basishalse der Fall ist. Das Umschlagen des Segels, Schiften genannt, beendet die Schothorn-voraus-Fahrt und wird erst vollzogen, wenn die komplette 180-Grad-Drehung absolviert ist. Schiebe dazu die Masthand in Richtung Mast und löse die Segelhand vom Gabelbaum, der Wind schlägt dein Segel automatisch um. Wichtig: Ziehe dir das Segel während des Schiftens nahe zum Körper und greife überkreuz auf die neue Gabelbaumseite. Jetzt kannst du deine Fahrt auf neuen Halbwindkurs fortsetzen.

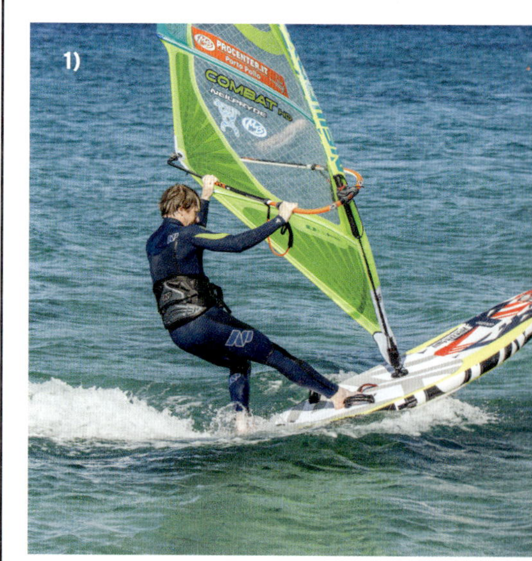

1)

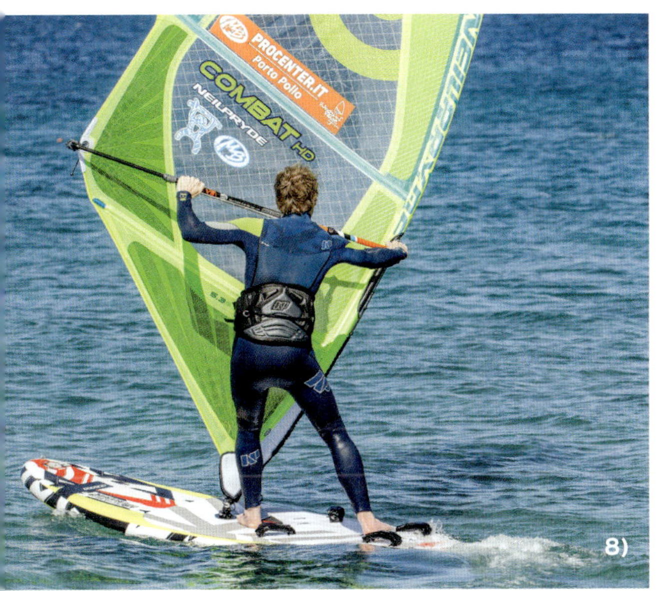

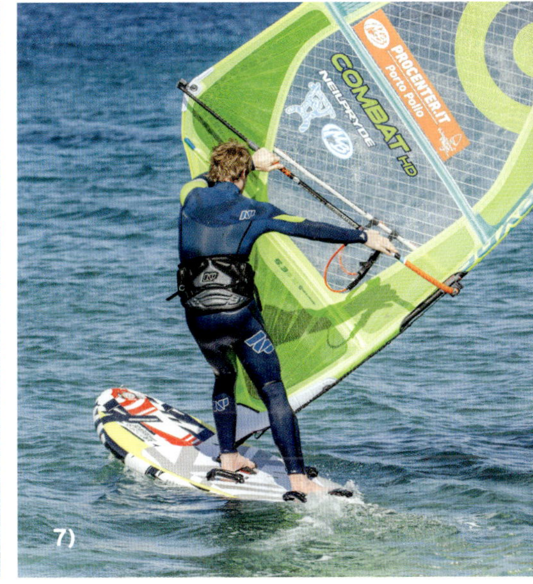

Halsen auf dem Bierdeckel

Mit der Technik der schnellen Halse kannst du auch den Radius erheblich verkleinern, indem du dein Körpergewicht beim Abfallen massiv nach hinten verlagerst. Auf diese Weise kannst du auch dem beim Abfallen steigenden Segelzug begegnen. Setze dazu vor allem das hintere Bein zurück und verlagere dein Gewicht aufs Heck **(1)** – dieses sinkt nun etwas ein und lässt dein Brett wie auf dem Bierdeckel rotieren. Der Fußwechsel erfolgt ebenfalls weit hinten **(2)**, erst vor dem Schiften muss die normale Standposition mit einem Fuß hinter dem Mastfuß wieder hergestellt sein **(3)**.

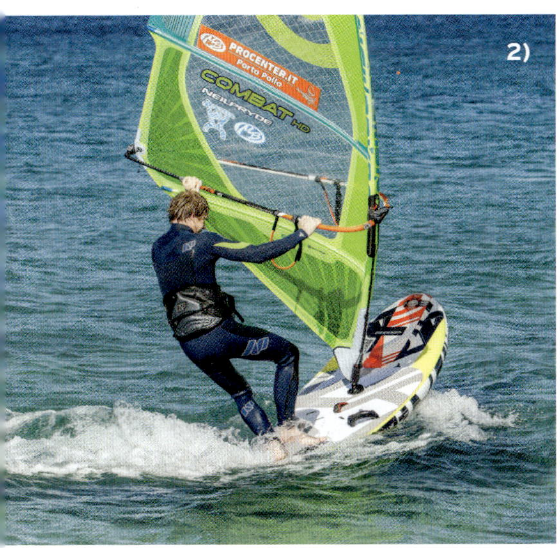

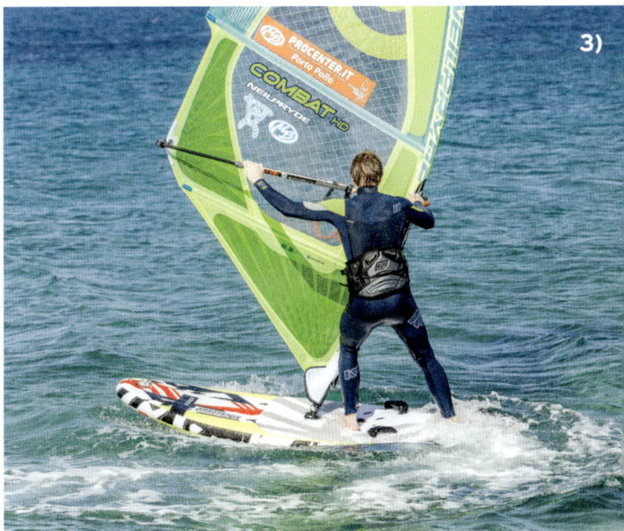

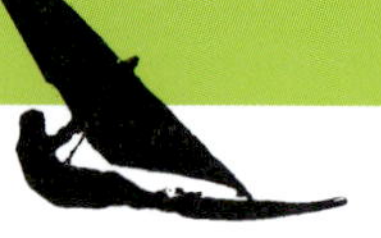

Halse – Fehleranalyse

Fehlerquellen gibt es bei der Halse mehr als genug – wer ein großes Brett zum Üben verwendet und sich nicht zu schade ist, auch bei Leichtwind aufs Wasser zu gehen, wird die richtige Technik aber schnell im Kasten haben. Weil die schnelle Halse die Basis für alle Gleithalsen deines späteren Surferlebens bildet, lohnt es sich, bei diesem Manöver doppelt eine saubere Technik zu lernen, gern auch gemeinsam mit einem Lehrer in einer professionellen Windsurfschule. Die Erfahrung aus unzähligen Halsenkursen hat gezeigt, dass sich die Fehler beim Halsen im Wesentlichen auf drei Bereiche konzentrieren: Das Abfallen während der Einleitung, das richtige Timing sowie das abschließende Schiften. Die Knackpunkte zum Abfallen findest du im Kapitel »Steuern & Kurse«, alles Weitere gibt's jetzt an dieser Stelle:

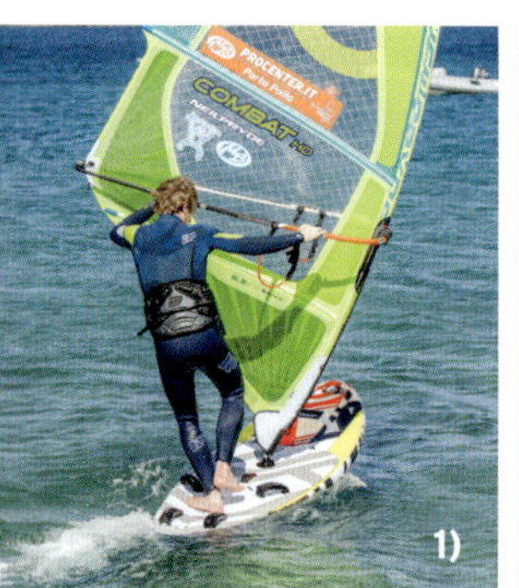
1)

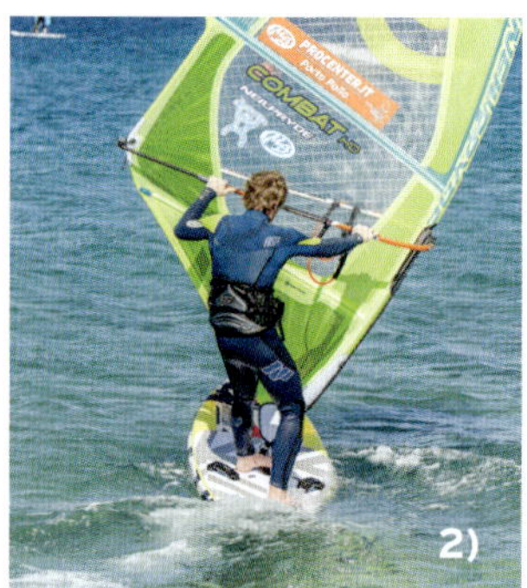
2)

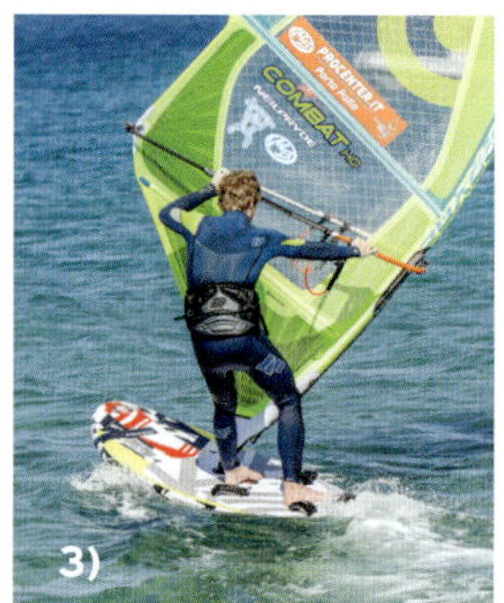
3)

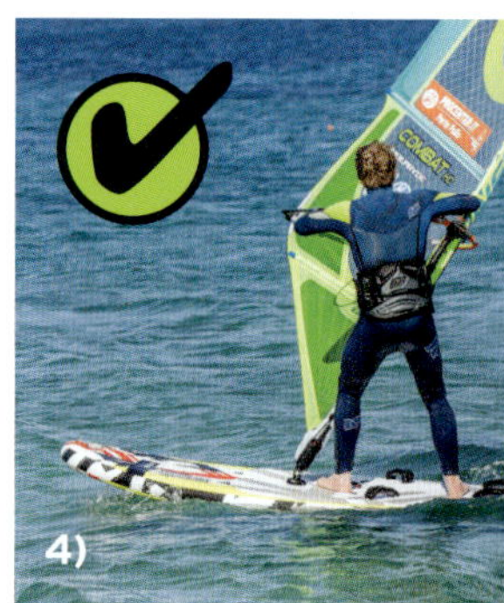
4)

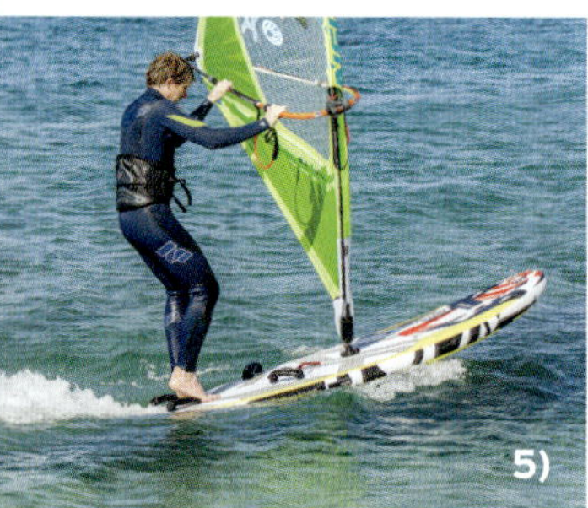
5)

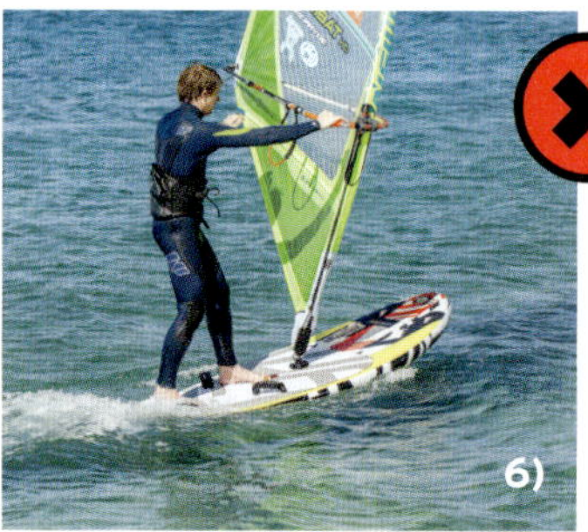
6)

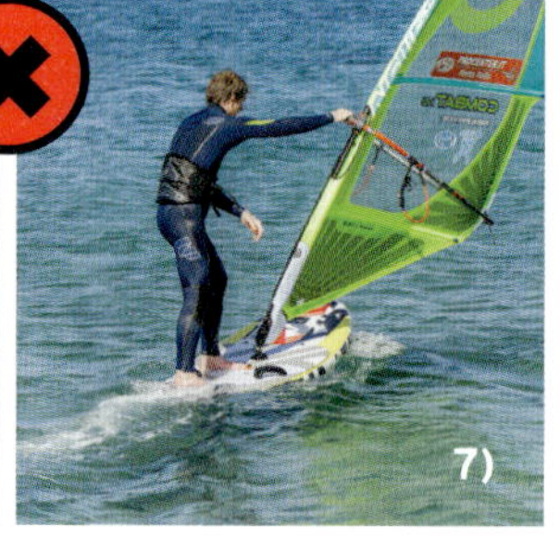
7)

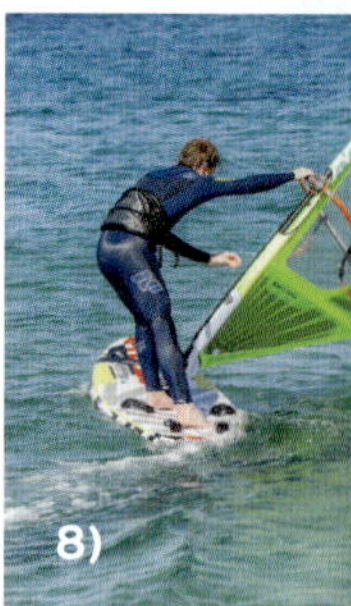
8)

»Halsen ist eine wacklige Sache!«

Wer die Basishalse kann und dann auf die schnelle Variante umsteigt, muss sich erst an das neue Timing zum Schiften gewöhnen. Bei der Basishalse wird bereits auf dem Vorwindkurs die Segelhand vom Gabelbaum gelöst. In der Folge klappt das Segel langsam nach vorn über den Bug **(5-8)**. Auf kleinen Brettern und bei Wellen ist diese Phase aber wackelig bis unmöglich, da man das Segel ja über einen längeren Zeitraum mit nur mit einer Hand hält und kein Zug im Segel ist. Genau dieser Zug ist es aber, der einem bei schwierigen Bedingungen Sicherheit gibt – man hat während der kompletten Halse etwas »zum Festhalten«. Aus diesem Grund ist es wichtig, nach dem Fußwechsel **(1-2)** auf Vorwindkurs per Segelsteuerung die zweite Hälfte der Halse zu absolvieren. Kippe dazu den Mast zur Kurvenaußenseite in Richtung Wasser, dein Brett dreht jetzt in die neue Fahrtrichtung weiter **(3)**. Erst zum Schluss folgt das Schiften **(4)**.

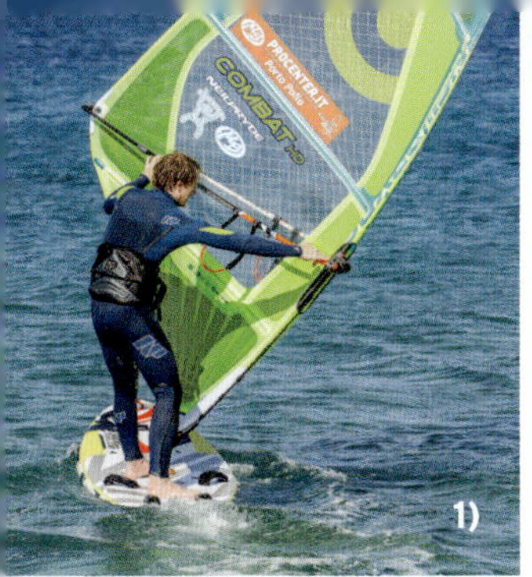
1)

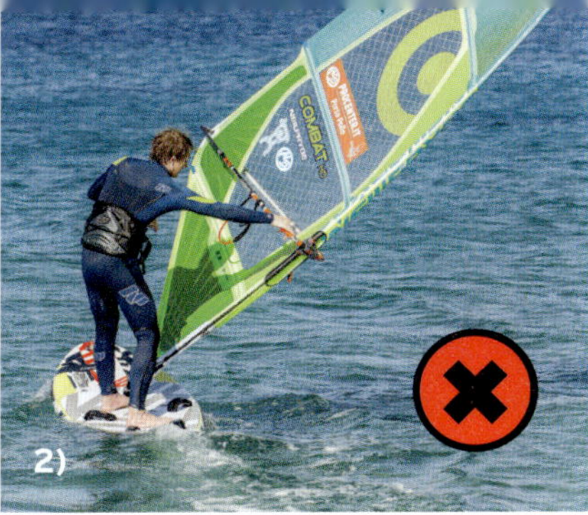
2)

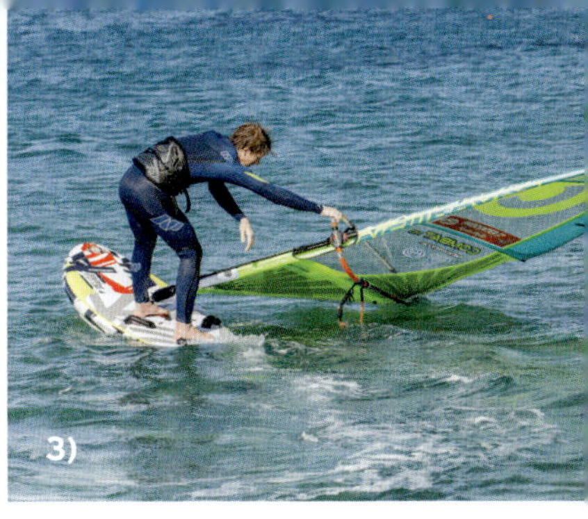
3)

»Beim Schiften zieht es mich nach Lee vom Brett!«

Das Schiften stellt die letzte Hürde beim Lernen der schnellen Halse dar. Um vom Vorwindkurs weiter in die neue Fahrtrichtung zu drehen, wurde der Mast – absolut richtig – weit in Richtung der Kurvenaußenseite zum Wasser geneigt, der Mastarm ist dementsprechend gestreckt **(1 & 4)**. Bis zu diesem Punkt gleichen sich die Fehlersequenz und das Idealbild. Im ersten Fall stürzt das Segel allerdings nach dem Lösen der Segelhand **(2)**, auf der Leeseite ins Wasser **(3)**. Der Grund dafür ist, dass das Segel während des Schiftens zu sehr aus der Senkrechten kommt.

Grundregel: »Ein Segel schiftet man immer mit senkrechtem Mast!«

Wenn du also während der Halse weit genug in die neue Fahrtrichtung weitergedreht hast, rutsche die Masthand so weit es geht in Richtung Mast **(4)**. Sobald du die Segelhand löst, gibt die Masthand ihre gestreckte Haltung auf und zieht den Mast wieder in die Senkrechte, das Segel rotiert dann nahe am Körper **(5)**. Die alte Segelhand wird zur neuen Masthand und greift überkreuz auf die neue Gabelbaumseite **(6)**.

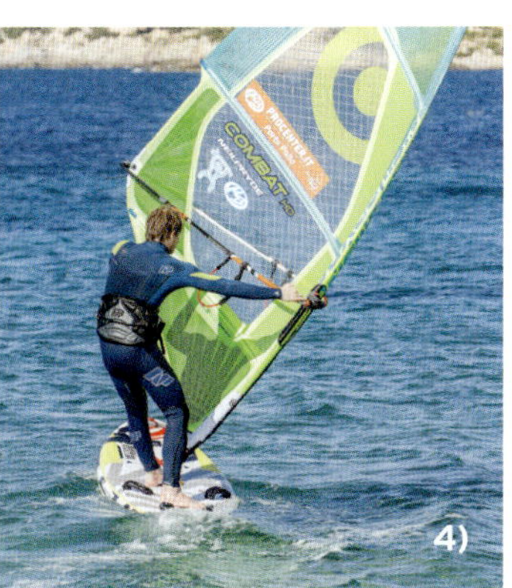
4)

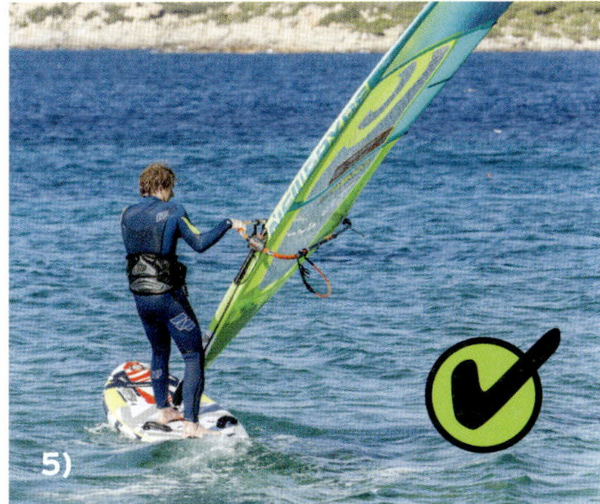
5)

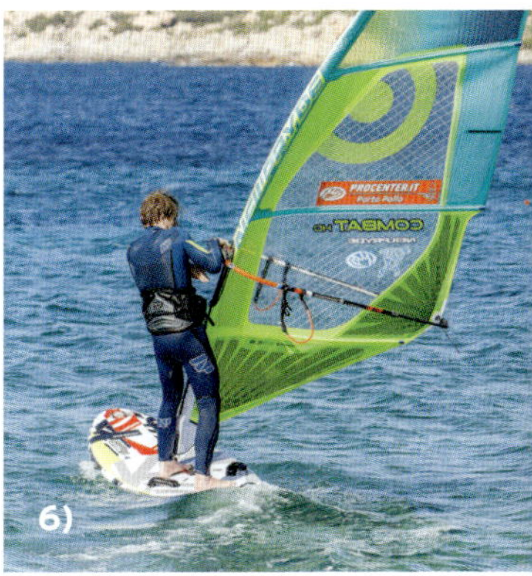
6)

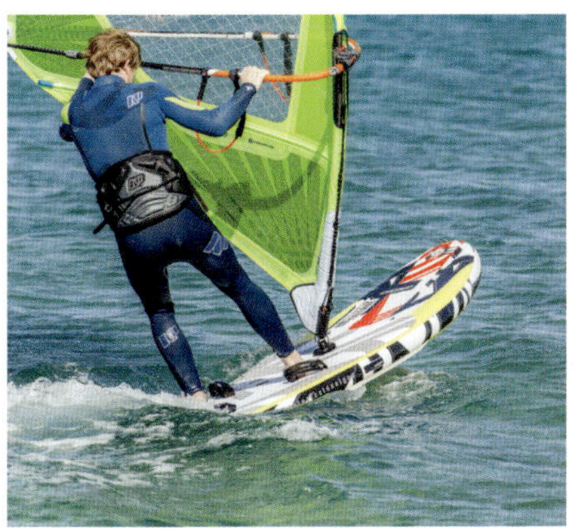

Ausblick: Fußsteuerung

Die Schnelle Halse stellt die wichtigste Grundlage der geglittenen Powerhalse dar, wer sich bei Leichtwind das entsprechende Segel- und Brettgefühl aneignet, lernt auch Gleithalsen viel schneller. Während man bei Gleithalsen nahezu ausschließlich mit Fußsteuerung, also Kantenbelastung, steuert, ist der Einfluss der Fußsteuerung bei wenig Wind sehr gering. Generell gilt: Auf Boards ohne Schwert kann man den Radius etwas verkleinern, wenn man die kurveninnere Kante belastet – das gilt auch auf Longboards mit eingeklapptem Schwert. Auf Brettern mit Schwert oder Centerfinne kehrt sich der Steuerimpuls um – dann unterstützt leichtes Drücken der Außenkante das Drehen.

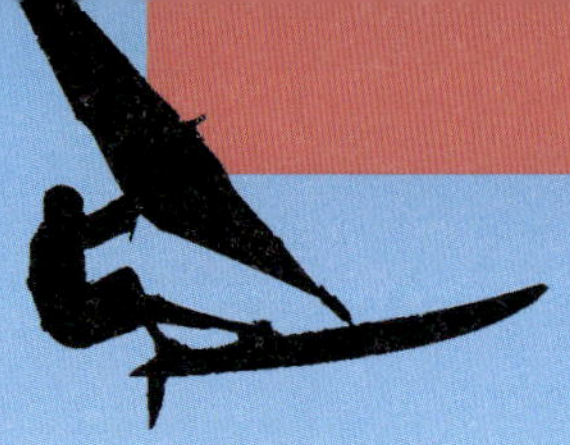

Manöver für Fortgeschrittene

Meilensteine – per Wasserstart rauf aufs Brett, einhaken ins Trapez, ab in die Schlaufen und mit einem dicken Grinsen mit Vollgas in die Powerhalse. Damit aus diesen Windsurf-Meilensteinen keine Stolpersteine werden, gibt's hier nicht nur alles zur perfekten Manövertechnik, sondern auch rund um die perfekten Materialeinstellungen.

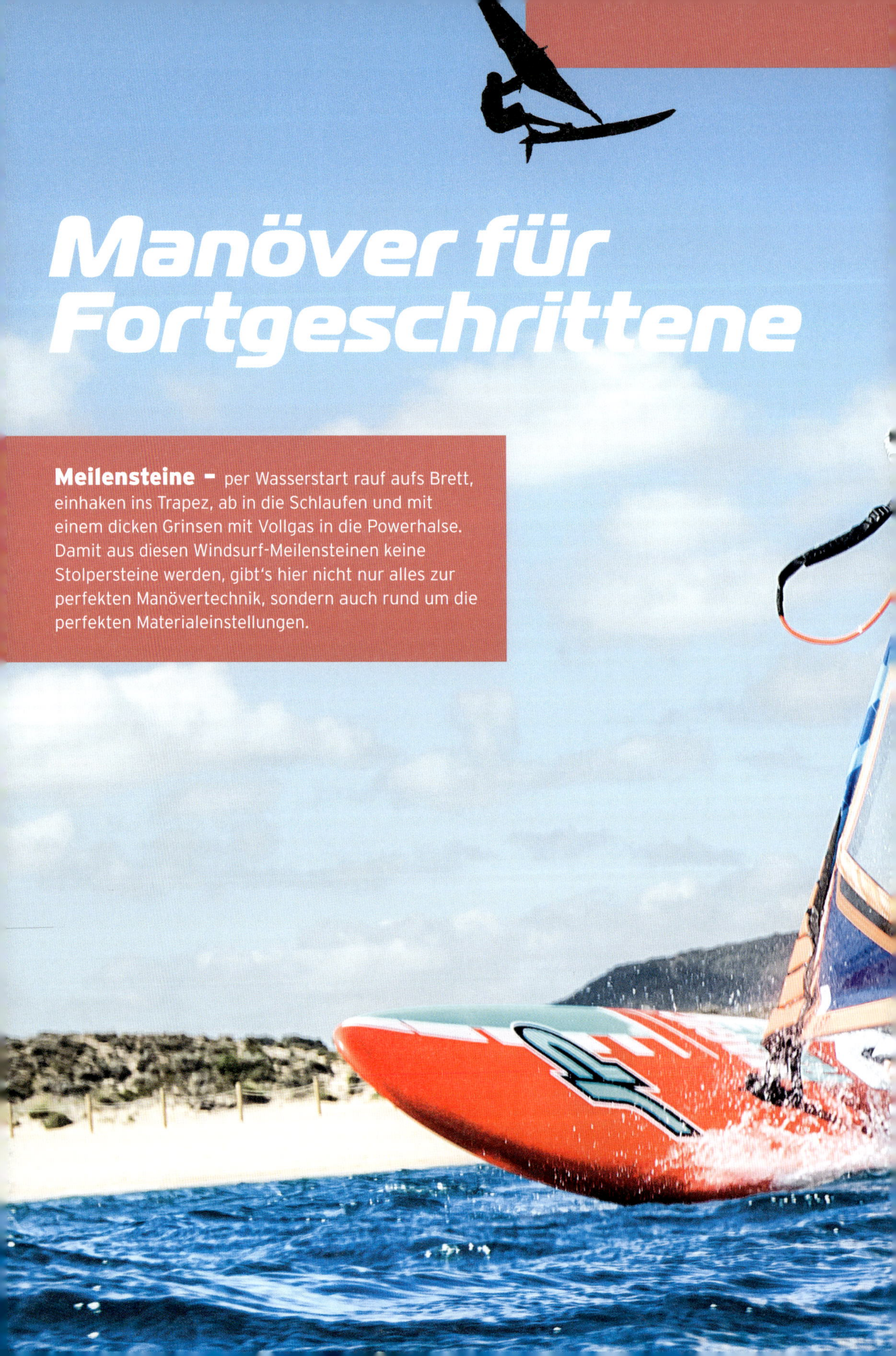

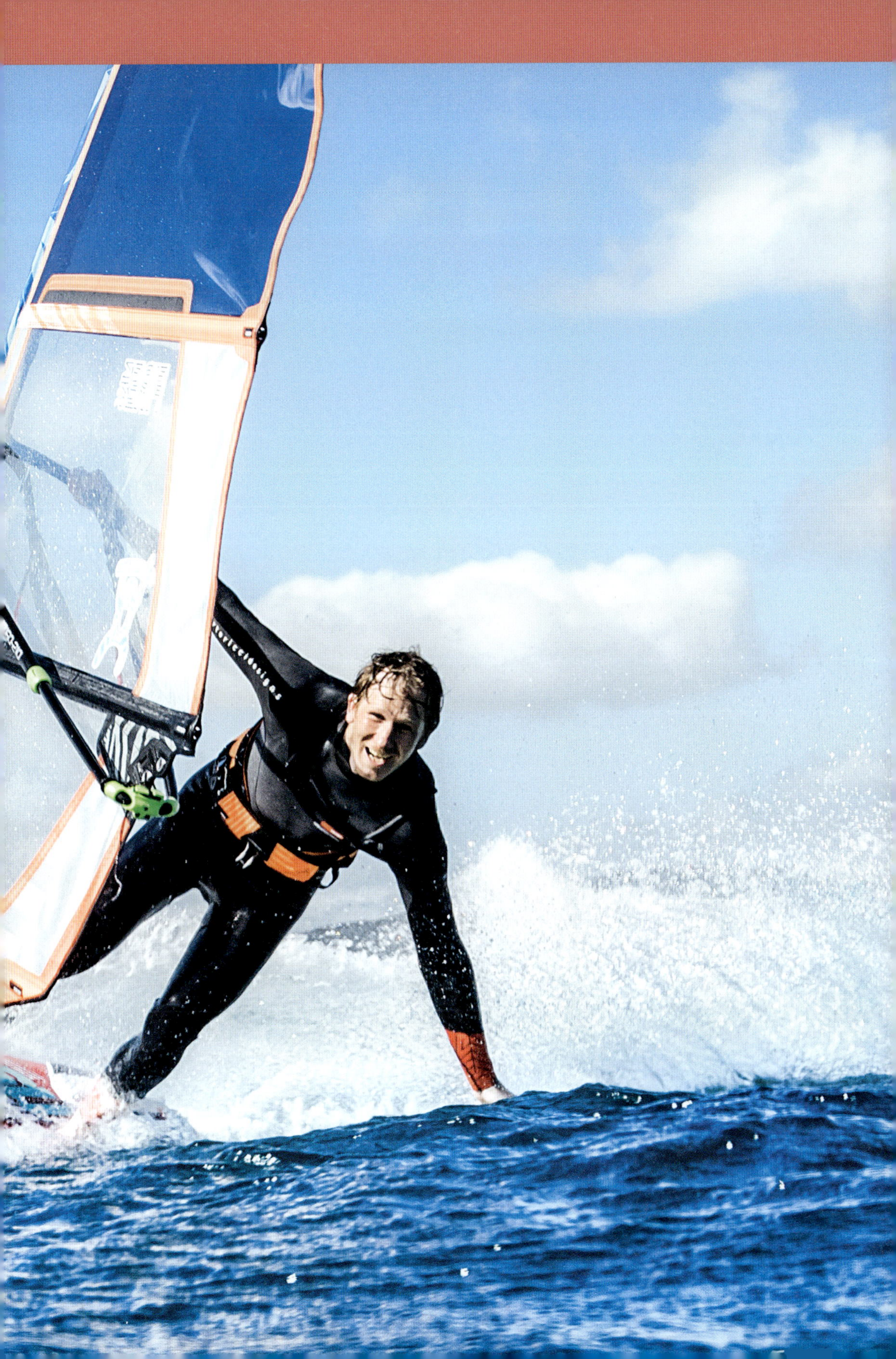

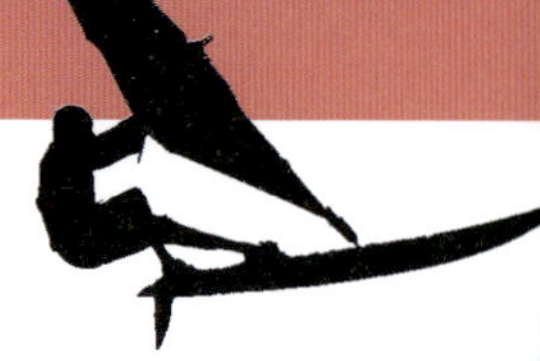

IDEALE BEDINGUNGEN: *3-5 Beaufort, knie- bis maximal hüfttiefes Wasser*
IDEALES MATERIAL: *Longboards oder Wind-SUPs mit Schwert, leichte Segel*
LERNVORAUSSETZUNGEN: *Steuern*

Beachstart

Starten ohne Hochziehen des Segels - das spart Kraft, sieht lässig aus und ist gar nicht so schwer zu lernen. Wenn du in einem der folgenden Kapitel dieses Buchs auch alles zum Wasserstart liest, wirst du feststellen, dass sich diese beiden Starttechniken in weiten Teilen gleichen.
Zum Üben des Beachstarts empfiehlt es sich, einen Platz mit möglichst flachem Wasser zu suchen, am besten so, dass die Finne gerade nicht mehr am Boden schleift. Je tiefer es ist, desto schwieriger wird es - und desto mehr Wind ist für den gelungenen Aufstieg nötig.

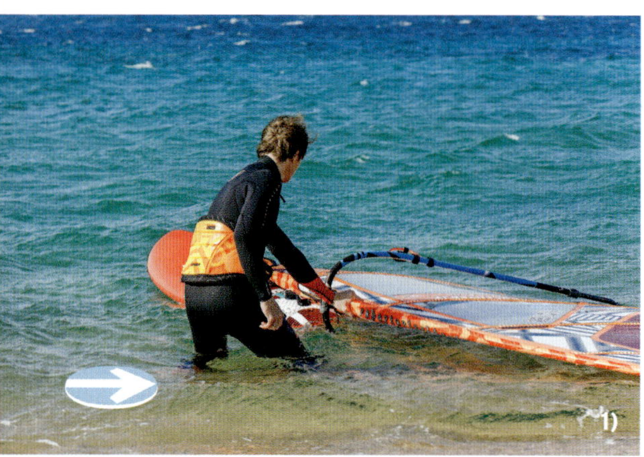
1)

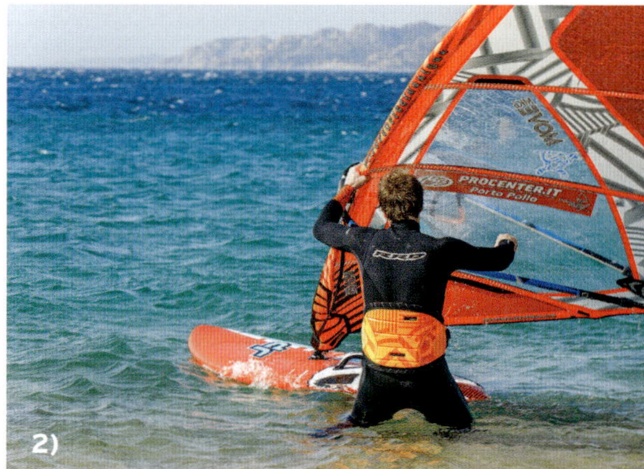

2)

1. Startvorbereitung

Der Aufstieg soll später auf Halbwindkurs bis leichtem Raumwindkurs erfolgen. Schon bevor du loslegst, solltest du deshalb Brett und Mast etwa quer zum Wind ausrichten. Das Gabelbaumende sollte auf der Wasseroberfläche schwimmen, damit es beim Aufrichten des Segels gleich nicht im Wasser hängen bleibt. Befindet sich das Gabelbaumende noch unter Wasser, ziehe dein Material in dieser Position einfach einige Schritte nach Luv, bis es nach oben kommt. Greife nun mit der vorderen Hand direkt über dem Gabelbaum an den Mast **(1)**. Eines vorweg: Das Segel soll im Folgenden nicht am Mast nach oben aus dem Wasser gedrückt werden, sondern schwungvoll über den Kopf nach Luv gezogen werden (»Luvzug«). Ziehe mit dem Mastarm also den Mast kraftvoll über den Kopf, bis der Arm komplett gestreckt ist, das Gabelbaumende kommt dabei nach oben **(2-3)**. Wenn du diesen »Luvzug« richtig gemacht hast, bleibt dein Brett in etwa auf dem zuvor eingestellten Kurs - und du kannst mit der Masthand an den Gabelbaum greifen **(4)**.

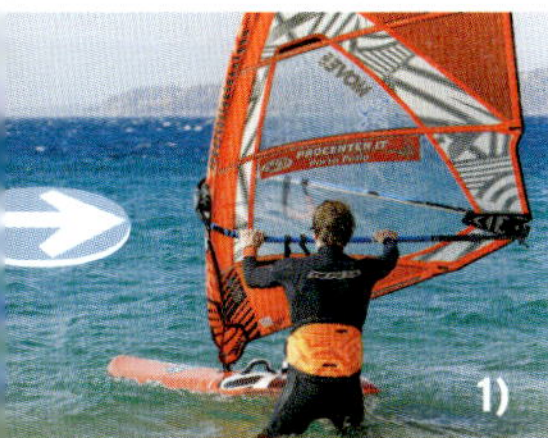

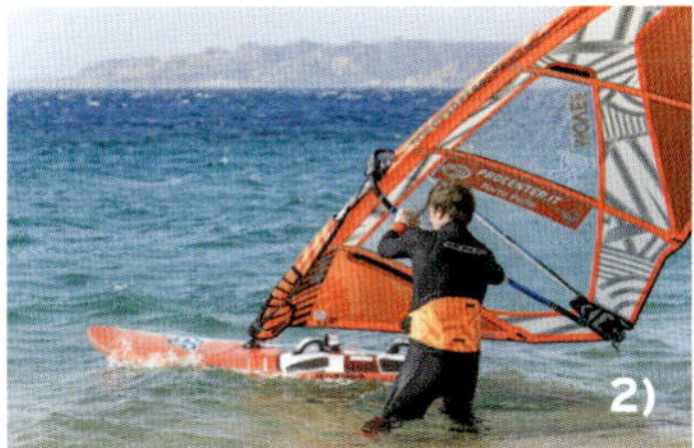

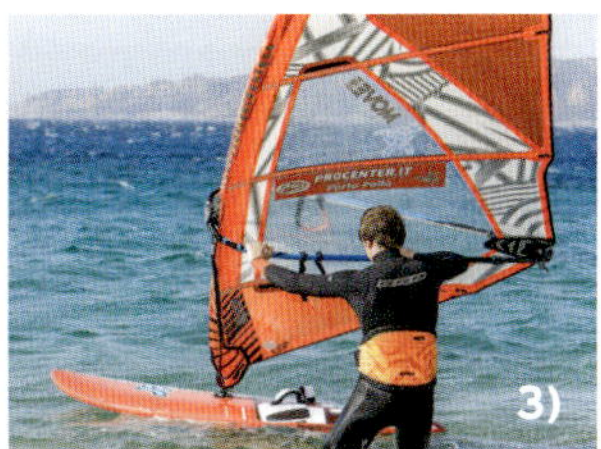

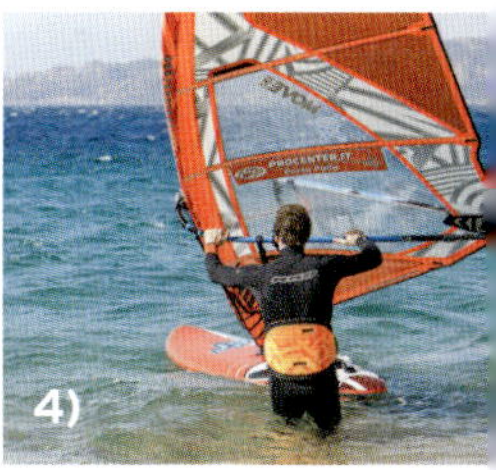

2. Kurs einstellen

Bevor du aufsteigen kannst, muss der Kurs passen. Das Segel produziert auf Halbwindkurs oder leichtem Raumwind am meisten Zug für einen erfolgreichen Start. Wie beim normalen Surfen bleibt das Brett bei neutraler Segelposition mit waagerechter Gabel **(1)** auf Kurs. Soll der Bug weiter nach Luv drehen, luve an, d. h. kippe das Segel nach hinten, das Gabelbaumende zeigt dabei nach unten Richtung Wasser **(2)**. Zum Abfallen neige das Segel nach vorn, sodass das Gabelbaumende nach oben kommt. Durch einige kleine Schritte in Richtung des Mastfußes unterstützt du das Abfallen des Bretts **(3-4)**.

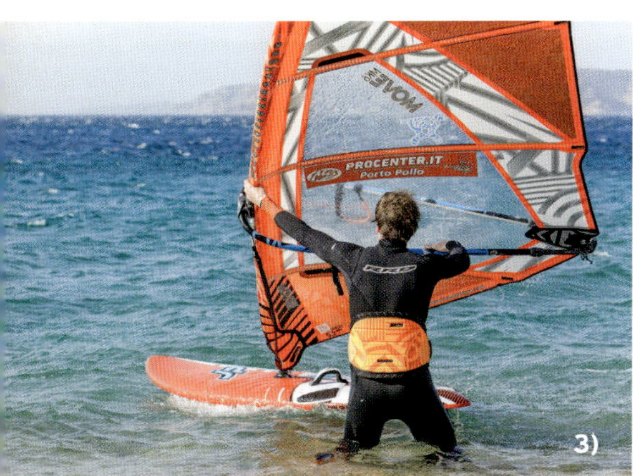

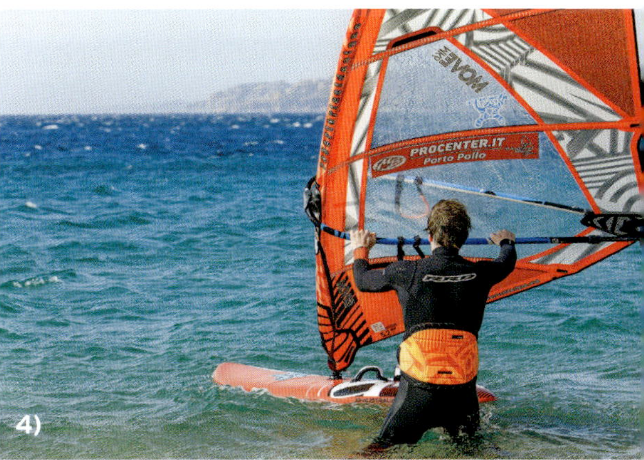

Fehleranalyse: »Mein Brett dreht sofort in den Wind!«

Dreht dir das Brett schon bei der Vorbereitung zum Beachstart in den Wind? Dann liegt dies daran, dass du den Mast nur nach oben drückst und das Gabelbaumende im Wasser hängen bleibt **(1)**, eine ungewollte Anluvbewegung ist die Folge. Versuche stattdessen den Mast mit Schwung über den Kopf nach Luv und vorn zu ziehen, damit das Gabelbaumende nach oben kommt **(2)**.

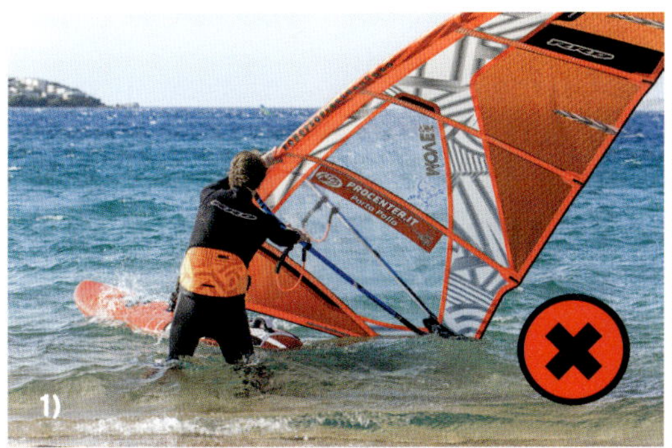

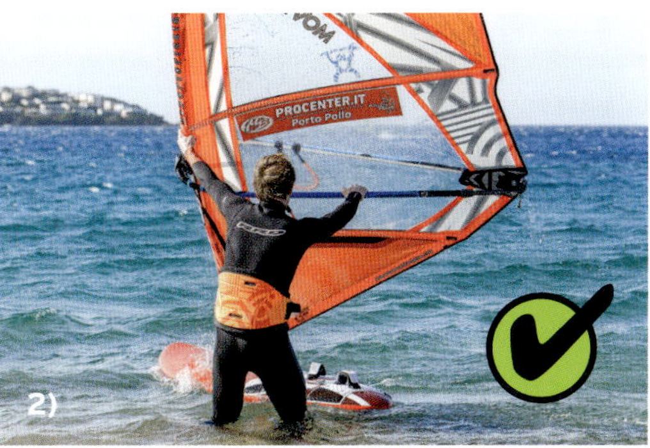

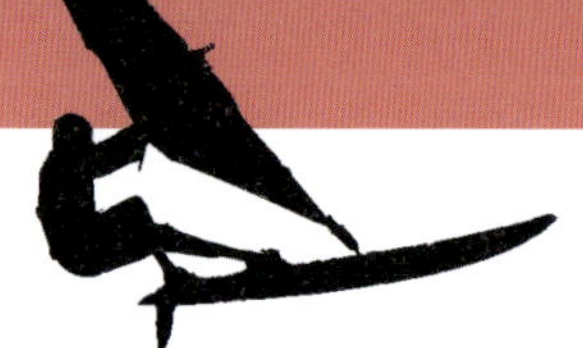

3. Der Aufstieg

Sobald der Kurs passt, kannst du den hinteren Fuß aufs Brett setzen **(1)**. Auch in dieser Position kannst du den Kurs durch leichte Steuerbewegungen (anluven und abfallen) nachkorrigieren. Jetzt bist du bereit für den Aufstieg. Weil du gleich mit dem Körper über das Brett kommen willst, solltest du das Heck durch Beugen des hinteren Beines nahe an dich heranziehen – eine Technik, die dir auch beim Wasserstart wieder begegnen wird. Warte auf eine kleine Böe und halte die Arme leicht gebeugt **(2)**. Nicht du steigst auf, sondern du wirst vom Segel nach oben gezogen – aber dafür brauchst du Segelzug. Sobald du das Gefühl hast, genug Zug im Segel zu haben, richte das Segel auf, indem du den vorderen Arm leicht streckst – dein Segel wird durch die Streckung des Armes zusätzliche Power entwickeln **(3)**. Damit dein Brett nicht gleich wieder in den Wind dreht, musst du es gleichmäßig belasten – setze daher den vorderen Fuß direkt hinter den Mastfuß aufs Brett und nimm Fahrt auf **(4)**.

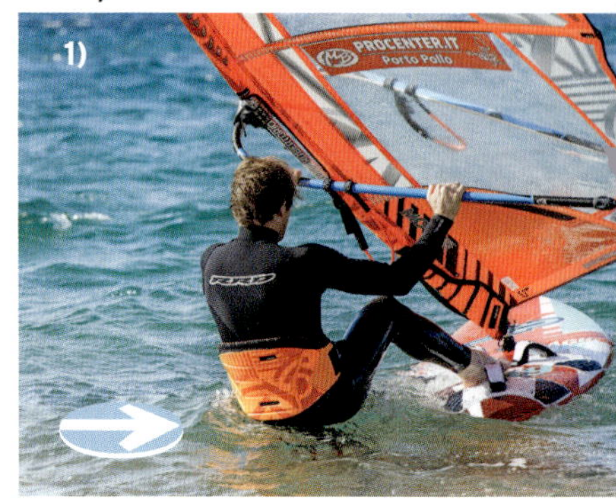

1)

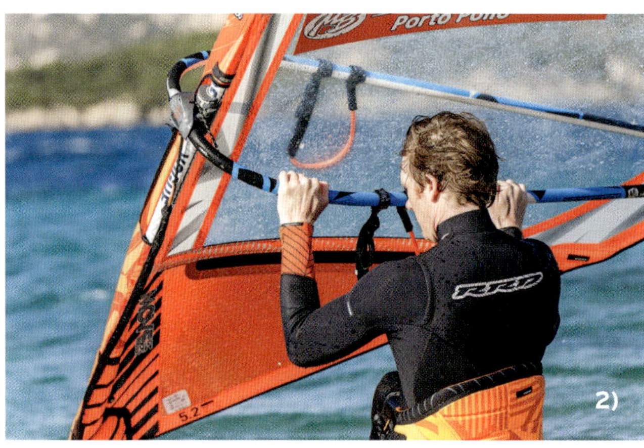
2)

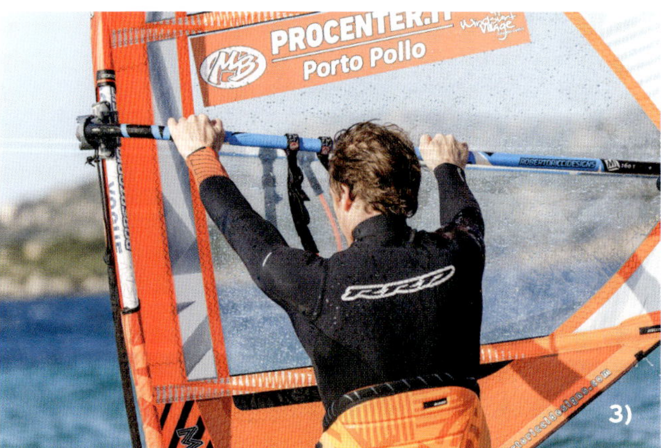

3)

»Wie starte ich in die andere Richtung?«

Du willst in die andere Richtung starten? Dann ziehe dir das Segel wie gehabt über den Kopf und laufe mit dem Segel einen Halbkreis in Richtung Bug. Dein Brett wird nun immer weiter

Fehleranalyse:

Damit dein Brett nach dem Aufstieg auf Kurs bleibt, muss es gleichmäßig belastet werden. Befindet sich das Körpergewicht

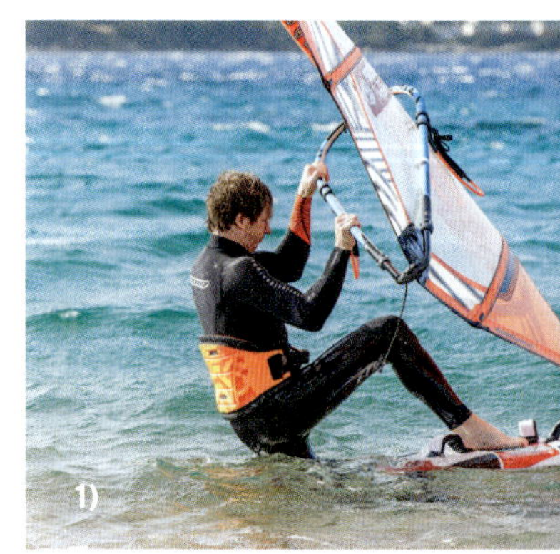
1)

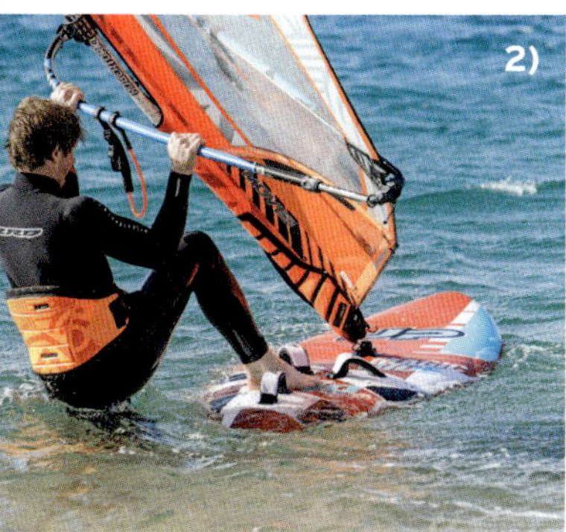

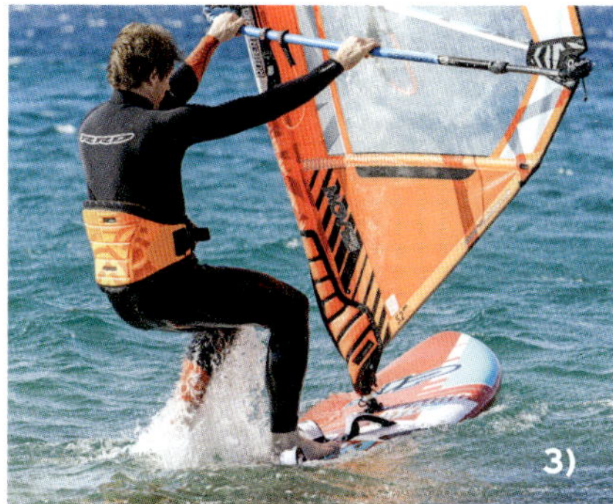

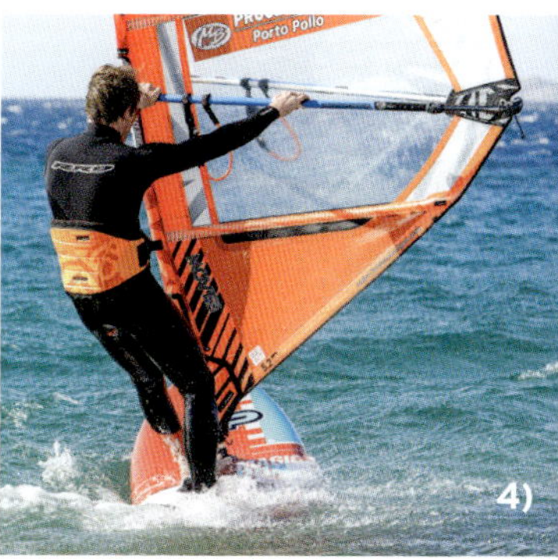

abfallen, bis dein Segel irgendwann vom Gabelbaumende her angeströmt wird und von allein umschlägt. Nun kannst du in bewährter Weise in die andere Fahrtrichtung starten.

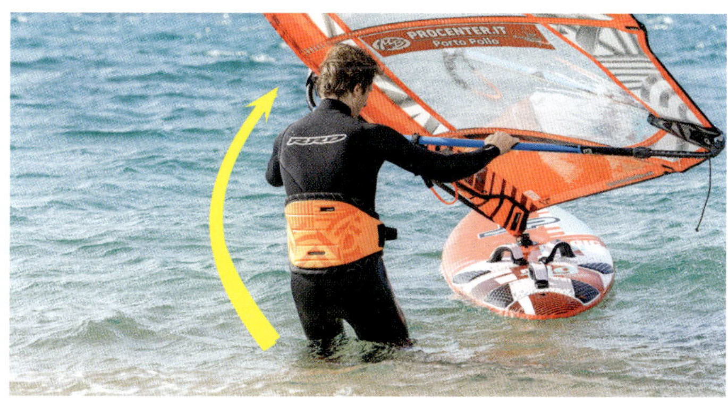

Das Heck auf Tauchstation

zu weit in Richtung Heck, sinkt dieses ins Wasser ein, der Bug dreht sich zum Wind **(3)** und man fällt wieder unters Segel. Deshalb solltest du den hinteren Fuß nicht zu weit hinten, am besten zwischen den Fußschlaufen, aufs Brett setzen **(1)**. Der vordere Fuß wird im Moment des Aufstiegs dann unmittelbar hinter den Mastfuß gesetzt **(2)**. So bleibt das Brett auf Kurs und du kommst sofort in Fahrt.

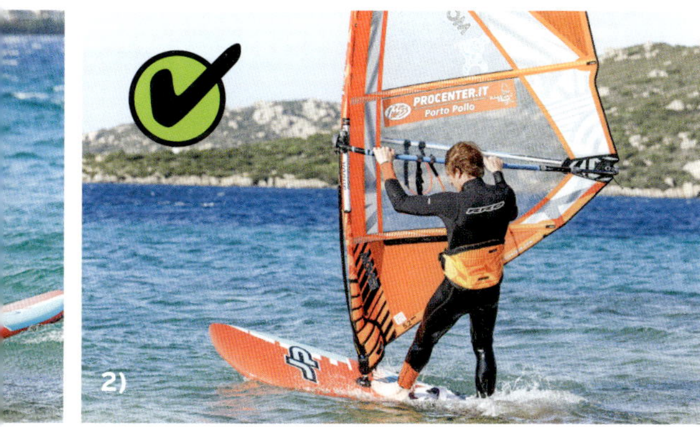

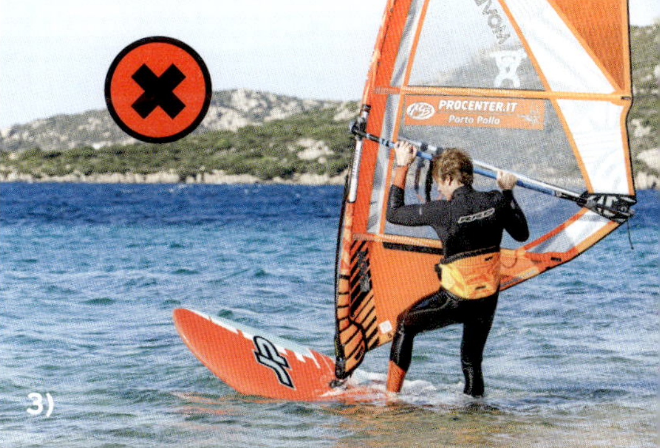

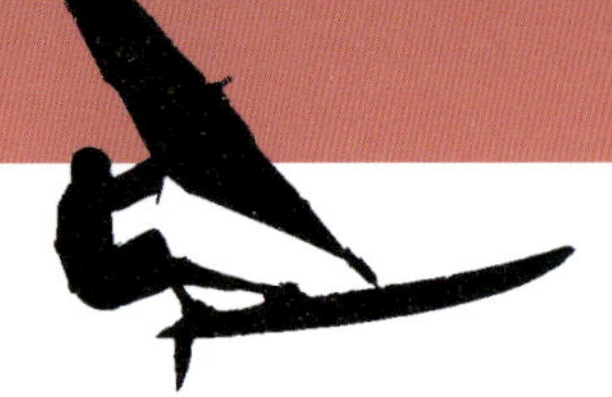

IDEALE BEDINGUNGEN: *3–4 Beaufort*
IDEALES MATERIAL: *Freerideboards, Hüfttrapeze*
LERNVORAUSSETZUNGEN: *Steuern*

Trapezsurfen

Der Schlüssel, um bei mehr Wind kraftsparend surfen zu können, ist das Trapez. Eingehakt kannst du dein Körpergewicht nutzen, um die Arme entlasten. Dies bedeutet, dass du nun auch bei stärkerem Wind große Segel benutzen kannst, was wiederum die Voraussetzung für den Wasserstart und die neue Welt der Gleitmanöver ist.

Sitz- oder Hüfttrapez?

Generell besteht ein Trapez aus einem Hüftgurt mit einem Haken, der mit einem Schnellverschluss fixiert wird. Es gibt zwei unterschiedliche Typen von Trapezen: Sitz- und Hüfttrapeze. **Sitztrapeze** haben Beingurte und eine etwas niedrigere Hakenposition **(2)**. Man »sitzt« etwas mehr, was den Rücken bei langen Surfsessions entlastet. Zum Anfangen sind **Hüfttrapeze (1)** besser geeignet, da die höhere Hakenposition zu Beginn das Ein- und Aushaken erleichtert und man aufgrund fehlender Beingurte mehr Bewegungsfreiheit hat. Welches System man als erfahrener Windsurfer benutzt, ist Geschmackssache und keine Frage von richtig oder falsch. Unabhängig vom Typ sollte man ein Trapez vor dem Kauf anprobieren, um einen guten Sitz am Körper zu gewährleisten und Druckstellen zu vermeiden. Für Frauen gibt es spezielle Modelle mit angepasster Form und Größe. Trapeze sollten so eingestellt sein, dass der Haken stramm am Körper sitzt und nicht herunterhängt – dies würde das Ein- und Aushaken später erschweren.

Die richtigen Trapeztampen

Beim Trapezsurfen hakt man sich mit dem Haken in die Trapeztampen ein, diese müssen am Gabelbaum befestigt werden. Meist muss man für die erste Montage der Tampen das Gabelbaumendstück herausziehen, die Tampen über die Holme stülpen **(3)** und das Endstück wieder einschieben. Es gibt Tampen mit fester Länge (»Fixtampen«) und Variotampen, die sich in der Länge verstellen

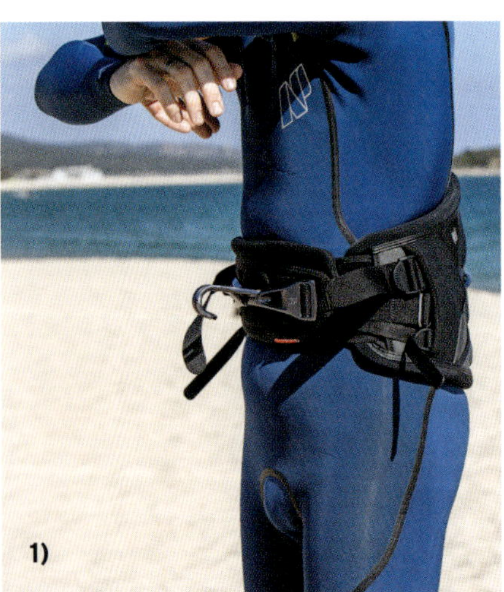

1)

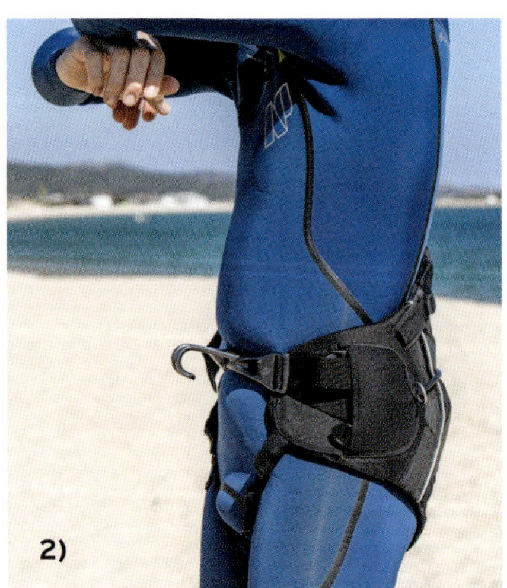

2)

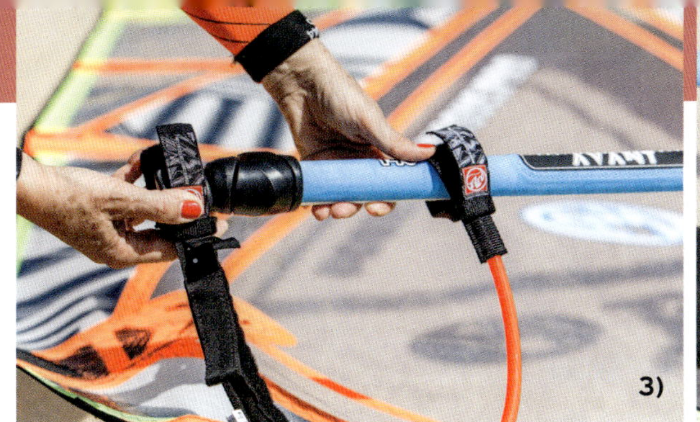
3)

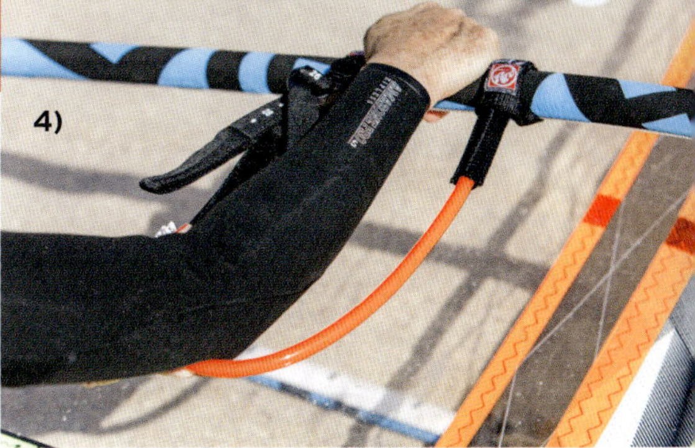
4)

lassen. Die Länge wird generell in Inch angegeben, ein Inch entspricht etwa 2,5 Zentimeter. Am Anfang sind Variotampen ideal, da man die für sich perfekte Länge erst herausfinden muss. Diese ist neben der Körpergröße auch immer eine Frage des persönlichen Geschmacks.
Empfehlenswert für den Anfang sind Variotampen mit einem Verstellbereich von 22 bis 30 Inch. Unter 1,75 Meter Körpergröße macht man mit Tampenlängen zwischen 22 und 26 nichts falsch, über 1,75 Meter Körpergröße dürfen die Tampen mit etwa 24–30 Inch gerne etwas länger sein. Ein guter Gratmesser ist der Ellencheck – am Gabelbaum festgehalten sollten die Tampen etwa bis zum Ellenbogen reichen **(4)**. **Tipp:** Viele Surfer verwenden zu kurze Trapeztampen, teilweise unter 20 Inch – ein Relikt der Vergangenheit, als es eine Zeit lang en vogue war, möglichst kurze Tampen zu fahren. Aus fahrtechnischer Sicht ergeben sich aus zu kurzen Tampen allerdings nur Nachteile, dazu an anderer Stelle mehr.

Die richtige Tampenposition finden

Damit das Trapez die Arme entlasten kann, müssen die Tampen an der richtigen Stelle montiert sein – dort, wo sich auch der Segeldruckpunkt befindet. Der Druckpunkt, der gewissermaßen das Kraftzentrum des Segels beschreibt, liegt bei normaler Fahrt unabhängig von Windstärke und Segelgröße genau zwischen deinen Händen. Bevor du aufs Wasser gehst, stelle dein Segel am Ufer in den Wind und hole dicht. Greife schulterbreit am Gabelbaum und so, dass du auf jedem Arm gleich viel Zug spürst. Der Segeldruckpunkt liegt jetzt genau zwischen deinen Händen, dort soll auch der Mittelpunkt der Trapeztampen liegen **(5)**. Dies bedeutet umgekehrt: Eine feste Position der Tampen am Gabelbaum gibt es nicht, vor jeder Session muss man die Tampenposition entsprechend des verwendeten Segels und der Windstärke kurz nachjustieren. Das Feintuning kannst du gleich auf dem Wasser vornehmen, hier sind die Grundregeln:

- Gleichmäßiger Zug auf beiden Händen: Die Trapeztampenposition passt.
- Deutlich mehr Zug auf der Segelhand: Die Tampen sind zu weit vorn.
- Deutlich mehr Zug auf der Masthand: Die Tampen sind zu weit hinten.

Der Abstand der Klettverschlüsse vom Segeldruckpunkt ist hingegen eher Geschmackssache. Weiter auseinander geschoben **(6)** wird das Segel auf dem Wasser etwas ruhiger und ausbalancierter in der Hand liegen. Je enger du die Klettverschlüsse an den Segeldruckpunkt heranschiebst **(7)**, desto agiler liegt dein Segel hingegen in der Hand. Eine bis zwei Handbreit Abstand sind meist ideal.

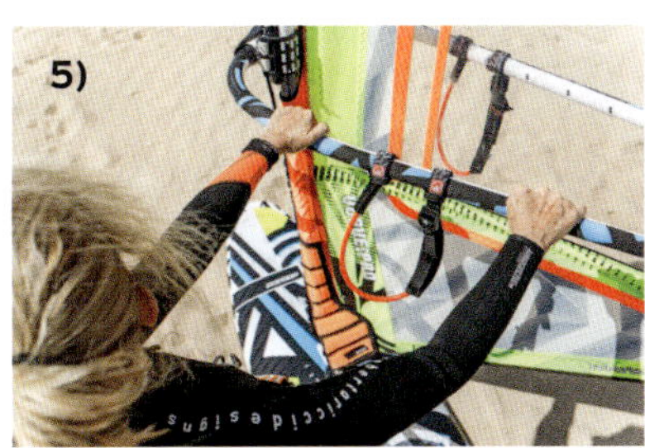
5)

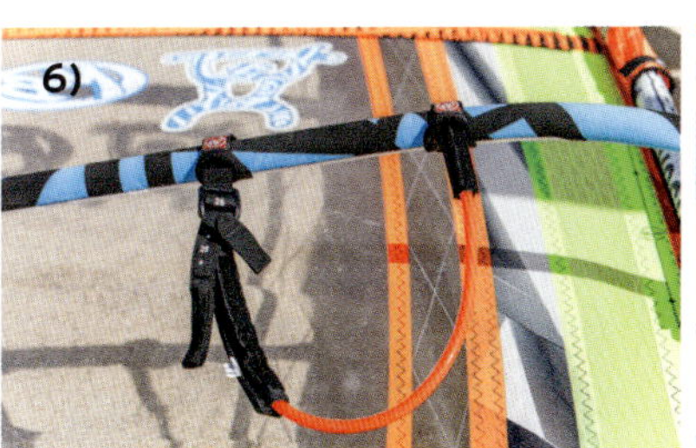
6)

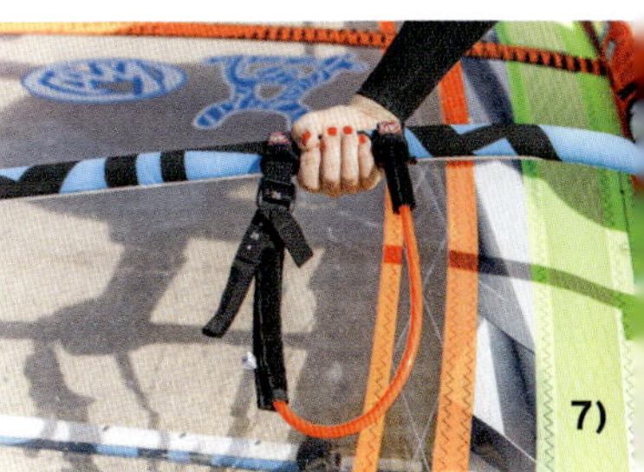
7)

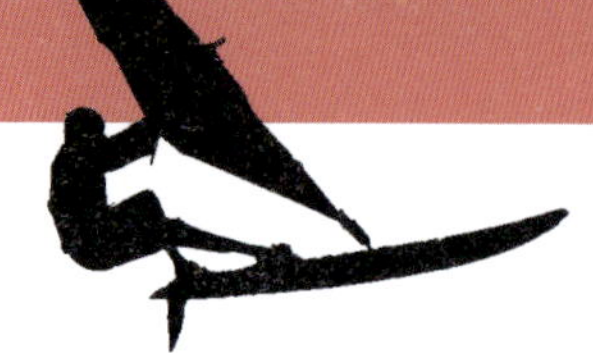

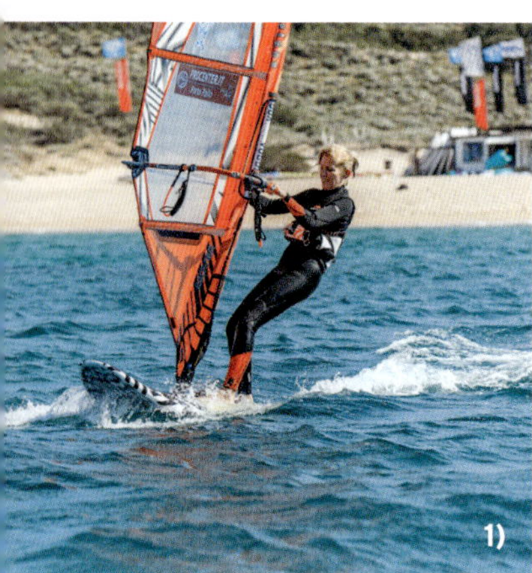
1)

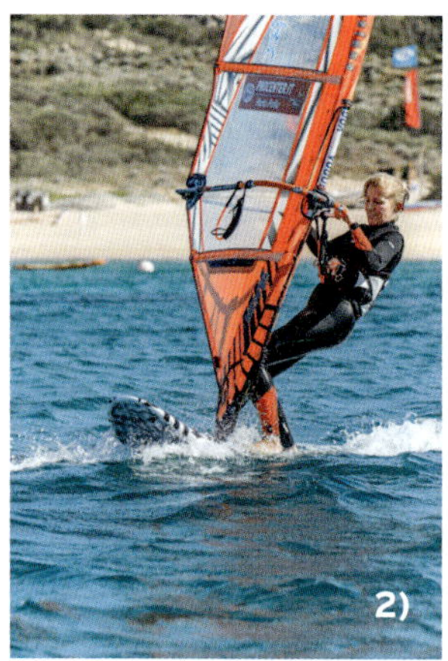
2)

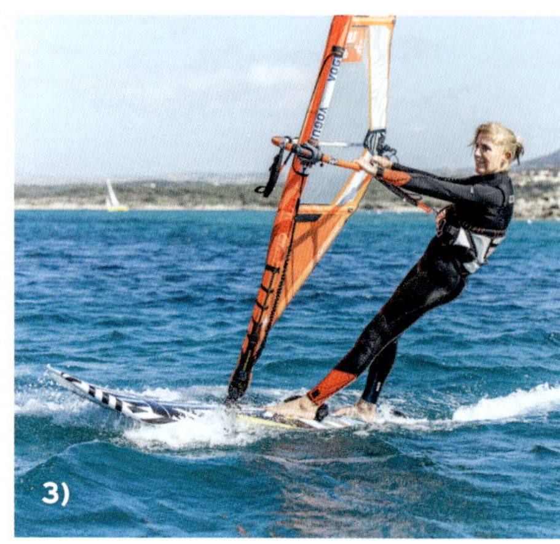
3)

Einhaken & aushaken

Zum Einhaken sollten deine Trapeztampen etwa auf Höhe des Hakens oder sogar leicht darüber enden. Hole dein Segel dicht und warte, bis das Brett in Fahrt ist **(1)**. Ziehe dann das Segel mit beiden Armen zu dir heran und schiebe die Hüfte vor **(2)**. Der Oberkörper bleibt in jedem Fall hinten, da dich das Segel sonst sofort nach Lee übers Brett zieht. Sobald du dich eingehakt hast, strecke die Arme wieder durch und entlaste sie **(3)**. Willst du dich vor einem bevorstehenden Manöver wieder aushaken, ziehe die Arme wieder zur dir heran und schiebe die Hüfte hoch, der Tampen fällt dann von selbst aus dem Haken. Halte auch hierbei den Oberkörper konsequent hinten.

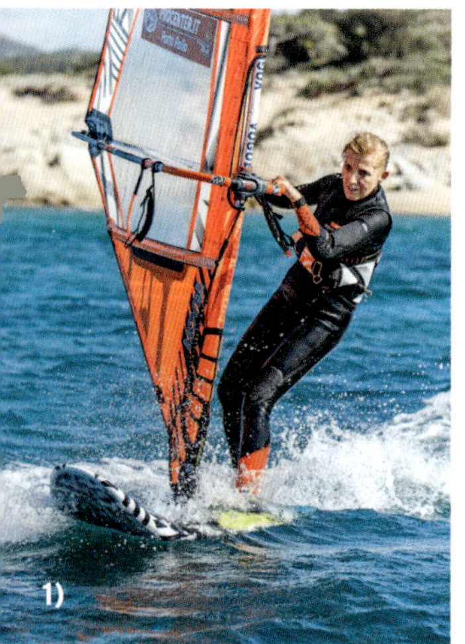
1)

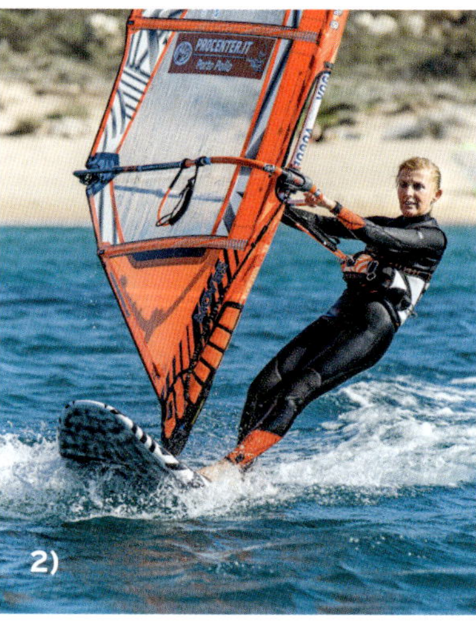
2)

Den Segelzug kontrollieren

Während du beim normalen Windsurfen den Segeldruck durch Loslassen mit der Segelhand (»auffieren«) reduzieren kannst, bist du im Trapez eingehakt fest mit dem Segel verbunden. Die Kontrolle des Segelzugs übernehmen daher die Masthand und der Oberkörper. Rauscht dir plötzlich eine Böe ins Segel und es droht dich, nach Lee übers Brett zu ziehen, drehe den Oberkörper nach vorne und ziehe den Mast mit der Masthand zum Körper **(1)**. Das Segel öffnet sich, der Zug lässt nach und die Gefahr eines Schleudersturzes ist gebannt. Zum Dichtholen strecke den Mastarm wieder durch und nimm die normale Fahrposition ein **(2)**.

Die Kräfte in die richtigen Bahnen lenken

Neben dem Ziel, die Arme zu entlasten, ist es das Ziel des Trapezsurfens, über die Trapeztampen Druck auf den Mastfuß auszuüben. Nur wenn dies gelingt, wird dein Brett später auf dem Weg in die Fußschlaufen flach im Wasser liegen bleiben und die Gleitschwelle schnellstmöglich überschreiten. Aus diesem Grund ist es wichtig, eine möglichst senkrechte Kraftübertragung über die Trapeztampen aufs Brett zu erreichen. Übersetzt bedeutet dies, dass ein weiter oben sitzender Gabelbaum – ideal ist Schulterhöhe – in Verbindung mit länger eingestellten Trapeztampen eine senkrechtere Kraftübertragung aufs Brett ermöglicht **(2)**, als dies bei (zu) niedriger Gabel und dementsprechend kurzen Trapeztampen der Fall ist **(1)**.

Tipp: Spürst du beim Trapezsurfen hohe Querkräfte in Verbindung mit geringer Brettgeschwindigkeit und hoher seitlicher Abdrift, schiebe den Gabelbaum mal einige Zentimeter nach oben und benutze längere Trapeztampen!

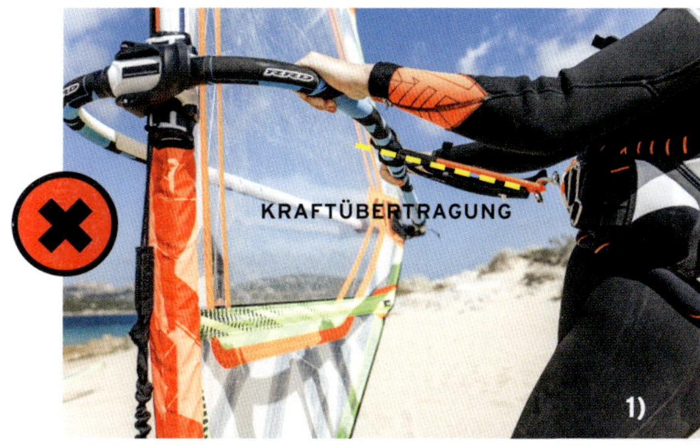

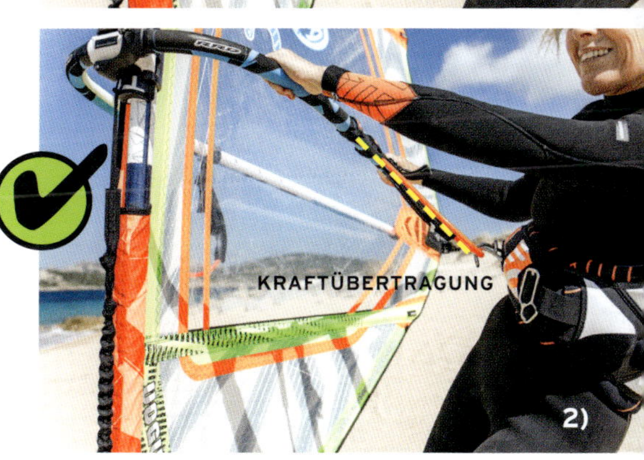

Zusätzlich zur Gabelbaumhöhe und der Länge der Trapeztampen ist die richtige Körperhaltung entscheidend. Um den Segelzug in Vortrieb und Geschwindigkeit umzuwandeln, sollten der vordere Fuß sowie der Oberkörper in Fahrtrichtung gedreht werden **(3)**. Steht der Fuß hingegen quer zur Fahrtrichtung auf dem Brett, führt dies unweigerlich dazu, dass auch Hüfte und Oberkörper zum Segel gedreht werden. Dadurch werden die Kräfte des Segels eher seitlich als nach vorn übertragen **(4)** – geringe Geschwindigkeit und erhöhte Abdrift sind die Folgen.

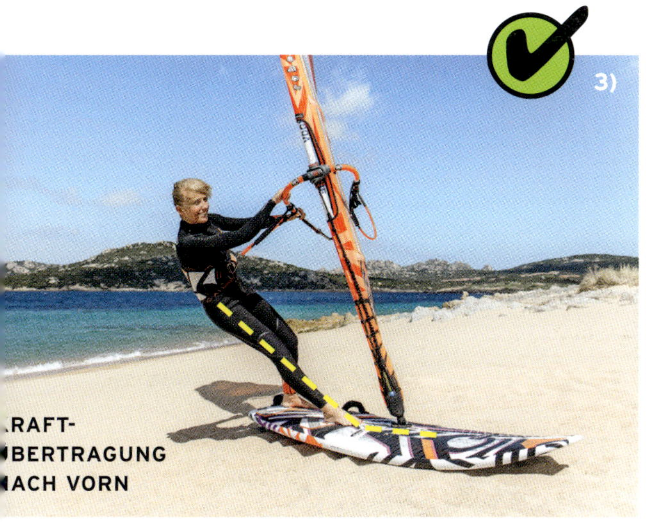

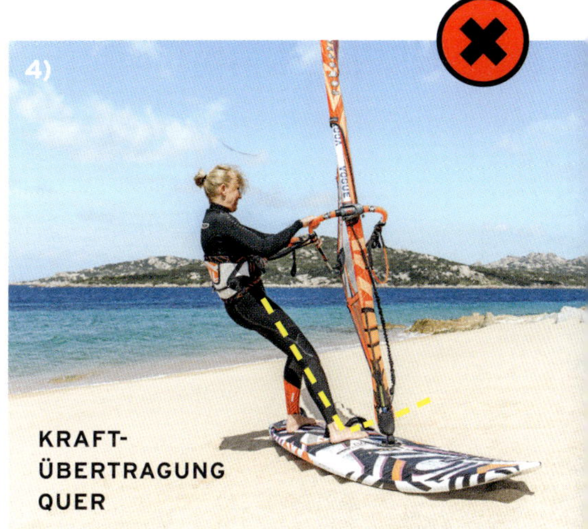

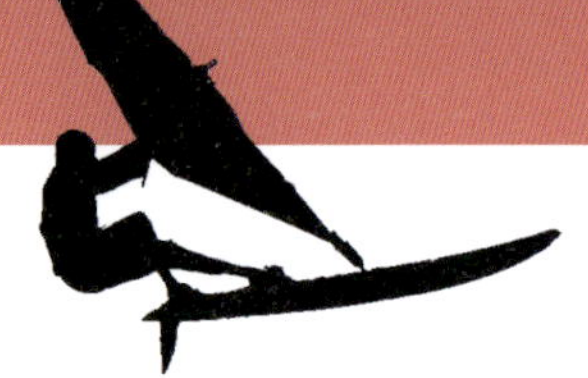

Stürzen im Trapez

Wie ein Hund an der Leine wirst du dich fühlen, wenn du das erste Mal im Trapez surfst. Weil die Kontrolle des Segelzugs zu Beginn gewöhnungsbedürftig ist und sich vom normalen Surfen ohne Trapez unterscheidet, wirst du es am Anfang nicht immer rechtzeitig schaffen, auf Böen und Windlöcher rechtzeitig und richtig zu reagieren. Kurz gesagt: Stürzen gehört zum Trapezsurfen dazu! Dabei unterscheidet man generell zwei Typen – Crashs nach Luv und auf die Leeseite. Wie du dich dabei richtig verhältst, erfährst du jetzt:

Leestürze

Die häufigste Art im Trapez zu stürzen, ist eindeutig nach Lee. Vor allem bei böigen Bedingungen, also starken Windschwankungen, ist es schwierig, auf den plötzlich ansteigenden Segelzug rechtzeitig zu reagieren. Weil Zug auf den Tampen ist, kann man sich in diesem Moment auch meist nicht mehr aushaken – man wird nach Lee übers Brett gezogen **(1-2)**. Versuche nicht, dich in dieser Phase vom Segel zu trennen, du kannst ohnehin nicht weg. Halte stattdessen den Gabelbaum fest und versuche, deinen Körper komplett steif zu machen und dich in einer Liegestützposition auf dem Gabelbaum abzufangen, die Füße bleiben auf dem Brett **(3)**. Häufigstes Problem bei Leestürzen ist fehlende Körperspannung, was die Gefahr birgt, das Segel mit den Knien oder dem Trapezhaken zu beschädigen. Sobald du den ersten Aufprall abgefangen hast, kannst du vor dem Mast ins Wasser absteigen. Bei starkem Wind wird aus einem unspektakulären Leesturz auch manchmal ein deftiger Schleudersturz, bei dem es einen nach vorn übers Brett reißen kann. Auch Profis erwischt es immer mal wieder – ein stilvolles »Katapult« gehört zum Windsurfleben einfach dazu. Auch hier gilt: Gabelbaum immer festhalten und beten, dass die Brettspitze heil bleibt.

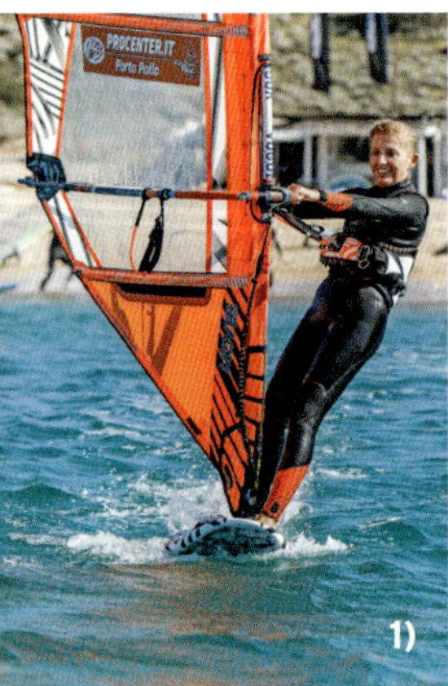

1)

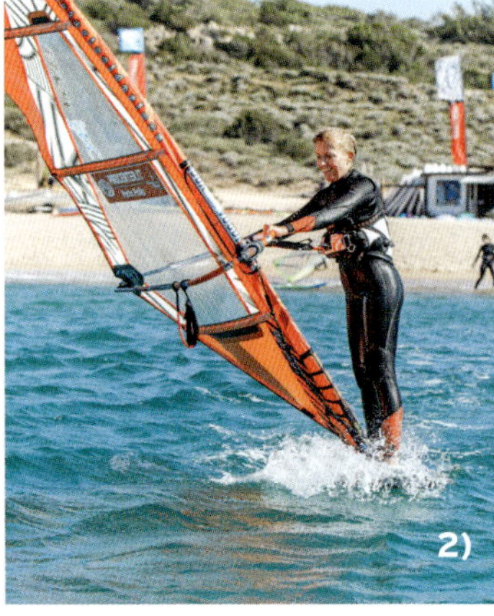
2)

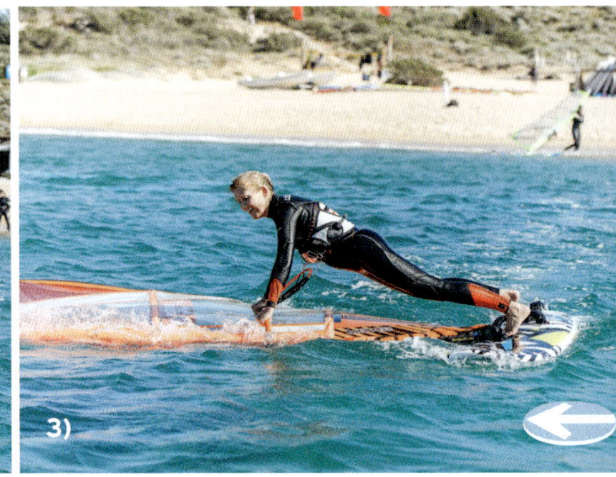
3)

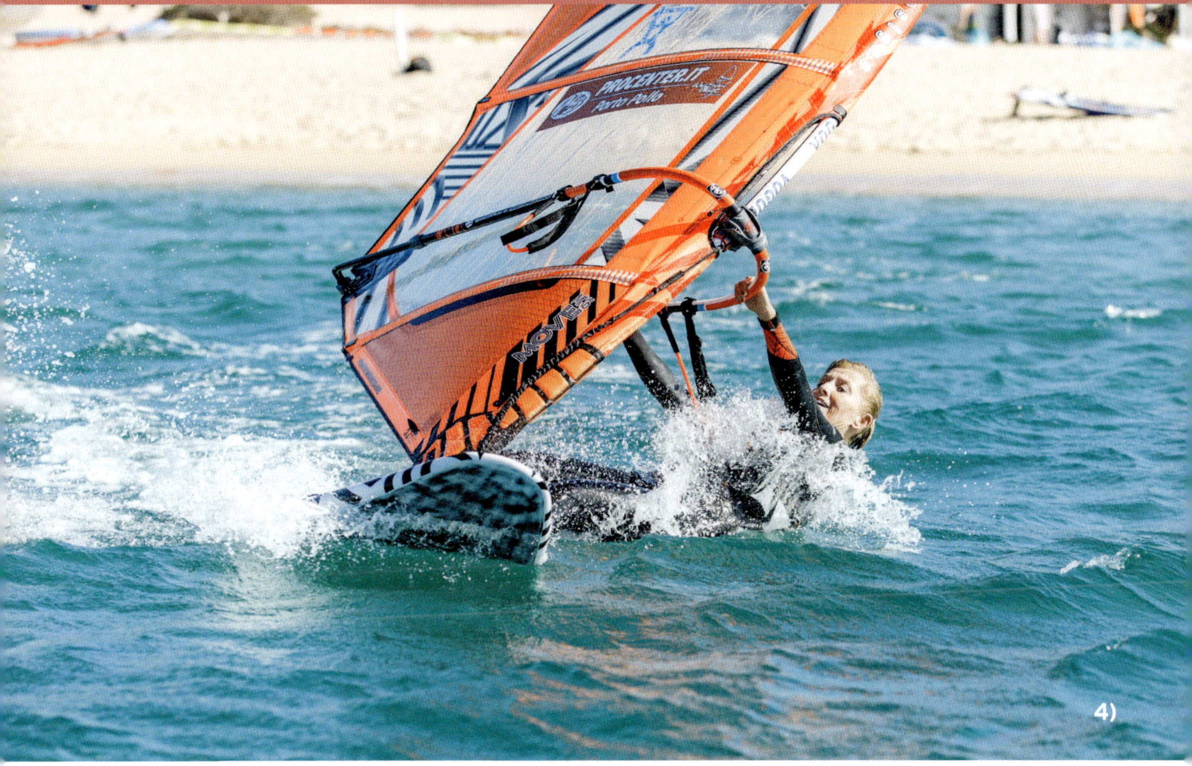

4)

Luvstürze

Auch Stürze nach Luv sind bei schwankendem Wind keine Seltenheit. Vor allem wenn man sich gerade so richtig schön reingehängt hat und die Böe plötzlich nachlässt, kann man nach hinten unters Segel fallen. Viele Surfer, die das Trapezsurfen lernen, haben Angst, eingehakt unter dem Segel zu liegen und nicht mehr auftauchen zu können. Diese Furcht ist völlig unbegründet, denn wer nach hinten fällt, zieht in der Regel reflexartig die Arme an **(4-5)**, wodurch der Trapeztampen meist von allein aus dem Haken fällt. Selbst wenn dies nicht der Fall ist, sind die Trapeztampen immer lang genug, dass du auch eingehakt auf der Mastseite den Kopf über Wasser strecken kannst. Generell gilt: Tauche immer auf der Mastseite auf, dies ist für dich der kürzeste Weg nach oben, wenn du unter dem Segel liegst **(6)**.

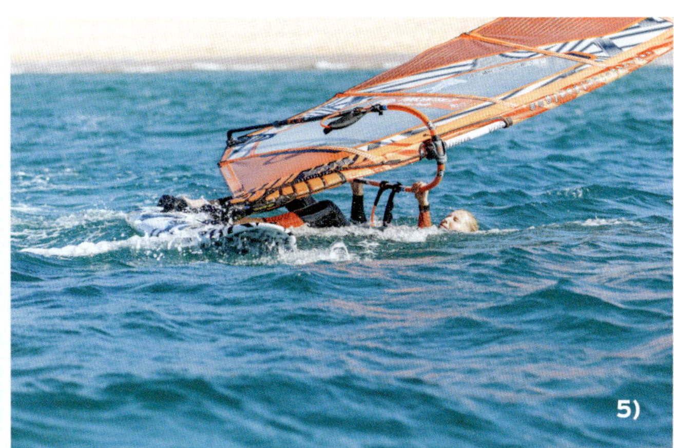

5)

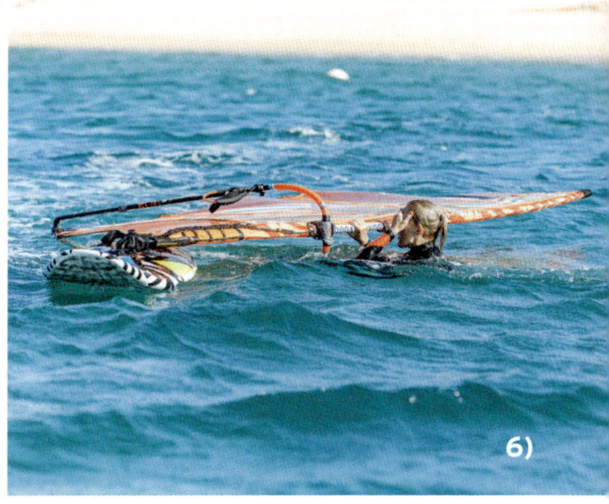

6)

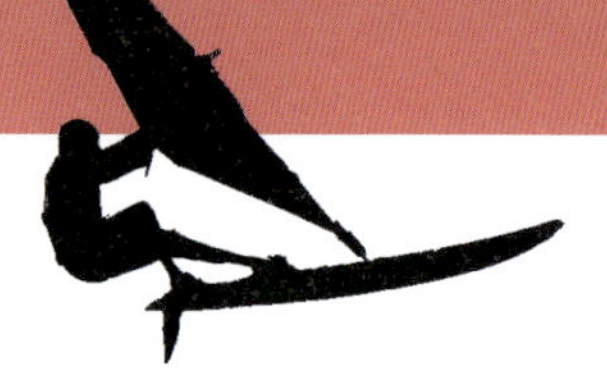

IDEALE BEDINGUNGEN: *4-5 Beaufort*
IDEALES MATERIAL: *Große Freerideboards, Segel ohne Camber*
LERNVORAUSSETZUNGEN: *Trapezsurfen*

Gleiten & Fußschlaufen

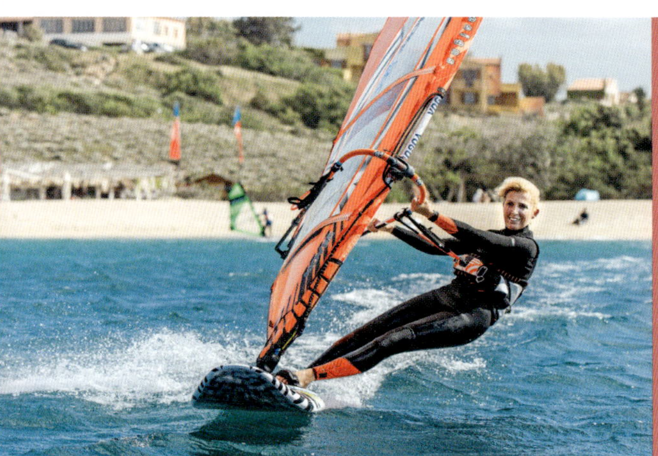

Gleiten ist eine Sucht, und für viele Windsurfer ist das erste Gleiterlebnis der Moment, an dem sie diesem Sport endgültig verfallen. Damit aus gemütlichem Getucker ein schwereloses Dahingleiten werden kann, sind zwei verschiedene Faktoren entscheidend. Erstens die passenden Materialeinstellungen und zweitens die richtige Technik. Bevor es aufs Wasser geht, gibt's hier nun alles rund um das passende Brett und die richtigen Schlaufenpositionen. Auch hierbei gilt: Es muss nicht das Neueste sein, nur auf die richtigen Einstellungen kommt es an.

Bretttyp & Schlaufenpositionen

Die Fußschlaufen sollen bei höheren Geschwindigkeiten einen festen Kontakt mit dem Brett garantieren. Wer das Schlaufensurfen üben will, braucht ein Brett mit genügend Volumen. Eine grobe Faustregel lautet: Körpergewicht + 60 = empfohlenes Mindestvolumen des Boards

Mindestens so wichtig wie die richtige Brettgröße ist es, einen passenden Bretttyp zu wählen, denn nur dann ist gewährleistet, dass die zum Üben nötigen Schlaufenpositionen überhaupt eingestellt werden können. Die Fußschlaufen werden in den dafür vorgesehenen Gewinden, den »Plugs« verschraubt. Abhängig vom Bretttyp hat man dabei verschiedene Plugreihen zur Auswahl. Generell gilt: Für Einsteiger ins Schlaufensurfen sollten die Fußschlaufen (»Straps«) auf einer möglichst weit innen, nahe der Brettmitte liegenden Plugreihe montiert werden. Alle für Aufsteiger geeigneten Brettklassen (z. B. »Freeride« oder »Freemove«) bieten diese weit innen liegenden Positionen an. Hinten kann oft sogar eine Mittelschlaufe montiert werden, wodurch man mit nur drei Schlaufen an Deck auskommt.

Hat ein Brett hingegen lediglich sehr weit außen auf der Kante liegende Schlaufenplugs zu bieten und fehlt eine Mittelposition hinten komplett, handelt es sich meist um einen sehr leistungsorientierten und für Aufsteiger ungeeigneten Bretttyp der Kategorie »Freerace« oder »Slalom«. Nur wer entsprechendes Fahrkönnen hat, d. h. schon sicher Schlaufen- und Speedfahren kann, holt aus solchen Boards in Verbindung mit der Verwendung großer Segel und langer Finnen mehr Geschwindigkeit heraus. Alle Neueinsteiger ins Schlaufensurfen machen sich das Leben mit diesen Bretttypen und weit außen montierten Schlaufen unnötig schwer.

Schlaufenmontage

Auch wenn die Verlockung groß ist, die Schrauben mit dem Akkuschrauber reinzudrehen, ist die manuelle Variante empfehlenswert: Weil die Plugs aus Hartplastik bestehen und die Schrauben selbstschneidend sind, führt dies sonst schnell zu ausgerissenen Plugs. Achte darauf, die Schrauben gerade anzusetzen **(1)** und ziehe die Schrauben fest, aber nicht mit roher Gewalt, an. Weil sich die Footpads erst ein wenig zusammendrücken müssen, solltest du die Schrauben nach erstmaliger Montage einige Zeit später nochmal auf festen Sitz prüfen. Unnötiges Rein- und Rausdrehen der Schrauben führt irgendwann zum Ausleiern der Plugs. Die Plugabstände sowie die Schrittbreite (»Stance«) passen bei den meisten Serienbrettern für mittlere Körper- und Fußgrößen gut, wer besonders breite oder schmale Füße hat, kann aber auch Plugs verwenden die nicht zusammengehören **(2)** und auf diese Weise Schlaufenbreite oder Schrittbreite weiter oder enger machen.

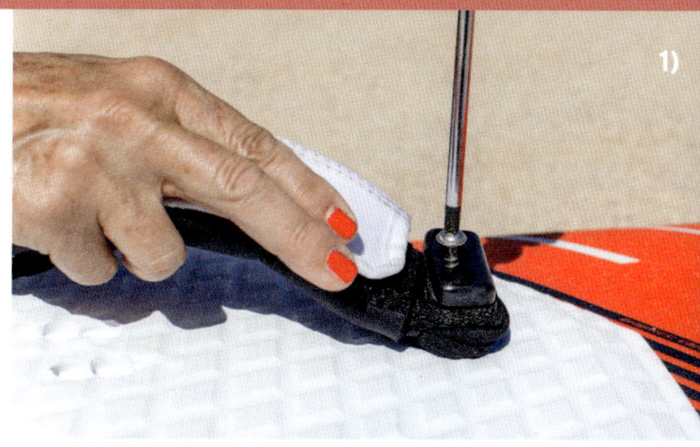
1)

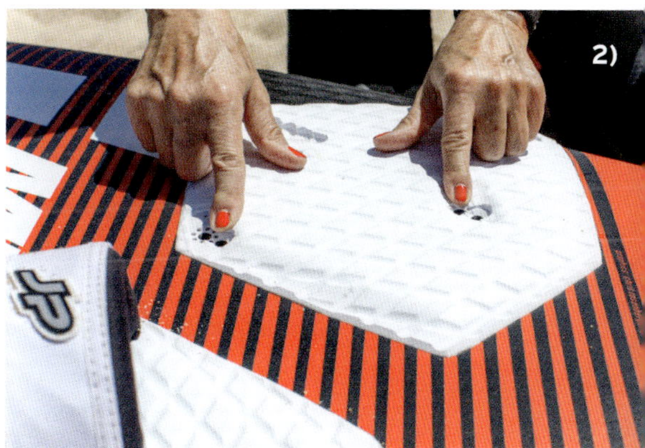
2)

Die richtige Schlaufengröße

Die meisten Schlaufen sind mittels sich überlappender Klettverschlüsse sekundenschnell an jede Fußgröße anpassbar. Wie weit der Fuß in die Schlaufe rutschen sollte, hängt vom Fahrkönnen, den persönlichen Vorlieben und dem angestrebten Einsatzbereich ab.

Ein für Flachwassersurfer guter Kompromiss aus fester Brettverbindung und einfachem Ein- und Ausstieg in die Schlaufen ist eine Einstellung, bei der die Zehen auf der Innenseite der Schlaufen voll sichtbar sind **(3)**.

Sind die Schlaufen kleiner als in diesem Beispiel eingestellt, wird der Kontakt mit dem Brett noch fester, was für kontrollierte Speedruns in kabbeligem Wasser ein Vorteil sein kann – mit dem Nachteil, dass man mühsamer rein- und rausschlüpfen kann und bei Manövern auch mal ungewollt hängenbleibt. Deshalb werden sehr eng eingestellte Schlaufen hauptsächlich von ambitionierten Windsurfern der Disziplinen »Slalom« und »Speed« favorisiert.

Für das Erlernen des Schlaufensurfens ist einfaches Rein- und Rausschlüpfen wichtig, deshalb macht eine etwas größere Einstellung der Schlaufen Sinn – zu Beginn dürfen deine Füße auch fast bis zum Spann reinrutschen. Klappt der Schritt in die Straps problemlos, kann man diese nach und nach etwas enger einstellen, um mehr Kontrolle bei höheren Geschwindigkeiten zu bekommen.

Hinweis: Speziell sind die Disziplinen »Freestyle« und »Wave«, bei der die Schlaufen sehr groß eingestellt werden, um schneller in die für viele Manöver nötige verdrehte Fußstellung (»Switch Stance«) umsteigen zu können oder die Gewichtsverlagerung auf die Kanten zu verbessern.

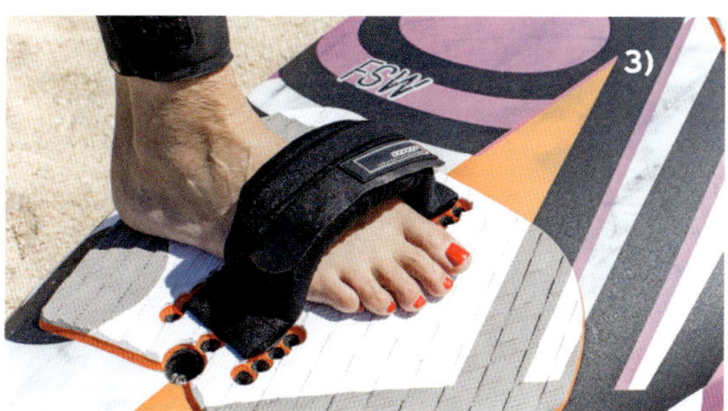

3)

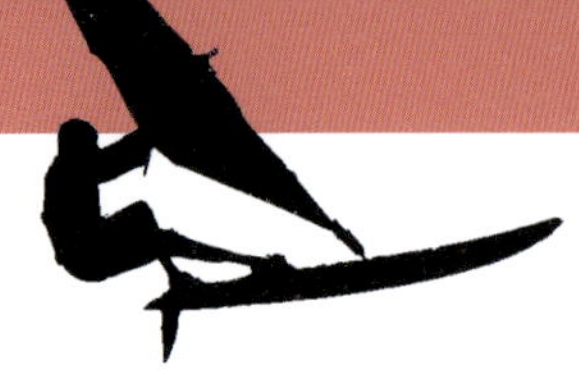

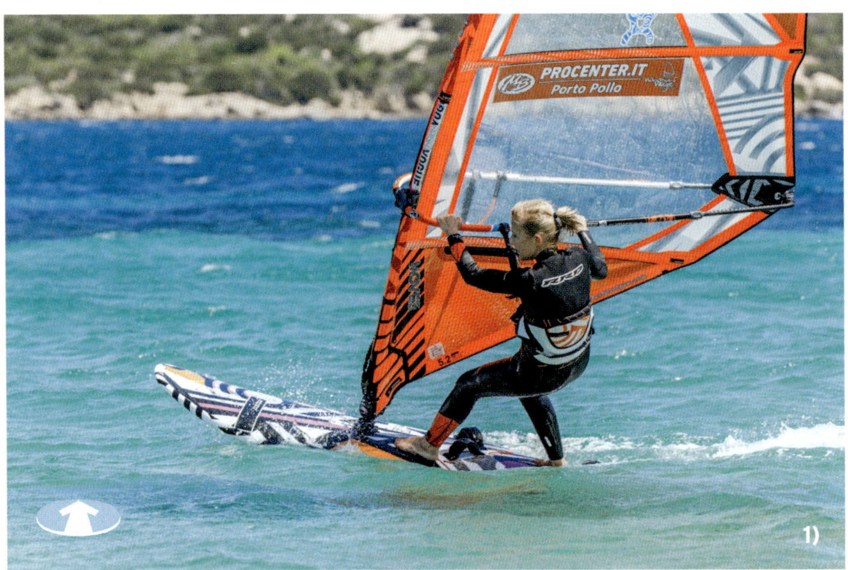

1)

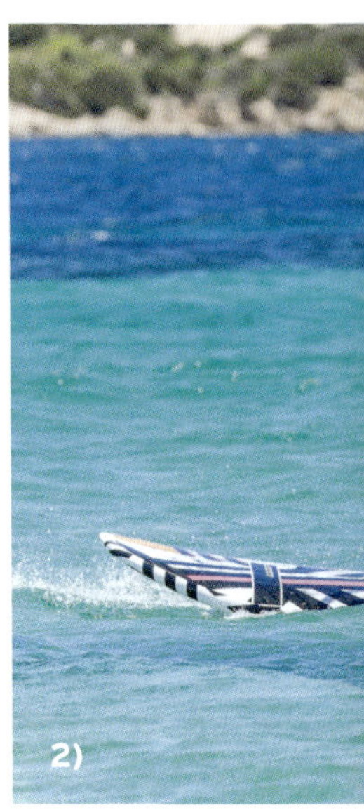
2)

Blickkontakt hilft beim Schritt in die Schlaufen meist nicht. Am besten »erfühlt« man, wo sich diese auf dem Brett befinden und hält den Blick geradeaus, um die nötige Körpervorlage sicherzustellen.

Der Schritt in die Schlaufe

In die Fußschlaufen wechselst du, sobald dein Brett aus der Verdrängerfahrt ins Gleiten übergeht. Theoretisch kann man auch ohne Trapez erste Gleiterfahrungen machen, allerdings ist das Surfen bei entsprechender Windstärke dann ziemlich ermüdend. Hake dich also ins Trapez ein, drehe die Schultern nach vorn und stelle den vorderen Fuß leicht in Fahrtrichtung gedreht zwischen Mastfuß und den vorderen Schlaufen an Deck, um eine Kraftübertragung nach vorn zu ermöglichen **(1)**. Warte auf eine Böe und halte das Brett auf Halbwind- bis leichtem Raumwindkurs. Damit dein Board beim Wechsel des vorderen Fußes in die Schlaufe flach im Wasser liegen bleibt, musst du es gleichmäßig belasten. Wie aber sollst du den vorderen Fuß anheben, ohne das Gewicht aufs hintere Bein zu verlagern? Die Lösung liegt im **3-Bein-Prinzip:** Der Mast stellt hierbei dein drittes Bein dar, über die Trapeztrampen und eine leichte Vorlage des Oberkörpers in Richtung Bug **(2)** kannst du Druck auf den Mast ausüben und das Brett weit vorne belasten. Diese Gewichtsverlagerung über das Trapez auf den Mastfuß ermöglicht es dir nun, das »mittlere« Bein anzuheben und den vorderen Fuß in die Schlaufe zu setzen, ohne das Angleiten durch Eindrücken des Hecks ins Wasser abzuwürgen. Zu Beginn kannst du auch erstmal nur mit dem vorderen Fuß in der Schlaufe dahingleiten **(3)**, sobald du dich sicher fühlst, folgt auch der hintere Fuß in die Schlaufe.

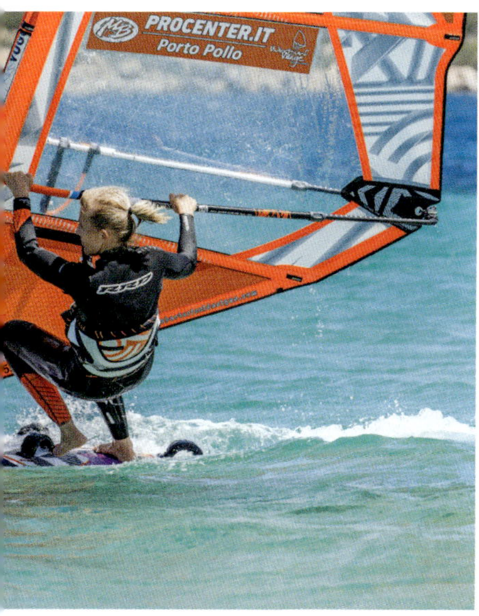

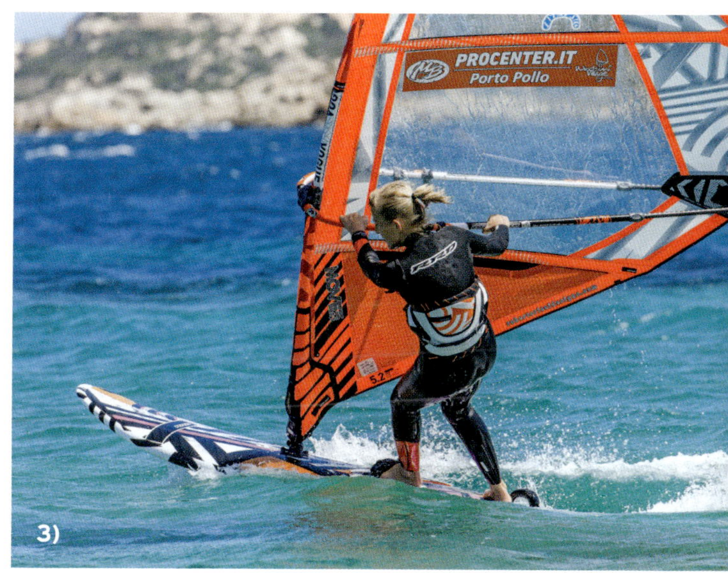

3)

Fehleranalyse: »Mein Brett dreht nach Luv!«

Wenn dir beim Umstieg in die Schlaufe immer das Brett mit dem Bug in den Wind dreht und die Gleitphase endet, bevor sie richtig begonnen hat, kann dies verschiedene Ursachen haben:

Heckbelastung: Der häufigste Fehler beim Lernen des Schlaufensurfens! Um den vorderen Fuß anzuheben und in die Schlaufe zu setzen, verlagerst du dein Gewicht stark aufs hintere Bein, das Heck sinkt ein, das Board bremst ab und dreht in den Wind. Die Lösung: Beachte das 3-Bein-Prinzip! Verlagere dein Gewicht ins Trapez und bringe durch leichte Körpervorlage Druck auf den Mastfuß. Ein hoher Gabelbaum und lange Trapeztampen sind hilfreich. Über den Mastfuß belastest du das Brett weiter vorne und kannst den vorderen Fuß ungestraft anheben und in die Schlaufe setzen.

Brettwahl: Ist das Brett zu kurz und das Heck zu schmal, fällt es zu Beginn schwer, dieses auf Kurs zu halten. Die Lösung: Ein größeres Brett der Kategorie »Freeride«, mit breitem, voluminösen Heck reagiert weniger sensibel auf Belastungsfehler.

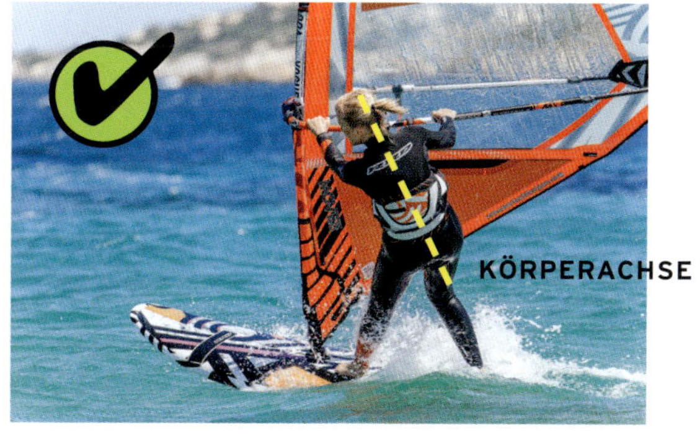

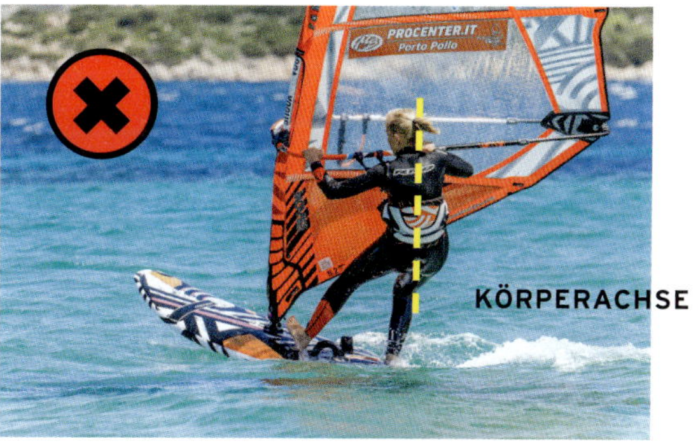

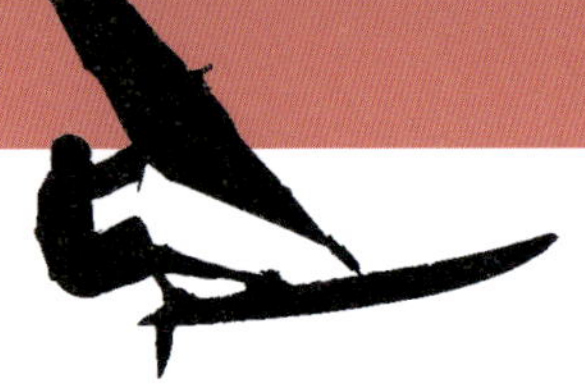

Anpumpen

Wenn die ersehnte Böe einfach nicht kommen will, hast du zwei Möglichkeiten: Entweder akzeptieren, dass der Wind, zumindest mit der aktuellen Segel- und Brettgröße, einfach nicht zum Gleiten reicht, oder dir deinen Gleitspaß erarbeiten. Mittels Anpumpen machst du dir deinen Wind selbst – den Rest erledigt die richtige Einstellung des Materials.

Der Weg zum Extra-Boost: 1. Materialtuning

Die einfachste Möglichkeit, um die Gleitschwelle früher zu knacken, ist natürlich, größeres Material zu wählen. Wer das nicht will oder kann, sollte erstmal an das verfügbare Equipment bestmöglich an die Leichtwindbedingungen anpassen:

Trimmschotspannung reduzieren: Je mehr Bauch/Profil dein Segel ausbilden kann, desto mehr Vortrieb entwickelt es. Am unteren Windlimit sollte man daher die Gabelbaumspannung reduzieren, das Segel darf dichtgeholt auf der Leeseite auch mal leicht am Gabelbaum anliegen **(1)**.

Vorliekspannung reduzieren: Verpasse deinem Segel am unteren Windlimit nur leichtes Loose Leech **(2)**, d. h. reduziere die Spannung am Vorliek etwas. Das Achterliek bleibt dadurch straffer gespannt, wodurch das Segel beim Anpumpen weniger twistet und mehr Zug aufbaut.

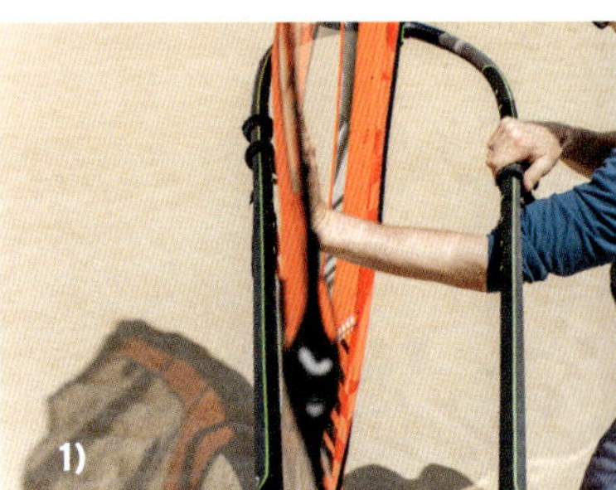
1)

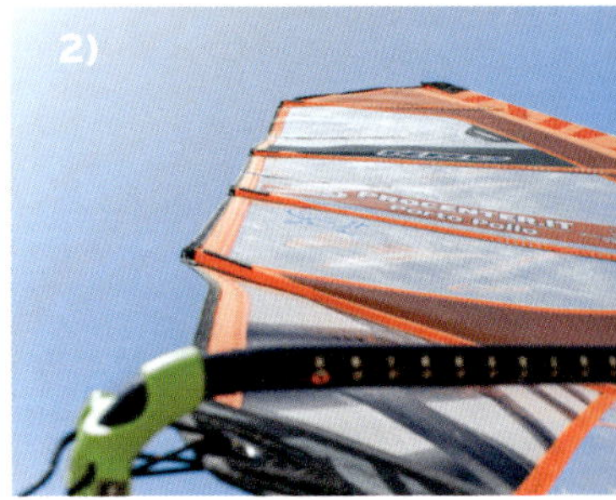
2)

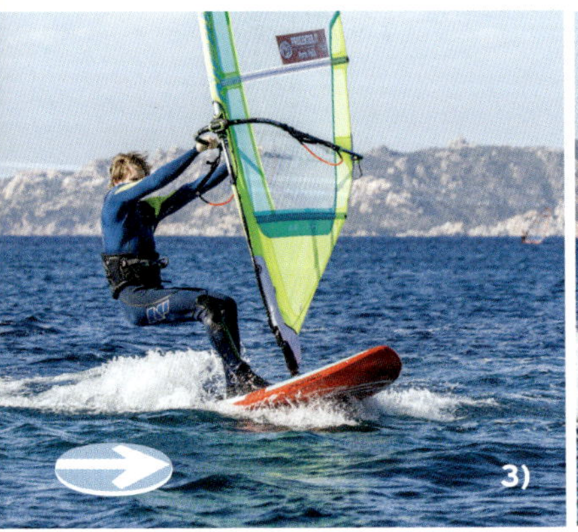
3)

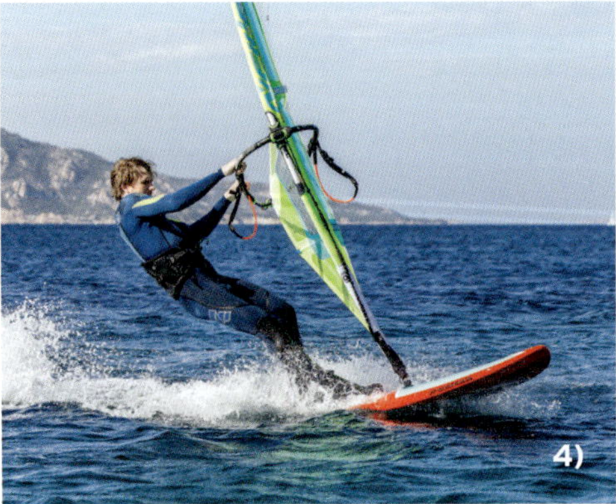
4)

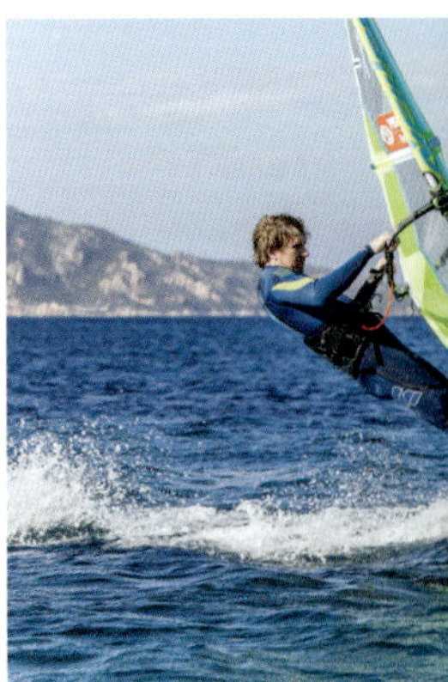

2. Richtig Pumpen

Wenn das Material optimiert ist und der Wind trotzdem nicht reicht, um passiv ins Gleiten zu kommen, bist du gefragt! In Verdrängerfahrt schiebt jedes Brett eine Bugwelle vor sich her, der Fahrwiderstand im Wasser ist dementsprechend hoch. Schafft man es einmal, das Board über die Gleitschwelle zu hieven, reduziert sich einerseits der Wasserwiderstand, gleichzeitig steigt mit der höheren Geschwindigkeit auch der relative Wind an, denn dieser setzt sich aus dem Fahrtwind und dem atmosphärischen, d. h. dem real wehenden Wind zusammen. Einmal ins Gleiten gepumpt, verbessern sich die Rahmenbedingungen also soweit, dass man danach auch ohne weitere Pumpbewegungen im Gleiten bleiben kann.

Vorbereitungsphase: Warte eine kleine Böe ab, wähle einen breiten Griff am Gabelbaum und hake dich aus dem Trapez aus. Ein leichter Raumwindkurs bietet die besten Voraussetzungen, um die Gleitschwelle gleich erfolgreich zu überschreiten **(3)**.

Zugphase: Ziehe das Rigg kraftvoll zu dir heran und schiebe die Hüfte hoch zur Gabel **(4-5)**, dein Brett beschleunigt in dieser Phase. Achte darauf, die Kraft über das vordere Bein aufs Brett zu übertragen - der Fuß steht deshalb leicht in Fahrtrichtung gedreht an Deck und schiebt das Brett bei jedem Pumpzug nach vorn.

Rückkehrphase: Kehre nach jedem Pumpzug sofort in die Ausgangslage zurück **(6)**: Strecke die Arme und bringe die Hüfte möglichst weit weg vom Segel, in dieser Phase spannst du deinen Körper aufs neue wie einen Bogen vor, bevor die nächste Zugphase folgt **(7)**.

Tipp: Für ein effektives Pumpen muss die Zugphase stets etwas schneller und explosiver sein als die Rückkehrphase. Beim Pumpen gilt: keine halben Sachen! Fächeln und halbherzige Armzüge bringen kaum etwas, nutze stattdessen deinen kompletten Körper.

5)

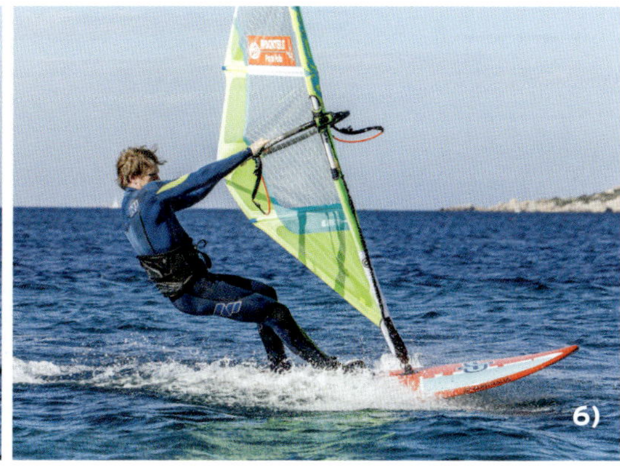
6)

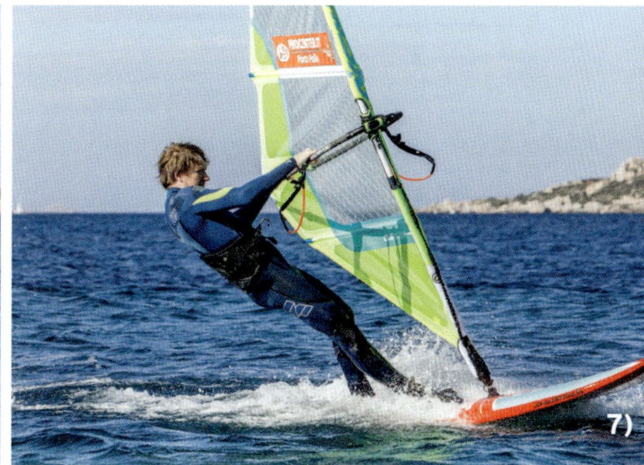
7)

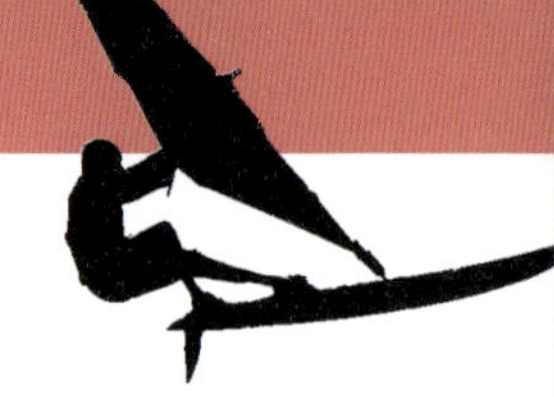

IDEALE BEDINGUNGEN: *> 4 Beaufort*
IDEALES MATERIAL: *Alle Brett- und Segeltypen*
LERNVORAUSSETZUNGEN: *Trapezsurfen, Gleiten in den Fußschlaufen*

Speedfahren

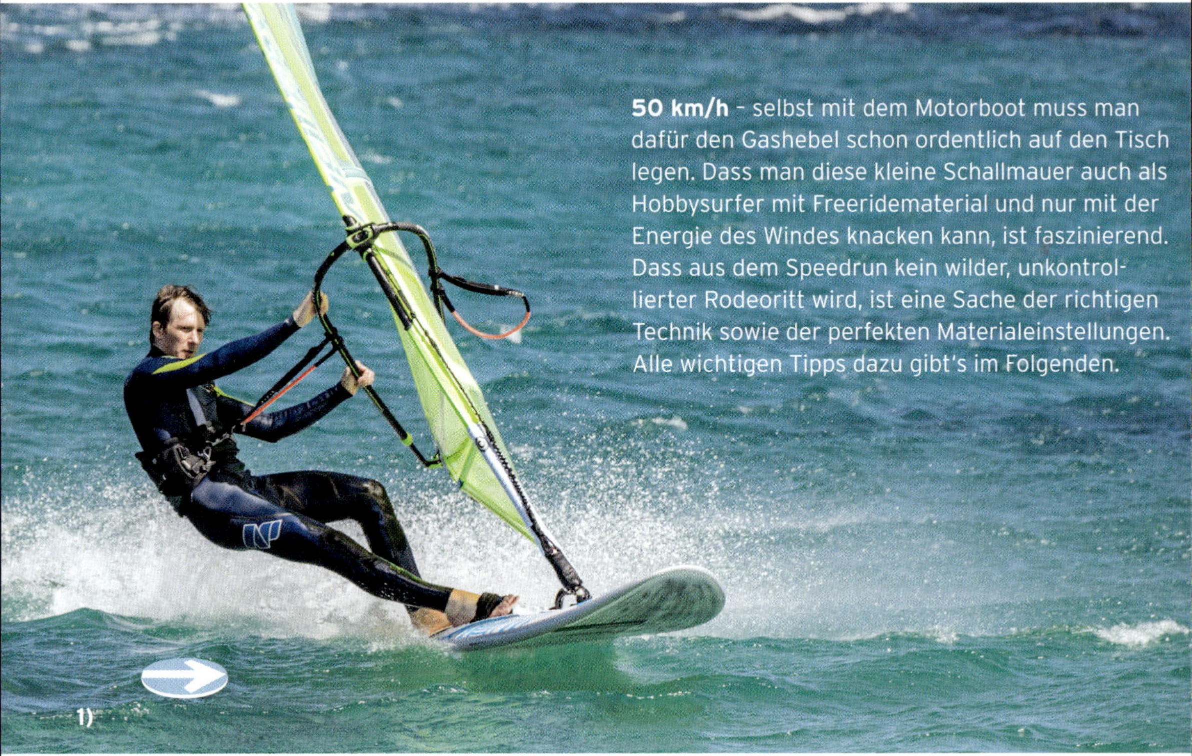

50 km/h - selbst mit dem Motorboot muss man dafür den Gashebel schon ordentlich auf den Tisch legen. Dass man diese kleine Schallmauer auch als Hobbysurfer mit Freeridematerial und nur mit der Energie des Windes knacken kann, ist faszinierend. Dass aus dem Speedrun kein wilder, unkontrollierter Rodeoritt wird, ist eine Sache der richtigen Technik sowie der perfekten Materialeinstellungen. Alle wichtigen Tipps dazu gibt's im Folgenden.

1)

Die richtige Mastfußposition

Verschiebst du den Mastfuß nach hinten und montierst den Gabelbaum hoch, kommt der Bug nach oben und das Brett läuft etwas freier. Bei Leicht- und Mittelwind kann das ein Vorteil sein und mehr Geschwindigkeit und Fahrspaß bringen. Im mittleren Verstellbereich kannst du in sämtlichen Bedingungen wenig falsch machen, trotzdem montieren immer noch viele Surfer den Mastfuß ganz vorne. Dies macht allenfalls dann Sinn, wenn du im oberen Grenzbereich surfst und auch den Gabelbaum etwas niedriger anschlägst - der Bug bleibt dann länger unten, die Kontrolle verbessert sich. Bei Leicht- und Mittelwind setzt der Bug in diesem Setup dann allerdings entsprechend stärker in Kabbelwellen ein, was den Speed deutlich drosselt.

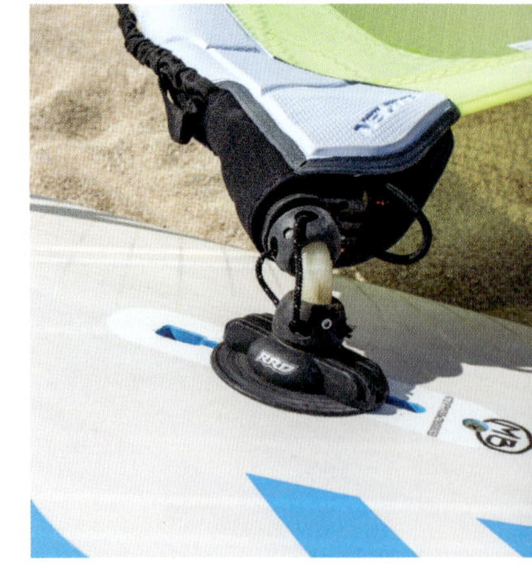

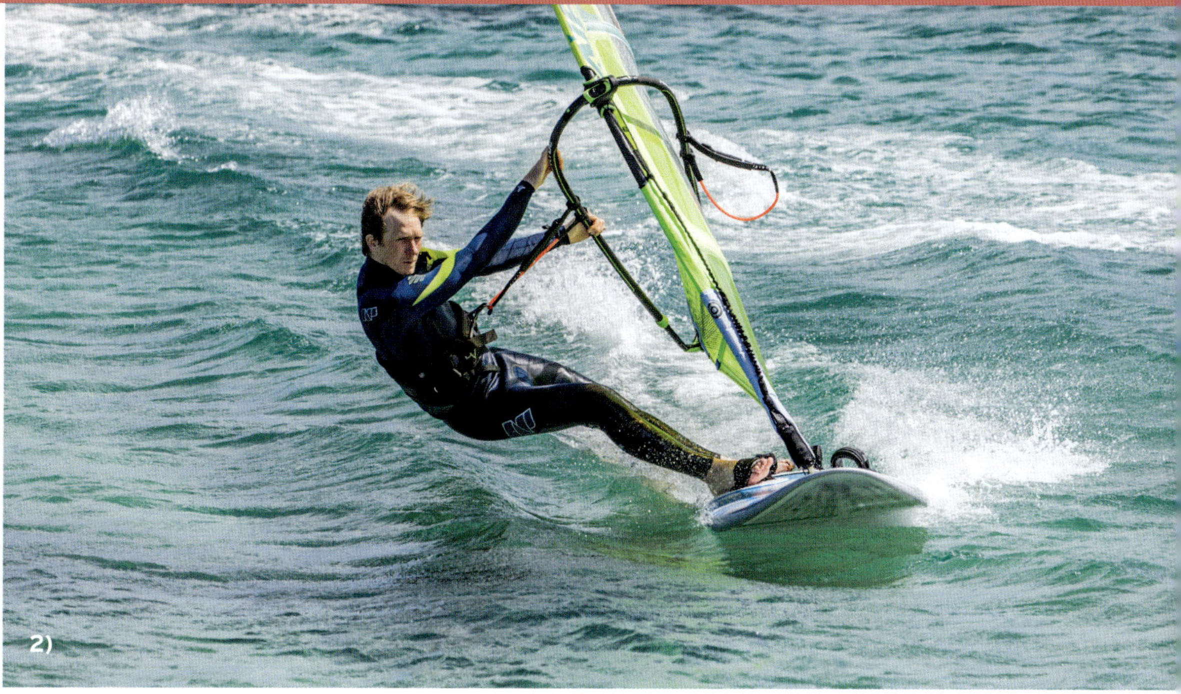

2)

Die richtige Haltung

Wenn du das persönliche Speedduell gegen deine Freunde gewinnen willst, sind Körperspannung und die richtige Haltung der Schlüssel. Die ideale Körperhaltung beim Speedfahren unterscheidet sich jedoch abhängig vom Kurs: Die höchsten Geschwindigkeiten kannst du auf Raumwindkurs erreichen. Der Oberkörper orientiert sich dabei nach hinten, das vordere Bein ist nahezu durchgestreckt, das hintere leicht gebeugt **(1)**.
Umgekehrt verhält es sich auf Amwindkurs, also beim Höhelaufen: Hierbei muss der Oberkörper in eine Vorlage kommen, der Blick geht – übertrieben ausgedrückt – vorne am Mast vorbei nach Lee.
Um in diese Haltung zu kommen, solltest du das vordere Bein etwas beugen **(2)**.

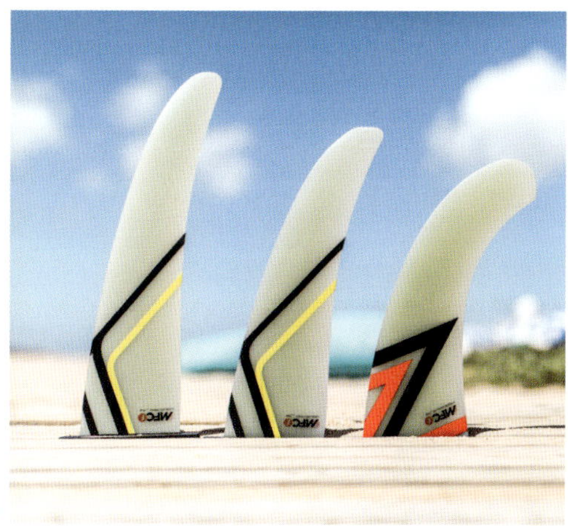

3. Die richtige Finnenlänge erkennen

Die Hersteller statten ihre Freerideboards meist mit recht großen Serienfinnen aus, um das Angleiten und Höhelaufen zu verbessern. Für Leicht- und Mittelwind passen die Finnen daher in der Regel gut, bei Starkwind sind diese jedoch häufig zu groß. Ein sicheres Zeichen einer zu großen Finne ist es, wenn du beim Speedfahren sehr viel Druck aufs hintere Bein bekommst. Willst du also den Fahrkomfort bei Starkwind maximieren und obendrein noch spürbar schneller surfen, versuche mal eine drei bis vier Zentimeter kleinere Finne zu verwenden.

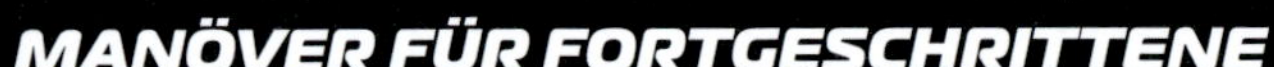

Spinouts vermeiden

Was ist ein Spinout?

Der Begriff »Spinout« beschreibt ein plötzliches Wegrutschen des Hecks nach Lee infolge eines Strömungsabrisses an der Finne während des Speedfahrens.

Spinouts kommen plötzlich und unerwartet und sind in etwa so beliebt wie Zahnschmerzen – machen sie doch dem Gleitspaß ein jähes Ende. Bei Boards mit kleinen Finnen (z. B. Wave oder Freestyle) kann man das Heck durch Heranziehen recht leicht wieder einfangen, bei größeren Freeride-und Freeracebrettern ist häufig ein kompletter Neustart nötig – raus aus den Schlaufen, neu angleiten und zuschauen, wie die grinsenden Kumpels in der Ferne verschwinden. Dabei ist die Mehrzahl der Spinouts vermeidbar, wenn man an den richtigen Stellschrauben dreht. Einfluss haben die Länge und das Profil der Finne, der Boardtrimm über die Position von Mastfuß und Schlaufen, die Lage des Segeldruckpunktes als Resultat des Segeltrimms und natürlich auch die eigene Fahrtechnik.

Fahrtechnik

Damit eine stabile Strömung an der Finne anliegt, muss das Brett eine solide Gleitgeschwindigkeit haben. Wer nach dem Angleiten zu früh auf Amwindkurs geht und Druck aufbaut, fördert die Spinout-Tendenz. Daher gilt: Erst beschleunigen, ab in die Schlaufen und dann dosiert auf Amwindkurs wechseln.

Mastfußposition

Ein Vorschieben des Mastfußes ganz nach vorne ist auch bei Spinout-Tendenzen und der Verwendung großer Segel NICHT empfehlenswert, da dann der Gesamttrimm von Brett und Segel leidet. Die Mittelposition bleibt die klare Empfehlung!

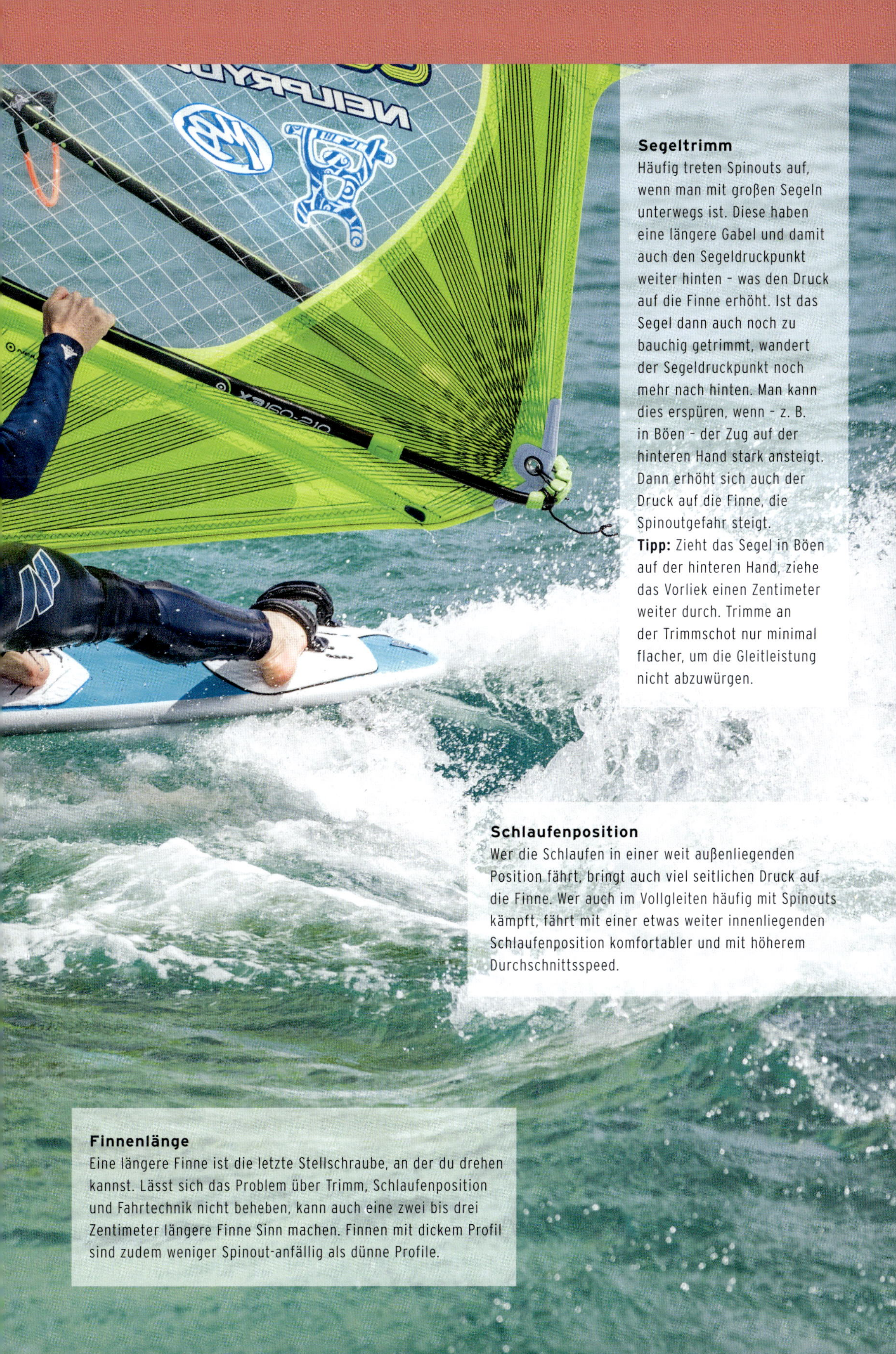

Segeltrimm
Häufig treten Spinouts auf, wenn man mit großen Segeln unterwegs ist. Diese haben eine längere Gabel und damit auch den Segeldruckpunkt weiter hinten – was den Druck auf die Finne erhöht. Ist das Segel dann auch noch zu bauchig getrimmt, wandert der Segeldruckpunkt noch mehr nach hinten. Man kann dies erspüren, wenn – z. B. in Böen – der Zug auf der hinteren Hand stark ansteigt. Dann erhöht sich auch der Druck auf die Finne, die Spinoutgefahr steigt.
Tipp: Zieht das Segel in Böen auf der hinteren Hand, ziehe das Vorliek einen Zentimeter weiter durch. Trimme an der Trimmschot nur minimal flacher, um die Gleitleistung nicht abzuwürgen.

Schlaufenposition
Wer die Schlaufen in einer weit außenliegenden Position fährt, bringt auch viel seitlichen Druck auf die Finne. Wer auch im Vollgleiten häufig mit Spinouts kämpft, fährt mit einer etwas weiter innenliegenden Schlaufenposition komfortabler und mit höherem Durchschnittsspeed.

Finnenlänge
Eine längere Finne ist die letzte Stellschraube, an der du drehen kannst. Lässt sich das Problem über Trimm, Schlaufenposition und Fahrtechnik nicht beheben, kann auch eine zwei bis drei Zentimeter längere Finne Sinn machen. Finnen mit dickem Profil sind zudem weniger Spinout-anfällig als dünne Profile.

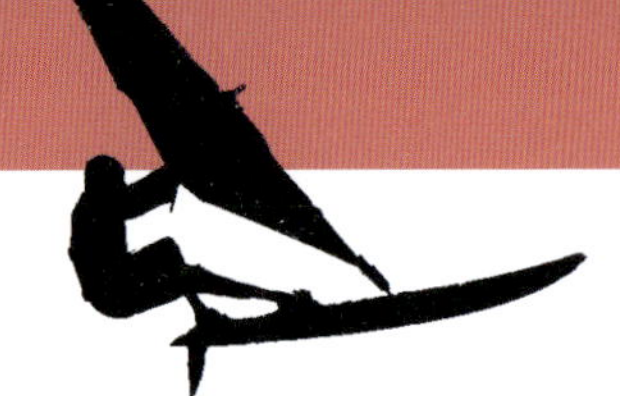

IDEALE BEDINGUNGEN: *4-6 Beaufort, stehtiefes Wasser*
IDEALES MATERIAL: *Leichte Segel ohne Camber*
LERNVORAUSSETZUNGEN: *Beachstart, Steuern*

Wasserstart

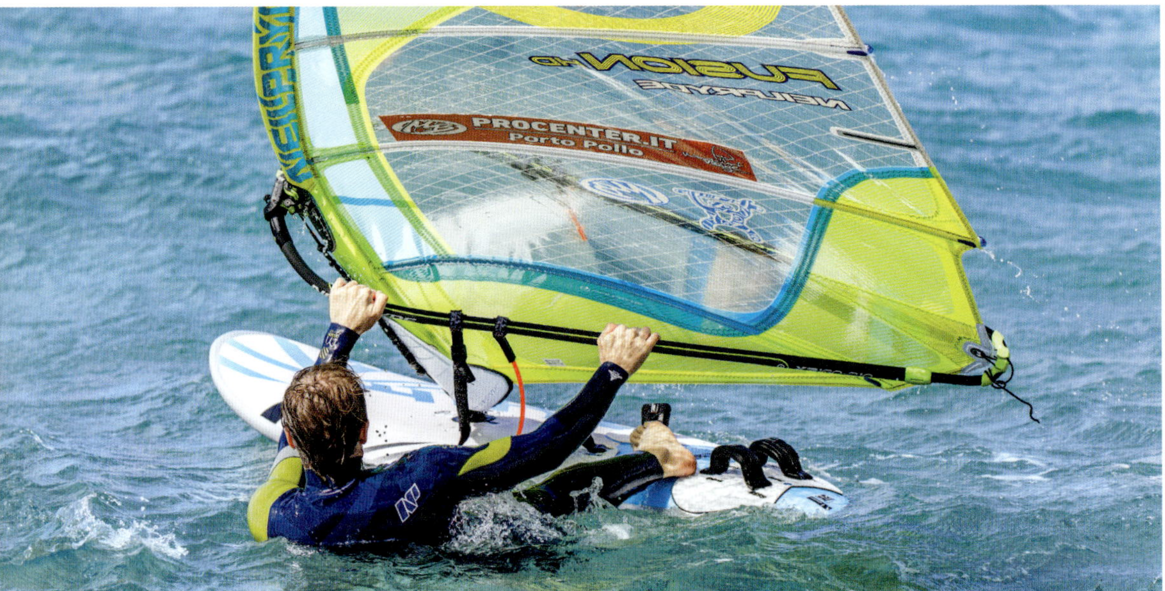

Zauberei oder wie verhext – der Wasserstart kann beides sein. Wer's kann, steigt nach einem Abgang sekundenschnell wieder aus dem Wasser wie von Geisterhand, wer's nicht kann, steckt unter der Wasseroberfläche fest wie verflucht. Fest steht: Der Wasserstart ist DER Schlüsselmove einer jeden Windsurfkarriere, eröffnet er doch die Möglichkeit, kleine Boards zu surfen, die für einen Schotstart viel zu kipplig wären. Als größte Hürde erweist sich in der Praxis dabei nicht der eigentliche Aufstieg, als vielmehr die Phase vom Sturz bis zum richtigen Ausrichten des Materials. Im Stadium der Verzweiflung versuchen viele Aufsteiger, die richtige Technik mit einem Taschenspielertrick zu umgehen: Dem Ablegen des Gabelbaums auf dem Heck. Seit die Boards vor einigen Jahren aber deutlich kürzer wurden, ist das nicht mehr ohne Weiteres möglich – was viele dazu verleitet, den Gabelbaum extrem niedrig am Mast zu befestigen und den Mastfuß ganz vorne in der Mastspur zu montieren, nur damit die Gabel noch aufgelegt werden kann. Eine regelrechte Fehlerkette ist die Folge: Als Folge der niedrigen Gabelposition müssen sehr kurze Trapeztampen montiert werden, was Angleitleistung und Kontrolle verschlechtert. Durch die weit vorn sitzende Mastfußposition wird der Bug beim Surfen heruntergedrückt, das Brett kann nicht frei gleiten, wirkt langsam und setzt mit dem Bug in die Kabbelwellen ein, statt frei darüber hinwegzufliegen. Unterm Strich wird für einen Vorteil beim Wasserstart also in Kauf genommen, dass sich alles, wofür das Material eigentlich gemacht wurde, verschlechtert. Damit du in Zukunft den Aufstieg ganz ohne faule Tricks und wie von Geisterhand meisterst, gibt's hier die Zauberformel. Die wichtigsten Zutaten: Moderater Wind zwischen vier und maximal sechs Windstärken, stehtiefes Wasser und, besonders wichtig, ein leichtes Segel ohne Camber!

1. Vorübung: Hängepartie

Diese gute Vorübung kann man als Wasserstart-Aspirant auch dann machen, wenn der Wind eigentlich für einen Wasserstart noch gar nicht ausreicht. Auf einem großen Brett versucht man dabei, den vorderen Fuß vom Deck anzuheben, ihn neben dem Brett ins Wasser zu setzen und den Kurs zu halten. Zu Beginn wird dein Board sicher ungewollt in den Wind drehen. Der Grund: Beim Hochheben des vorderen Fußes verlagerst du dein Gewicht aufs hintere Bein und belastest das Heck. Die Lösung liegt im »3-Bein-Prinzip«, welches du vielleicht schon vom Angleiten kennst: Durch leichte Vorlage des Oberkörpers übst du Druck auf dem Mastfuß aus, dieser fungiert als »drittes Bein«. Versuche nun, das »mittlere« Bein vom Deck ins Wasser zu stecken – je tiefer, desto schwieriger – und kehre anschließend wieder in die Fahrposition zurück. Diese Technik wirst du später auch in der letzten Phase des Aufstiegs 1:1 anwenden können.

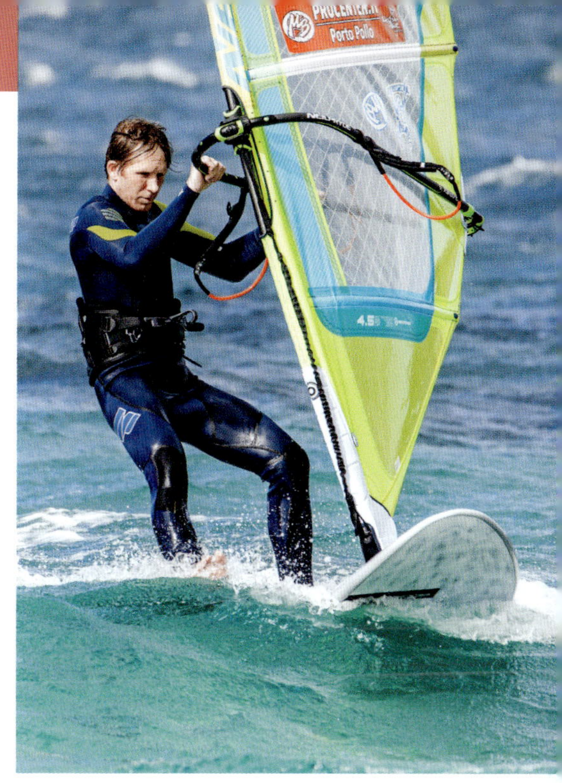

---

2. Vorübung: Lass dich treiben

Einen Wasserstart lernt man nicht im Tiefen! Der Übergang vom Beach- zum Wasserstart ist fließend, die Technik gleicht sich in weiten Teilen sogar. Aus diesem Grund sollte man sich, um überhaupt erstmal ein Gefühl für Segel und Wind zu bekommen, aus einer Beachstart-Position kontrolliert abtreiben lassen. Stelle dich dazu ins knie- bis hüfttiefe Wasser auf Halbwindkurs **(1)** und setze den hinteren Fuß zwischen den Schlaufen aufs Board **(2)**. Halte dein Brett durch leichte Steuerbewegungen auf Kurs. Reicht der Segelzug aus, setze dich langsam ins Wasser ab und versuche, in dieser Position das Brett auf Kurs zu halten. Um dem Wind maximale Angriffsfläche zu bieten, halte die Arme stets gestreckt, damit das Segel so aufrecht wie möglich steht **(3)**. Wenn alles passt und der Wind ausreicht, kannst du jetzt sogar schon erste Erfolgserlebnisse machen, ohne deine Kräfte beim anstrengenden Ausrichten des Segels im tiefen Wasser aufzuzehren.

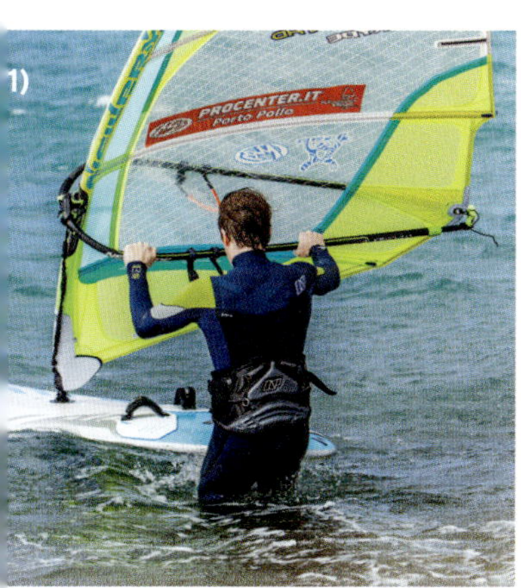

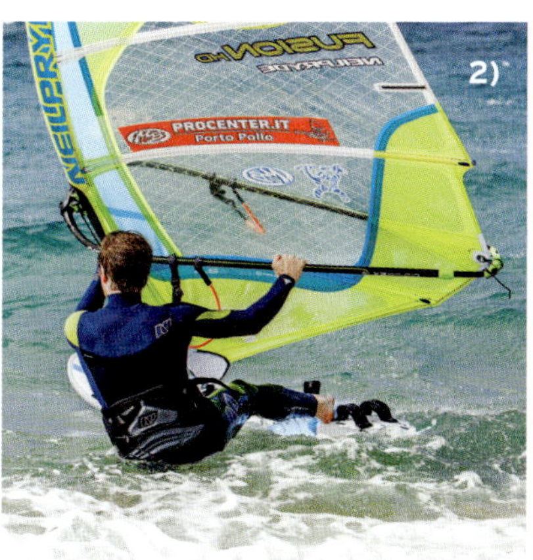

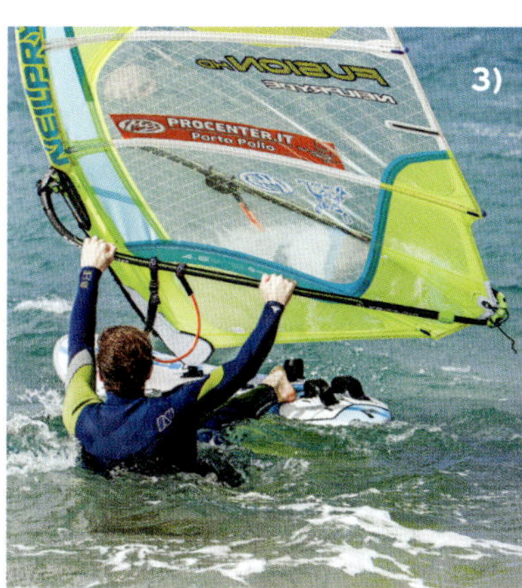

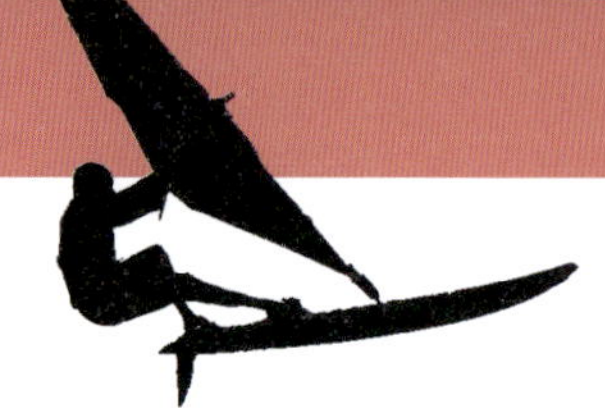

Ausrichten

1. Mast zum Wind drehen

Vorübungen hin oder her - irgendwann muss man auch im tiefen Wasser klarkommen. Das richtige Ausrichten des Segels vor dem eigentlichen Start ist dabei enorm wichtig. Damit du das Rigg anschließend frei in die Luft bekommst, musst du nach jedem Sturz, den Mast quer zum Wind drehen. Greife den Mast und ziehe ihn mit Schwimmbewegungen in Richtung Luv, bis er quer zum Wind oder sogar mit dem Topp leicht in Richtung Luv liegt **(1-3)**. Tipp: Willst du lieber in die andere Fahrtrichtung starten? Dann schwimme zum Gabelbaumende, ziehe es in Richtung Luv, hebe es leicht an und lasse es vom Wind umschlagen. Dein Material liegt dann bereit für einen Start in die andere Fahrtrichtung.

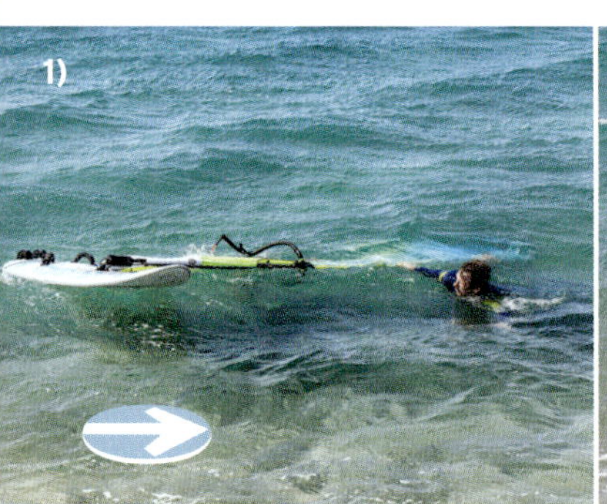

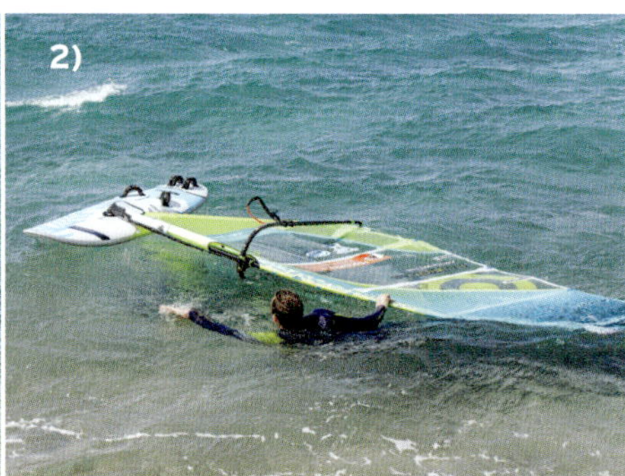

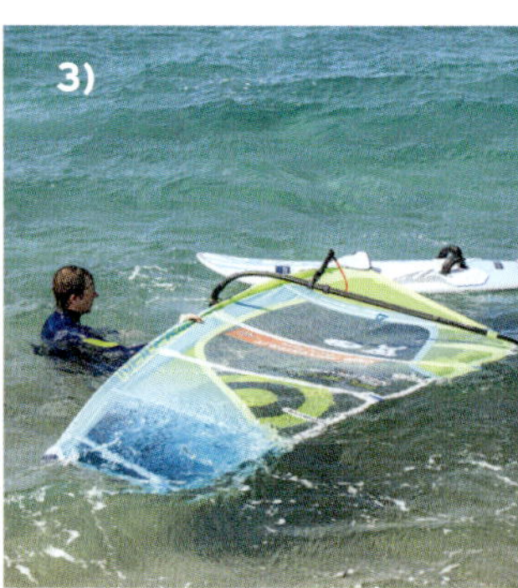

Tipp: Mastklettern ...

... war in den Anfängen des Windsurfens tatsächlich mal ein Thema für Tricksurfer, kann aber auch beim Wasserstart helfen. Wer Probleme hat, das Segel frei zu bekommen, hat die Möglichkeit, den angesprochenen »Luvzug« auch am Masttopp zu machen. Auch hier gilt: Vor dem Hochziehen so lange nach Luv schwimmen, bis das Schothorn auf der Wasseroberfläche schwimmt und der Mast quer oder leicht zum Wind liegt. Dann den Mast schwungvoll über den Kopf nach Luv ziehen und langsam am Mast herunterhangeln bis zur Gabel **(1-3)**. Auf dem Weg an die Gabel immer darauf achten, dass das Schothorn frei bleibt - unterstütze dies durch Schwimmbewegungen in Richtung Luv.

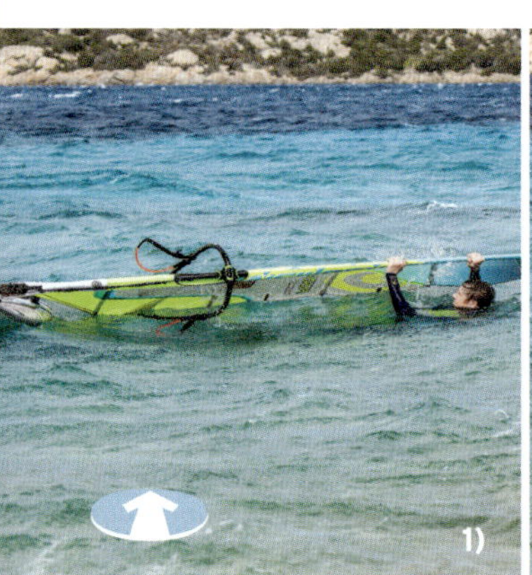

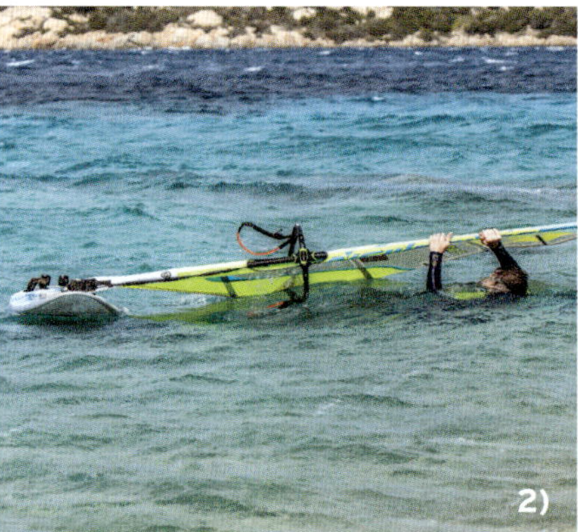

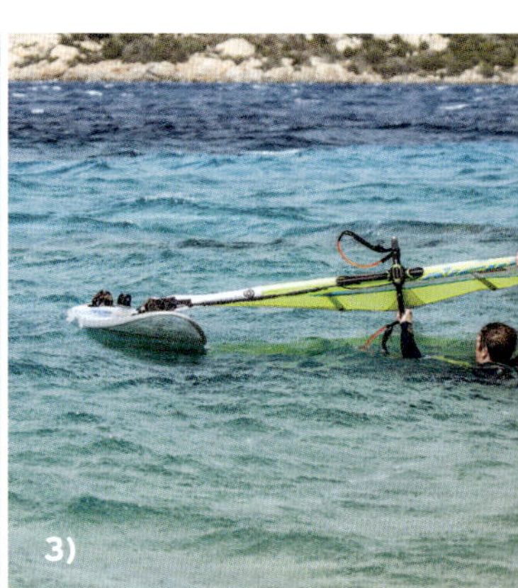

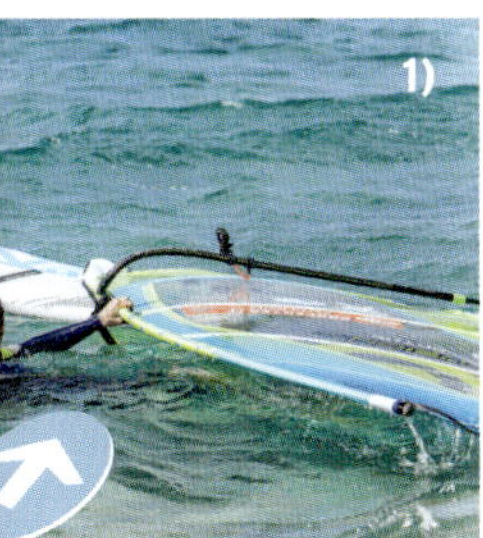
1)

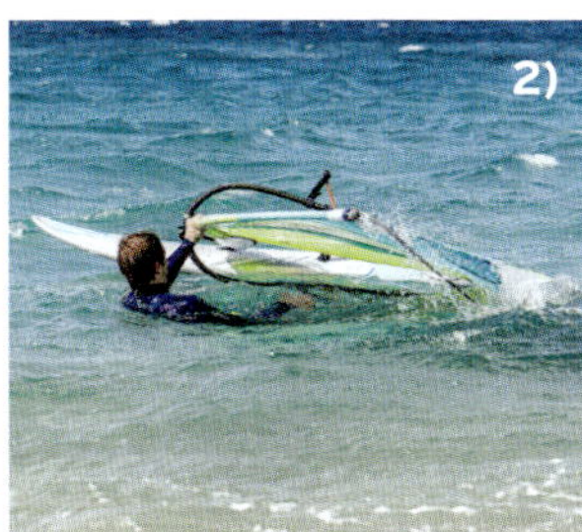
2)

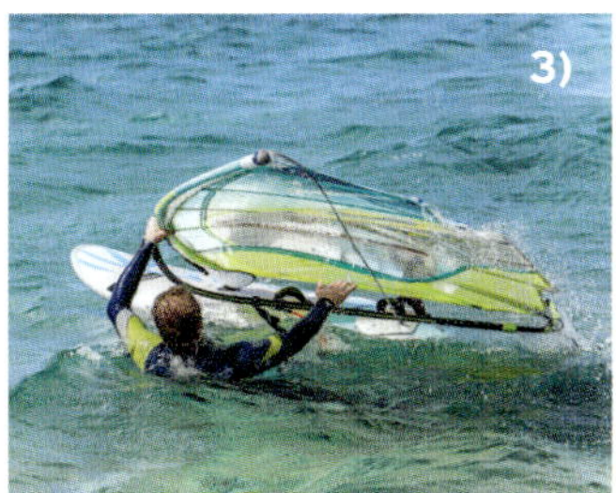
3)

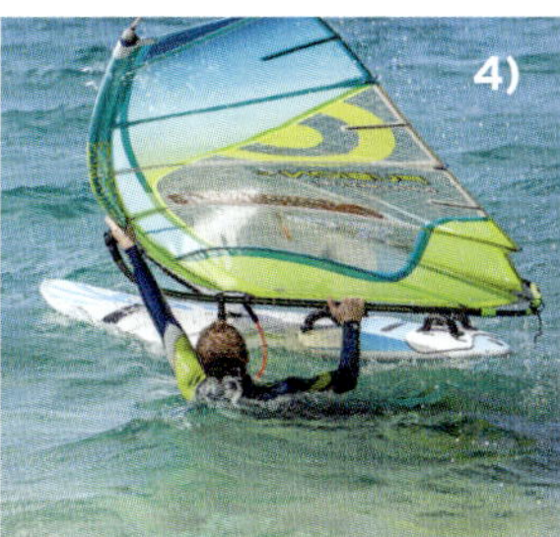
4)

2. Segel frei bekommen

Bevor das Segel in die Luft gezogen werden kann, muss man so lange mit dem Material in Richtung Luv schwimmen, bis das Schothorn, also die Ecke beim Gabelbaumende, an der Wasseroberfläche schwimmt **(1)**. Steckt das Schothorn noch zu tief unter Wasser fest, wird dir beim folgenden Hochziehen des Mastes das Schothorn im Wasser steckenbleiben und das Segel umschlagen. Eines vorweg: Das Segel wird beim Wasserstart nicht hochgedrückt, sondern nach Luv aus dem Wasser gezogen. Greife dazu mit der vorderen Hand über der Gabel an den Mast und ziehe diesen kraftvoll über dem Kopf nach Luv und oben, bis der Arm vollständig gestreckt ist (»Luvzug«) **(2-3)**. Das Schothorn sollte dann frei über dem Wasser schweben und das Brett auf Kurs bleiben. Die hintere Hand greift sofort an den Gabelbaum **(4)**. Macht dir diese Phase Probleme - z. B. wenn dein Schothorm immer im Wasser hängen bleibt oder das Brett sofort in den Wind dreht -, übe den Luvzug erst im stehtiefen Wasser. Die Technik von Beach- und Wasserstart gleicht sich in dieser Phase 1:1. **Tipp:** Beim Hochziehen des Segels kannst du dich mit der freien Hand auch am Heck des Boards abstützen.

---

3. Kurs korrigieren

Der Aufstieg aufs Brett soll später auf Halbwind- bis leichtem Raumwindkurs erfolgen - den passenden Kurs kannst du wie beim normalen Surfen durch Anluven und Abfallen einstellen. Kleine Steuerimpulse reichen aus, um den Kurs des Boards zu verändern:

Anluven: Schiebst du das Segel aus der neutralen Position **(1)** nach hinten, sodass das Gabelbaumende zum Wasser geht **(2)**, dreht sich der Bug in den Wind nach Luv.

Abfallen: Um den Bug aus dem Wind zu drehen, schiebe das Segel über den Kopf nach vorn damit das Gabelbaumende nach oben kommt. Die Abfallbewegung kannst du durch Druck auf den Mastfuß unterstützen. Schwimme einfach in Richtung Mastfuß, dadurch schiebst du die Brettnase weg nach Lee **(3)**.

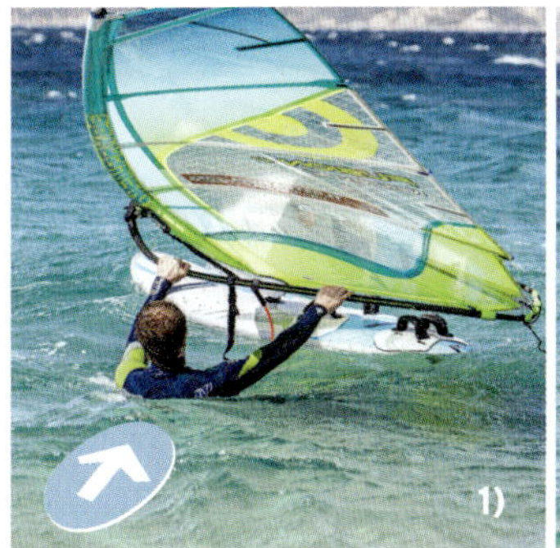
1)

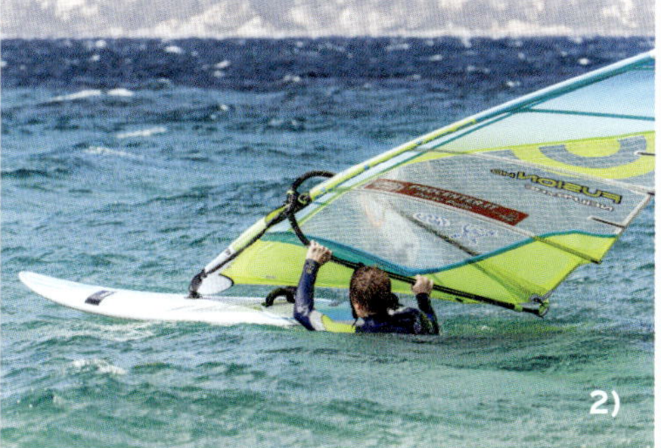
2)

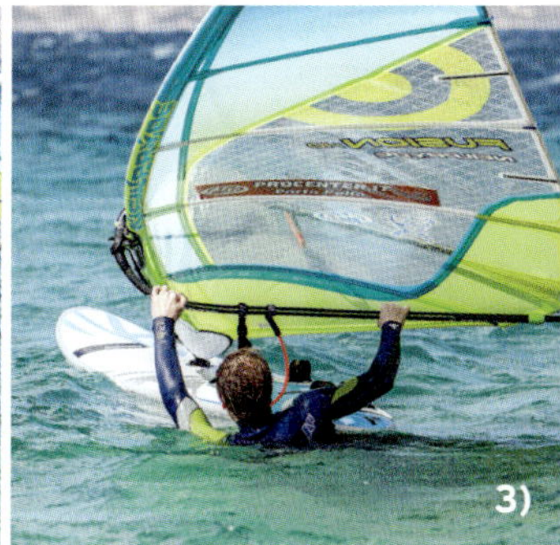
3)

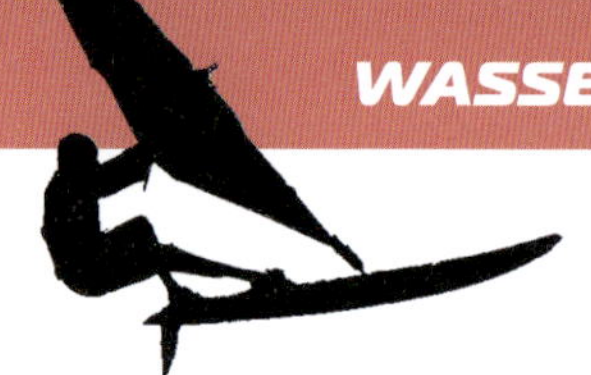

Aufstieg & Fehleranalyse

Ready for Take off?

Hast du den Kurs richtig eingestellt, kann der Aufstieg beginnen **(1)**. Zuerst wird immer der hintere Fuß aufs Brett gesetzt – idealerweise zwischen den Schlaufen **(2)**. Das vordere Bein sorgt durch Schwimmbewegungen für zusätzlichen Auftrieb. Häufigstes Problem bei Wasserstart-Novizen ist es, dass das Brett in dieser Phase in den Wind nach Luv dreht und damit der Segelzug sinkt – auch in dieser Phase kannst du den Kurs durch leichte Steuerbewegungen nachkorrigieren. Je aufrechter das Segel ist, desto mehr Angriffsfläche bietet es dem Wind. Lass also die Arme gestreckt und warte auf eine Böe. Sobald du genügend Segelzug verspürst, folgt der Aufstieg, dieser besteht aus zwei Elementen: Statt nur passiv am Segel zu hängen und zu warten, dass der Wind dich an Deck hievt, ziehe dir das Brett mit dem hinteren Fuß unter den Körper **(3)** und lass die Arme weiter lang. Körper und Segel richten sich jetzt auf. Erst ganz zum Schluss wird der vordere Fuß direkt hinter den Mastfuß aufs Brett gesetzt **(4)**.

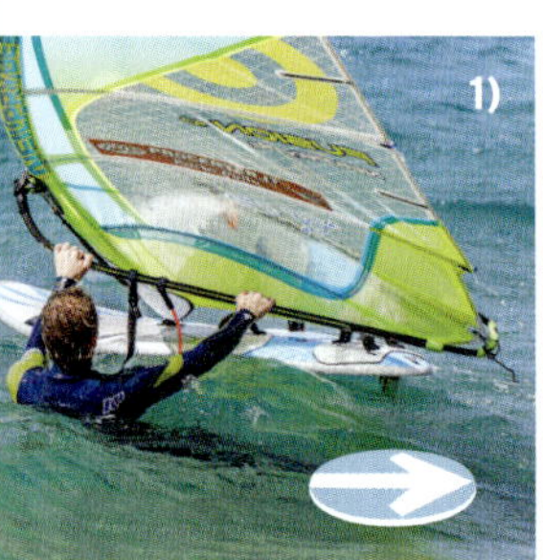

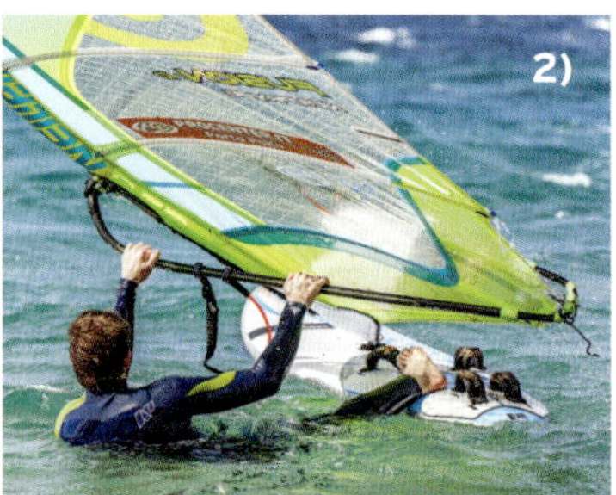

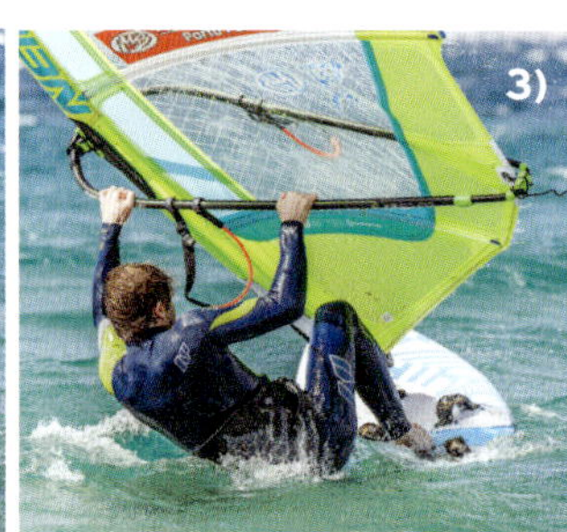

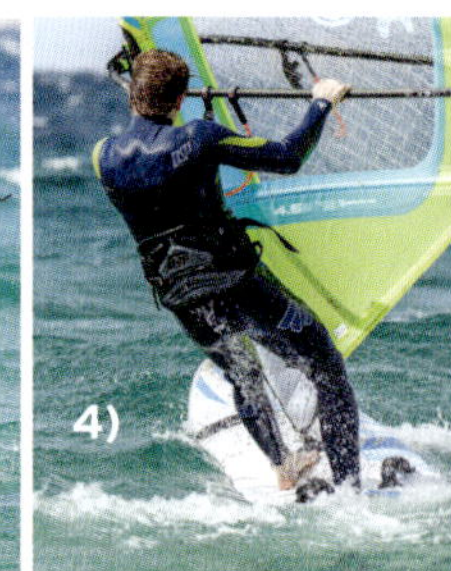

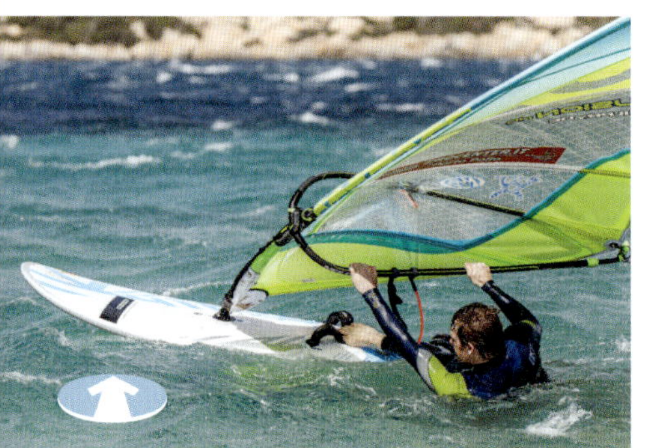

Knackpunkt: Kurs halten

Das häufigste Problem beim Wasserstart ist, dass das Brett vor dem Aufstieg ungewollt wieder mit dem Bug in den Wind nach Luv dreht, wodurch der Segelzug sinkt und man unter dem Segel im Wasser landet. Mit konstantem Abfallen, kannst du diesem entegegenwirken. **Tipp:** Versuche dazu, den hinteren Fuß nicht mit der Hacke aufs Deck zu legen, sondern mit der Innenseite. Derart gedreht kommt dein kompletter Körper in eine Vorlage, so als wolltest du vorn um den Mast herum nach Lee sehen. Mit diesem Trick hältst du dein Brett besser auf Kurs.

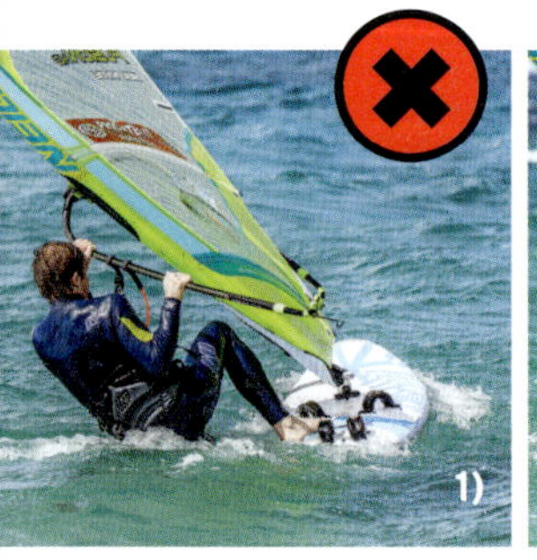

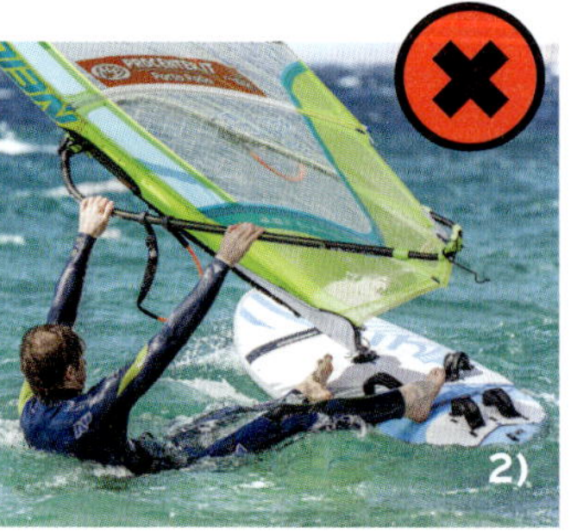

Fehleranalyse: Fehlender Lift

Dass sich manche Surfer bei nur drei Windstärken scheinbar mühelos aus dem Wasser mogeln und andere bei sechs Beaufort noch an der Gabel hängen und partout nicht aufs Brett kommen, ist reine Techniksache.
Zwei Aspekte sind für den Aufstieg besonders wichtig:

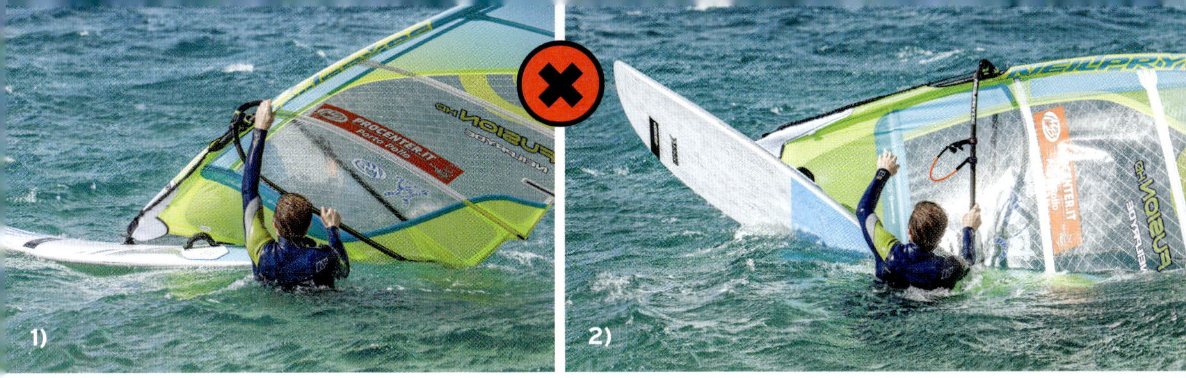

1) 2)

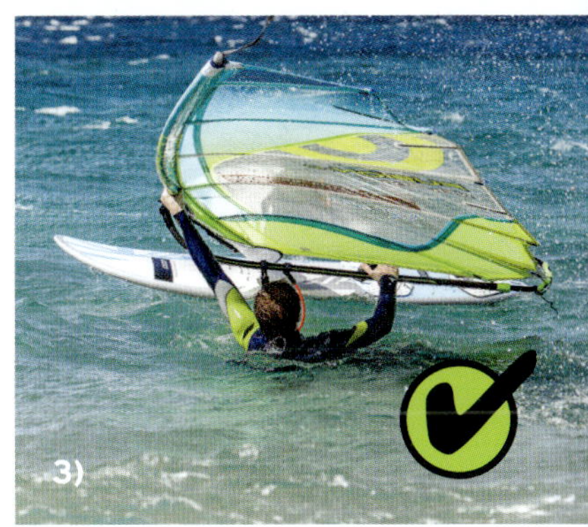
3)

Fehleranalyse: Segel schlägt um

Der Klassiker unter den Wasserstart-Fehlern: Beim Ausrichten stimmt noch alles, um das Segel frei zu bekommen, drückst du den Mast aber nur gerade nach oben **(1)**. Das Schothorn/Gabelbaumende bleibt im Wasser hängen. Ein Anluven des Boards in den Wind und im schlimmsten Fall sogar das Umschlagen des Segels sind die Folgen **(2)**.

Tipp: Statt das Segel aus dem Wasser zu drücken, ziehe es schnell und kraftvoll über den Kopf nach Luv aus dem Wasser. Das Gabelbaumende kommt dann frei, das Brett bleibt auf Kurs **(3)**.

Fehleranalyse: Brett dreht zum Wind

Auch auf der Zielgeraden erwischt es viele Surfer nochmal - schon an Deck dreht das Brett plötzlich wieder in den Wind und man fällt wieder unters Segel. Der Grund: Beim Aufstieg belastest du das Brett zu weit hinten, das Heck sinkt ein, der Bug dreht nach Luv in den Wind **(3)**. Setze beim nächsten Mal den vorderen Fuß deshalb direkt hinter dem Mastfuß aufs Brett, dann bleibst du auf Kurs. Erst mit etwas Fahrt kannst du dich auf den Weg in Richtung Schlaufen machen.

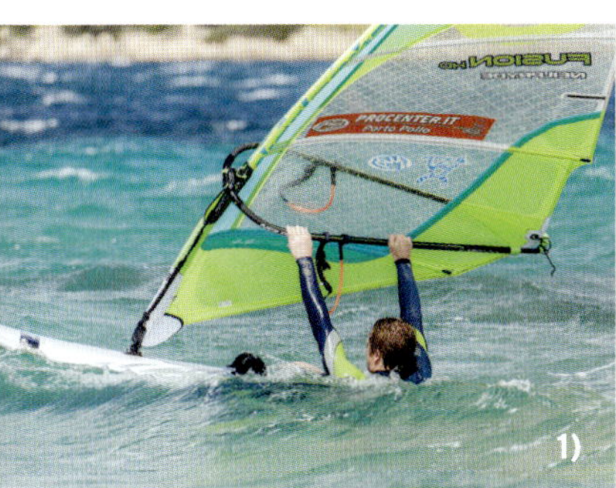

1)

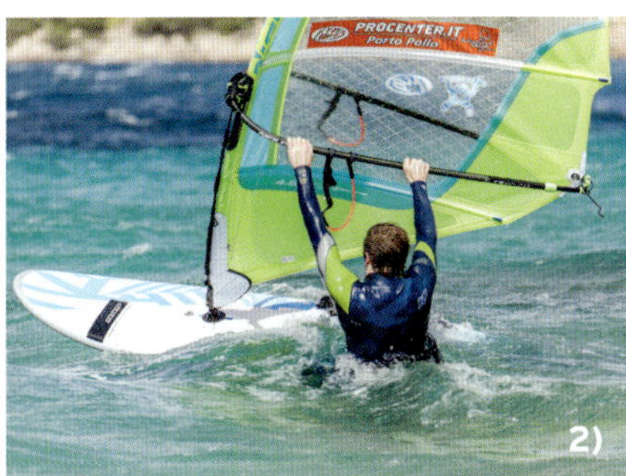

2)

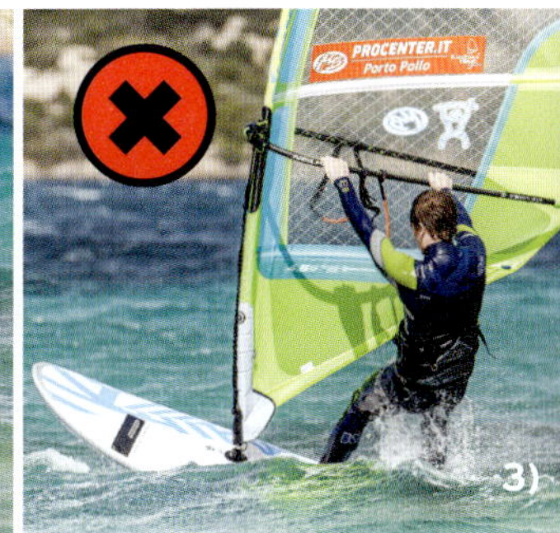

3)

Gestreckte Arme: Nicht du ziehst dich nach oben, sondern du wirst gezogen! Versuchst du im Moment des Aufrichtens dich selbst per Klimmzug an Deck zu hieven **(1)**, ziehst du das Segel meist wieder herunter, wodurch die Angriffsfläche für den Wind sinkt. Lasse die Arme also lang bis zum Schluss!

Angezogenes Bein: Das vordere Bein hat während des Aufstiegs auf dem Brett nichts zu suchen **(2)** und sollte sich lieber mit Schwimmbewegungen nützlich machen, um den Lift zu unterstützen. Das hintere Bein ist ebenfalls wichtig: Gestreckt sorgt es für einen großen Hebel und dafür, dass sehr viel Wind für den Aufstieg nötig ist. Wer sich das Brett hingegen aktiv unter den Körper zieht, kommt schon bei viel weniger Wind aufs Brett.

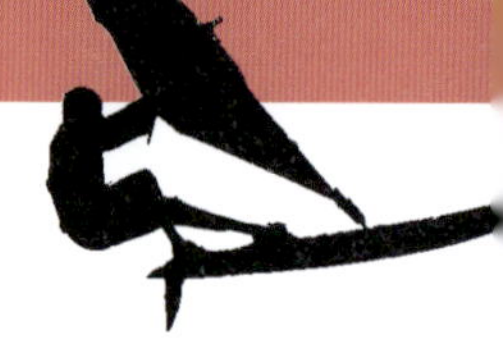

IDEALE BEDINGUNGEN: *4-6 Beaufort, glattes Wasser*
IDEALES MATERIAL: *Große Freeride- oder Allroundboards, camberlose Segel*
LERNVORAUSSETZUNGEN: *Basishalse & Segelsteuerung, Gleiten, Fußsteuerung*

Powerhalse

Das Königsmanöver für viele Windsurfer ist immer noch eine schnittige, durchgeglittene Powerhalse. Im Gegensatz zur »normalen« Halse wird die Powerhalse im Gleiten und demzufolge mit Fußsteuerung eingeleitet. Trotzdem gibt es zwischen beiden Halsenvarianten viele Parallelen, etwa beim Schiften des Segels am Ende. Aus diesem Grund, kann man die Grundlagen für gelungene Gleithalsen schon bestens bei Leichtwind legen.

Phase 1: Speed holen

(1) Viel Speed ist die Grundvoraussetzung. Falle auf Raumwindkurs ab, halte das Segel dicht und beschleunige. Vor dem Einleiten der eigentlichen Halse hake dich aus dem Trapez aus und setze den hinteren Fuß vor der Schlaufe auf die Leekante.

Phase 2: Carven

(2-5) Ziel ist es, dich vom Segel in die Kurve nach innen und vorn ziehen zu lassen. Dazu muss es Zug aufbauen. Dies gelingt nur, wenn du den vorderen Arm streckst und mit der hinteren Hand voll dichthältst. Achte auf einen breiten Griff am Gabelbaum, den gestreckten vorderen Arm und ein dichtgeholtes Segel, dann ist maximaler Zug garantiert.

Phase 3: Im Scheitelpunkt

(6-8) Das Nachlassen des Segelzugs ist ein verlässliches Zeichen dafür, dass du dich im Scheitelpunkt der Kurve, auf Vorwindkurs, befindest. Du erkennst diesen Kurs auch daran, dass du jetzt die kleinen Windwellen auf der Wasseroberfläche direkt von hinten überholst. Jetzt kannst du beginnen, das Segel mit der Segelhand zu öffnen. Versuche trotzdem, den Kurvenradius durch Vordrücken der Knie konsequent beizubehalten. Der Fußwechsel erfolgt, anders als bei der Basis-

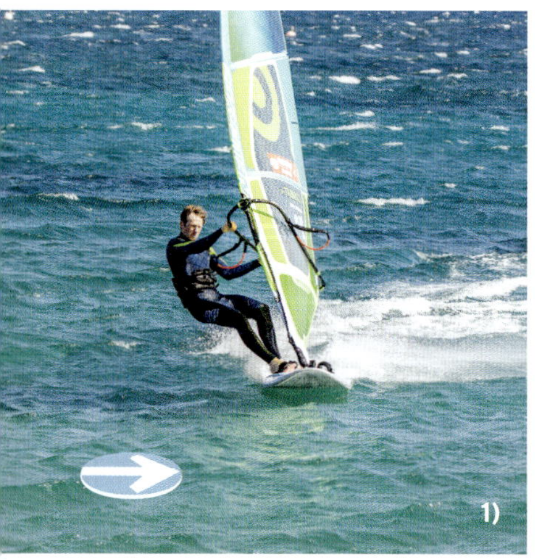

1)

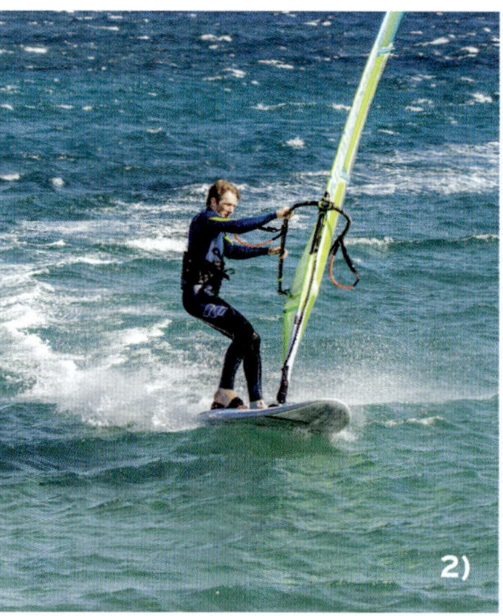

2)

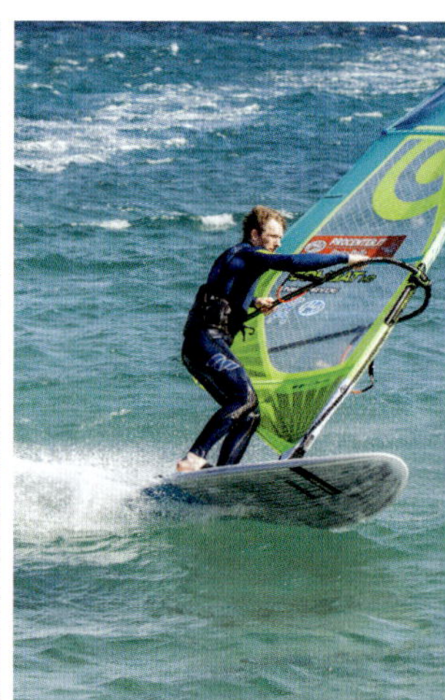

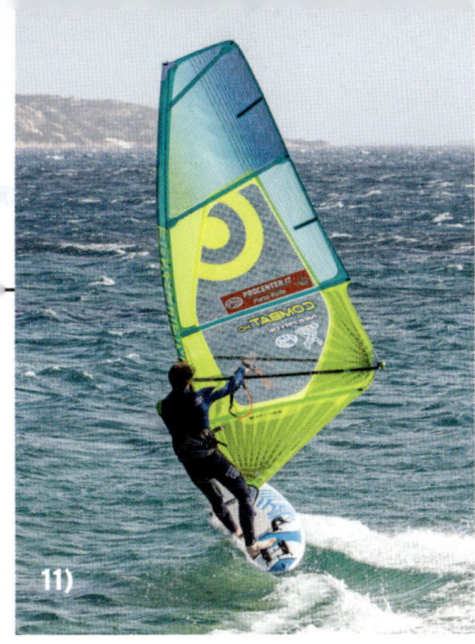

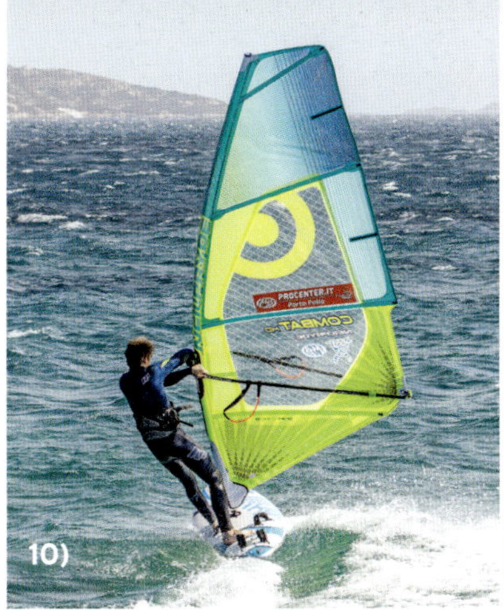

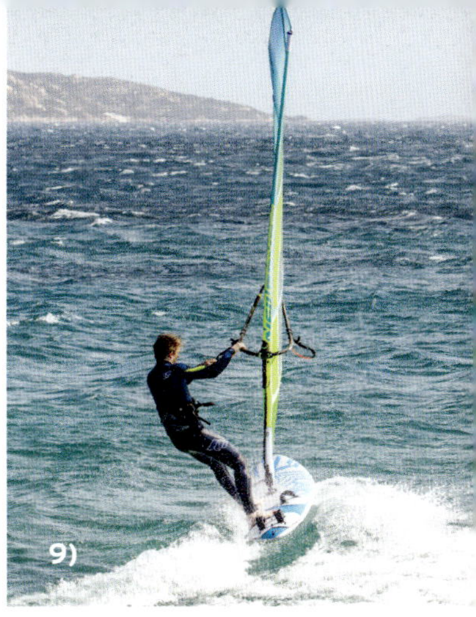

halse in Dümpelfahrt, erst nach dem Vorwindkurs. Die Schrittfolge selbst dürfte dir aber bekannt vorkommen – ziehe den vorderen Fuß aus der Schlaufe und setze ihn Hacke an Hacke nach hinten. Der neue Fuß wechselt daraufhin nach vorn, zwischen Pads und Mastfuß.

Phase 4: Schiften

(9–11) Das Segelschiften ist vergleichbar zur Basishalse und erfolgt »Boom-to-Boom« per Kreuzgriff auf die neue Seite. Schiebe vor dem Schiften die Masthand etwas in Richtung Mast. Sobald du die Segelhand vom Gabelbaum löst, schlägt das Segel von selbst um. Ziehe nun den Mast nahe zum Körper, damit das Segel beim Schiften senkrecht steht und nicht auf der Leeseite ins Wasser stürzt. Auf neuem Raumwindkurs kannst du jetzt wieder Fahrt aufnehmen.

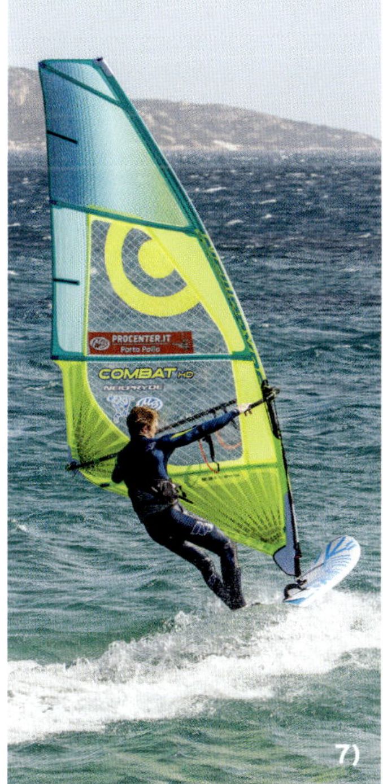

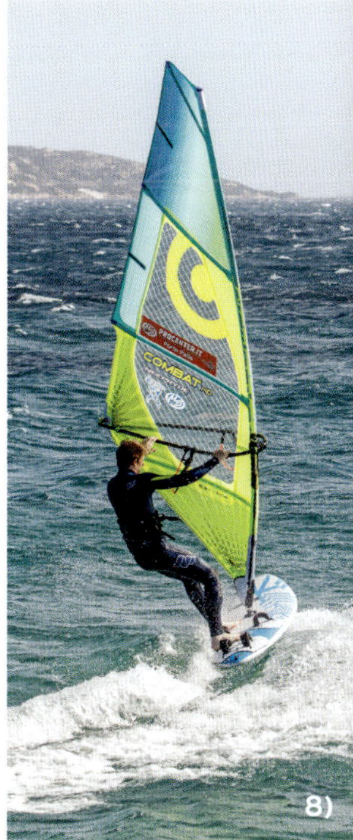

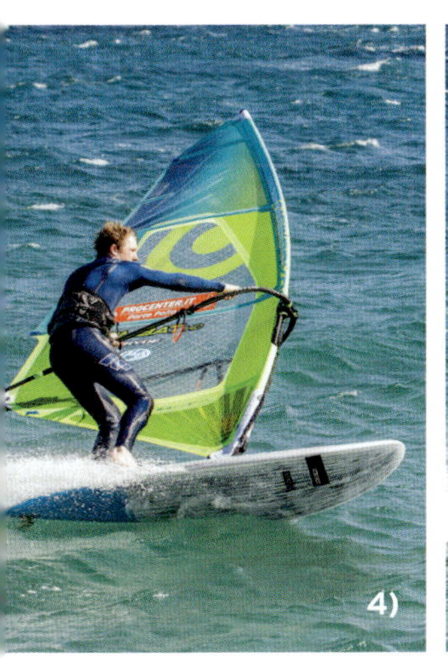

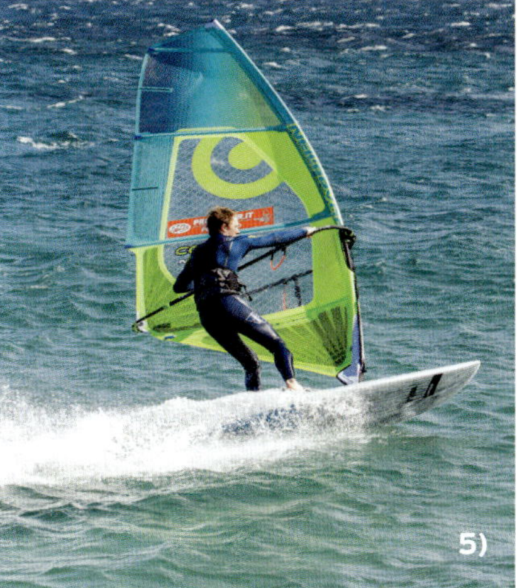

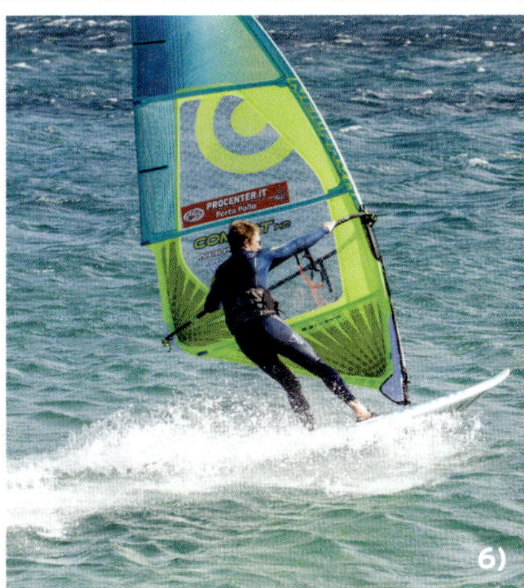

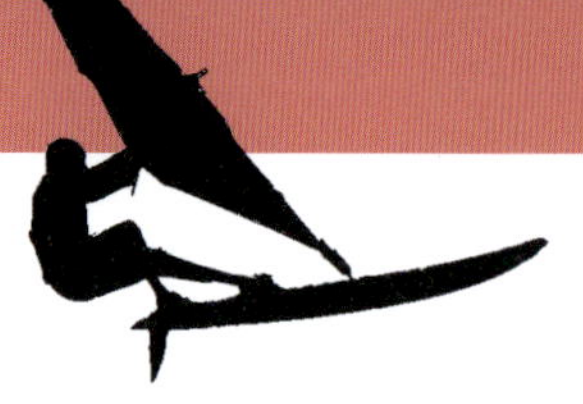

Powerhalse – Bausteine

Powerhalsen sind wie Türme - wenn unten ein Stein wacklig ist, bricht das ganze Konstrukt zusammen. Anstatt also wieder und wieder den gleichen Turm zu bauen, der immer wieder einstürzt, macht es für dich Sinn, am Fundament zu arbeiten und das »Konstrukt Halse« auf eine solidere Basis zu stellen. Deshalb gibt es hier neben Tipps zur perfekten Technik auch einige sinnvolle Vorübungen, die man ideal bei Leichtwind auf großen Longboards machen kann.

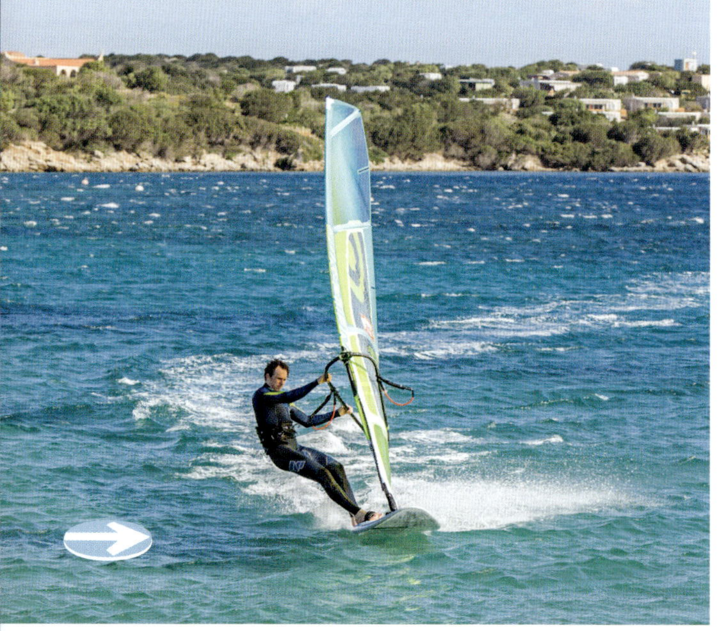

Baustein 1: Speeeeed!

Egal ob Powerhalse, Duck- oder Carving Jibe - wer mit wenig Speed einleitet, muss sich nicht wundern, wenn er mittendrin einparkt. Und weil der Raumwindkurs, also der Kurs schräg vom Wind weg, der schnellste Kurs beim Surfen ist, gehört das Speedholen auf diesem Kurs zur Vorbereitungsphase dazu. Überprüfe vorher den freien Raum in Lee und falle durch leichten Druck auf die Leekante ab. Nun wirst du merken, wie das Brett beschleunigt. Erst jetzt beginnst du mit der eigentlichen Halse, indem du den hinteren Fuß aus der Schlaufe ziehst und dich aus dem Trapez aushakst. Halte das Segel auch in dieser Phase voll dicht und das Brett flach auf dem Wasser, um keinen Speed zu verschenken.

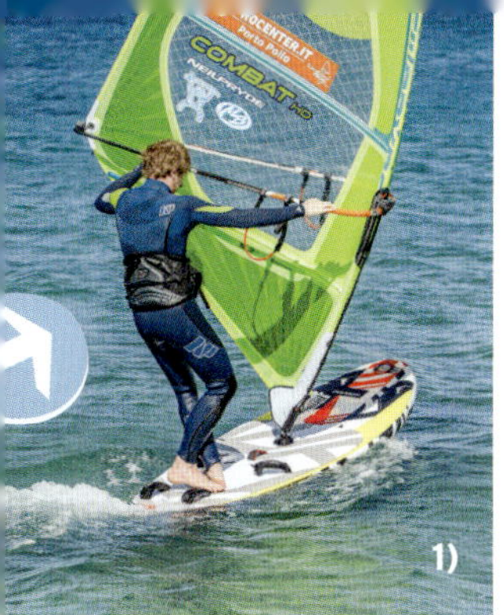

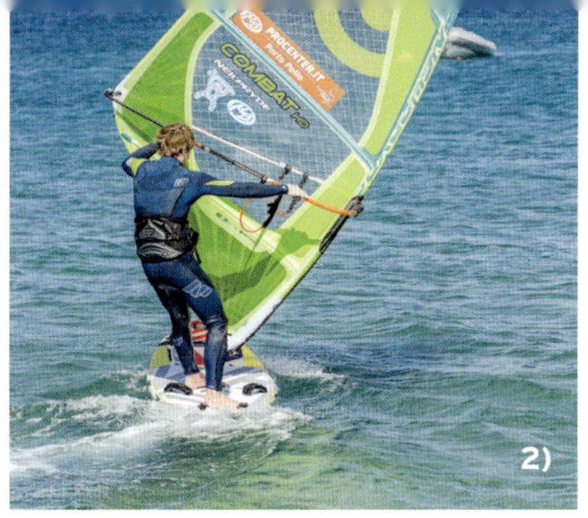

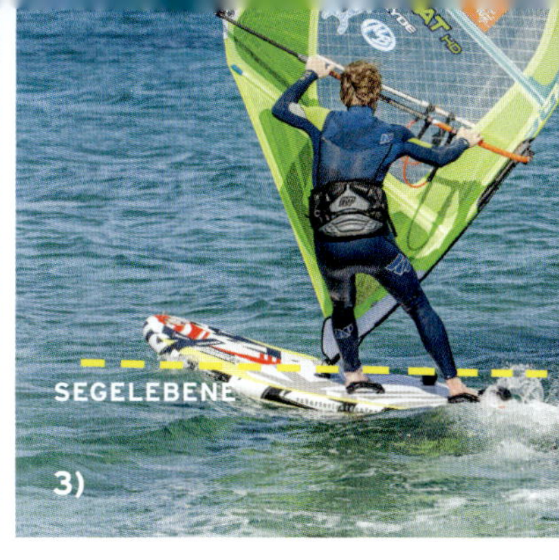

Baustein 2: Segelkontrolle Schothorn voraus

Wenn du mal einen Powerhalsenkurs gemacht hast, hast du dich womöglich gewundert, dass der Surflehrer dich bei zwei Windstärken aufs Wasser geschickt hat. Recht hatte er, denn Segelkontrolle ist die Grundlage für jede Form von Brettkontrolle. Weil viele Gleithalsen zum Ende eine Schothorn-voraus-Phase beinhalten, ist das Beherrschen dieser Technik Grundvoraussetzung. Ideal zum Üben sind Leichtwind, ein großes Board sowie ein kleines, leichtes Segel.

Vorübung: Fahre eine Basishalse und wechsele wie üblich die Fußstellung auf Vorwind **(1)**. Steuere die neue Fahrtrichtung weiter ohne zu schiften, indem du den Mast zum Wasser neigst **(2)** – du fährst nun Schothorn voraus. Wie üblich kannst du den Segelzug über dichtholen und auffieren kontrollieren, dies übernimmt jetzt die Masthand. Auch Steuerbewegungen (anluven und abfallen) auf der Segelebene sind möglich **(3)**. Durch bewusstes Verlängern dieser Schothorn-voraus-Fahrt vor dem Schiften trainierst du dein Segelgefühl ungemein – das wird dir bei jeder Powerhalse zugutekommen!

Baustein 3: Fuß- und Körpersteuerung

Im Zusammenhang mit Halsen wird immer von »Fußsteuerung« gesprochen – eigentlich falsch, denn im Prinzip steuerst du mit dem ganzen Körper. Diese Art der Steuerung kannst du ebenfalls isoliert üben. Eine Kurve nach Lee initiierst du, indem du den hinteren Fuß aus der Schlaufe in Richtung Leekante versetzt **(1)**. Lasse dich nun vom Segel in die Kurve ziehen, indem du den Mastarm streckst und das Segel mit der hinteren Hand dichthältst **(2)** – du wirst jetzt spüren, wie es deinen Oberkörper nach innen und vorn in die Kurve zieht. Diese Körperverlagerung in Verbindung mit dem Vordrücken der Knie (»Knieschub«) sorgt dafür, dass du über die Fußballen Druck auf die Zehen ausüben kannst und das Brett abfällt. Zum Ancarven nach Luv versetze den hinteren Fuß etwas Richtung Luvkante **(3)**. Druck über die Hacken kannst du ausüben, indem du das Segel etwas öffnest und die Beine mehr streckst. Dadurch wandert der Körper wieder nach außen, das Brett dreht nach Luv **(4)**.

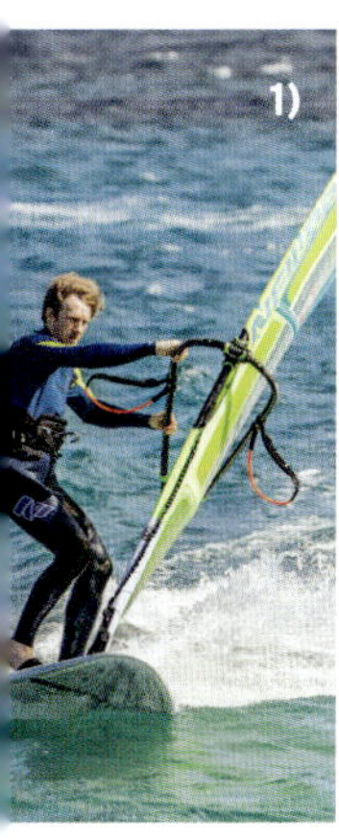

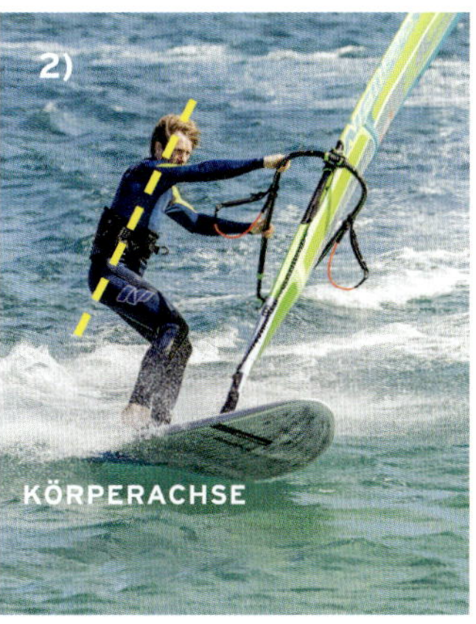

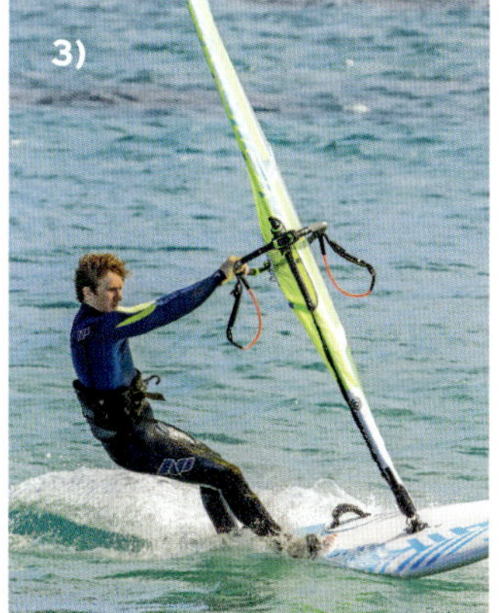

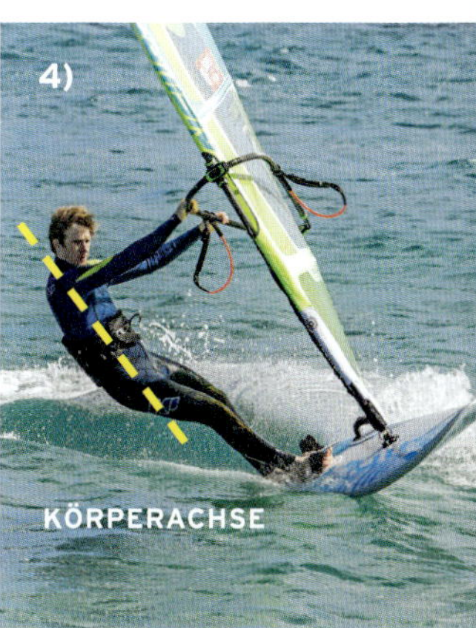

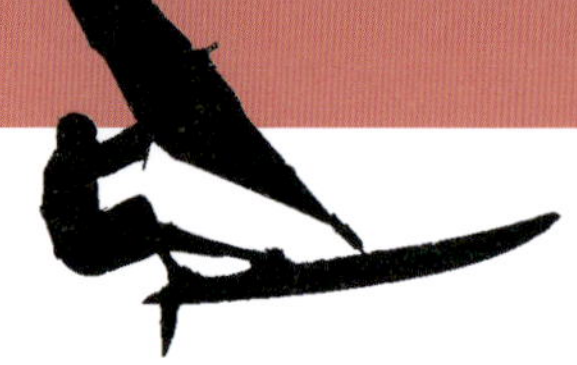

Powerhalse – Fehleranalyse

Fehler 1: Speed- und Kontrollverlust

Hoppelt dein Brett oft beim Einleiten der Halse? Endet die Gleitfahrt meist schon auf Vorwindkurs? Dann liegt dies daran, dass du dich nicht aktiv vom Segel nach vorn in die Kurve ziehen lässt. Ist der Mastarm beim Einleiten der Kurve angezogen und das Segel mit der hinteren Hand geöffnet **(1)**, gerät der Körper in eine Rücklage. Die Folge: Heckbelastung, Speedverlust und ein Brett, das unruhig auf der Kante steht. Streckst du hingegen den vorderen Arm beim Einleiten der Halse und hältst mit der Segelhand voll dicht, entwickelt dein Segel viel mehr Zug, der deinen Oberkörper nach vorn und innen in die Kurve zieht **(2)**. Diese Vorlage lässt das Brett flach und wie auf Schienen im Wasser laufen, wodurch du auch den Speed besser mit durch die Kurve nehmen kannst! Auch die Beinarbeit ist wichtig: Wer steif wie ein Roboter an Deck steht, schafft es nicht, Druck auf die Leekante auszuüben. Ein Vorschieben der Knie (»Knieschub«) und ein Tiefgehen des Oberkörpers bringen ebenfalls spürbar Ruhe in den Turn.

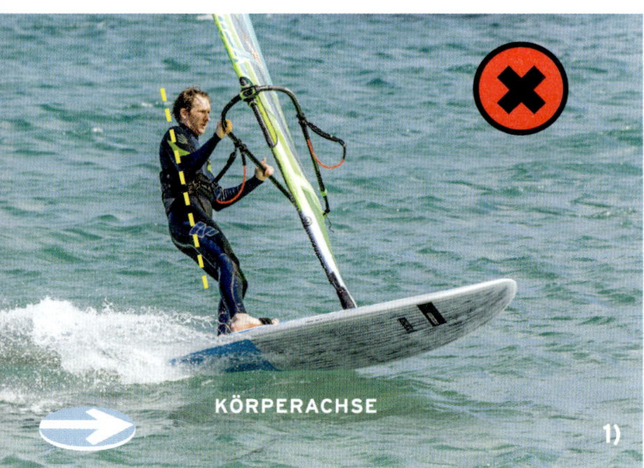

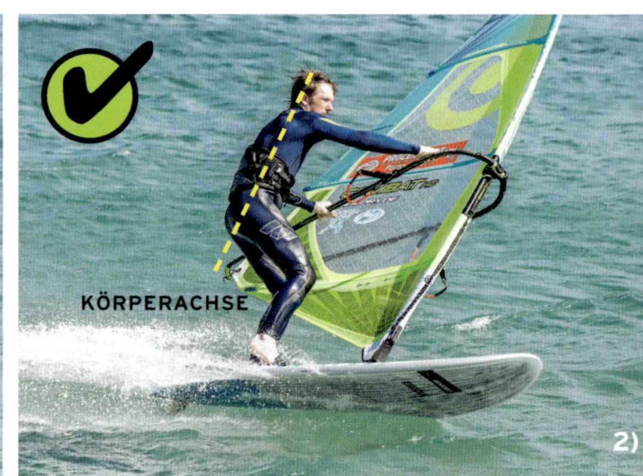

Fehler 2: Zu frühes Schiften

Die beschriebenen Fehler beim Einleiten der Halse oder schlicht zu wenig Wind können der Grund dafür sein, dass man die Halse nicht durchgleiten kann. Unabhängig von der Ursache versuchen viele Halsenschüler dann bereits auf Vorwind, also direkt mit dem Umstellen der Füße, das Segel zu schiften - obwohl das Brett doch erst 90 Grad gedreht hat **(1-2)**. Besonders auf kleinen Brettern gerät das Schiften zu diesem verfrühten Zeitpunkt zur Wackelnummer, oft säuft dabei das Heck ab und man endet im Wasser **(3-4)**.

Tipp: Fällt dein Brett auf Vorwindkurs aus dem Gleiten, fahre die Powerhalse wie eine Basishalse, also mit Segelsteuerung, zu Ende. Kippe nach dem Fußwechsel den Mast nach außen in Richtung Wasser und lasse dein Brett bis in die neue Fahrtrichtung weiterdrehen. Erst nachdem du die komplette 180-Grad-Drehung absolviert hast, schiftest du.

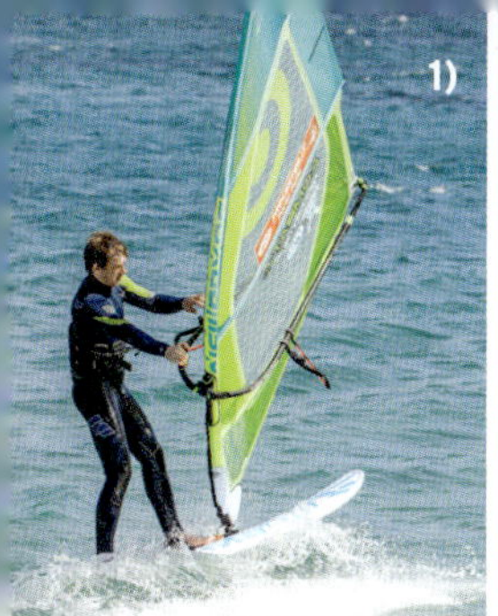

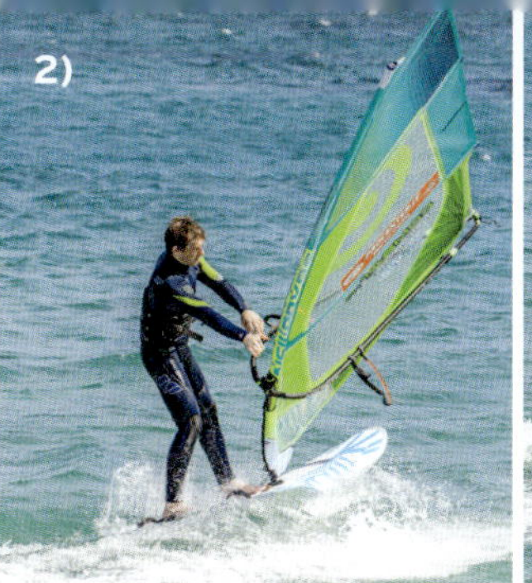

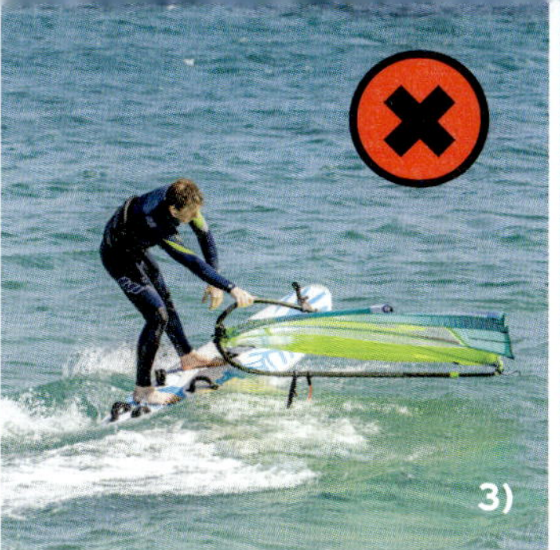

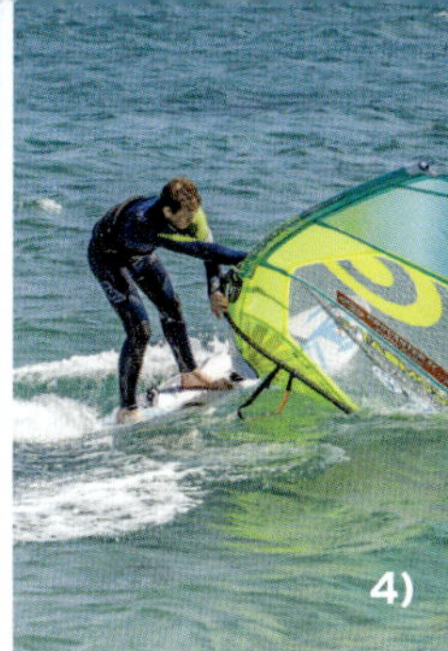

Fehler 3: Leesturz beim Schiften

Das Schiften stellt die letzte Hürde einer gelungenen Powerhalse dar – wer Übung auf dem Longboard hat, ist klar im Vorteil. Ein klassischer Fall ist, dass das Segel beim Schiften auf der Leeseite ins Wasser stürzt **(1-4)**. Um dies zu vermeiden, sollte es dein Ziel sein, das Segel zum Schiften leicht und neutral zu stellen. Je aufrechter/senkrechter es beim Rotieren steht, desto leichter wird es für dich. Versuche deshalb, nach dem Lösen der Segelhand das Segel mit der Masthand nahe zum Körper zu ziehen (Mastarm gebeugt!) **(5)**. Auf diese Weise kommst du beim Griffwechsel auch leichter auf die neue Gabelbaumseite. Die alte Masthand wird dann zur neuen Segelhand **(6-7)**.

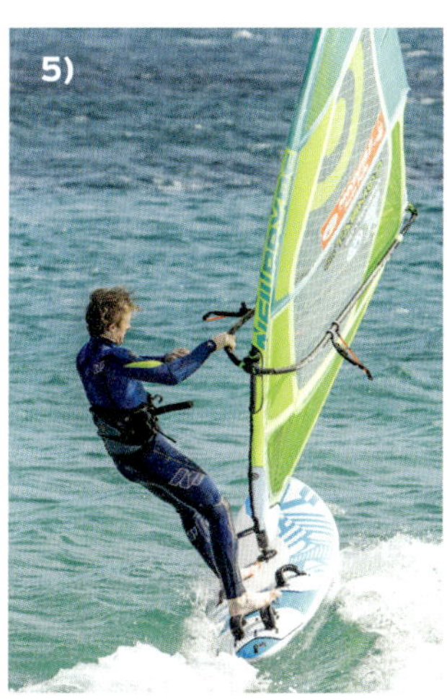

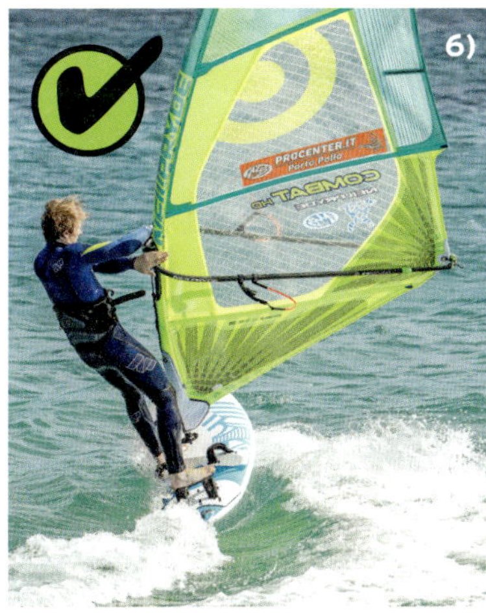

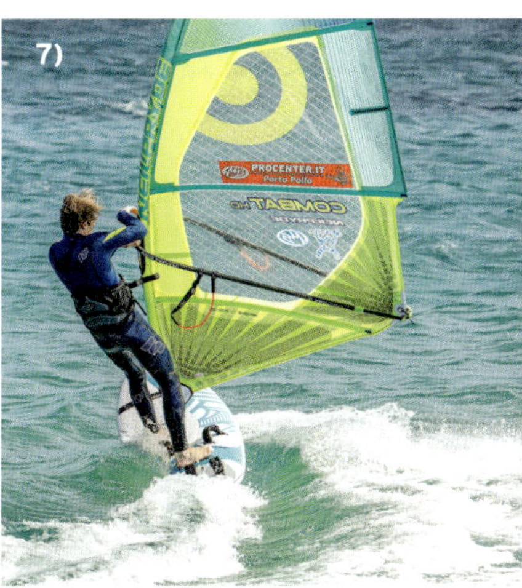

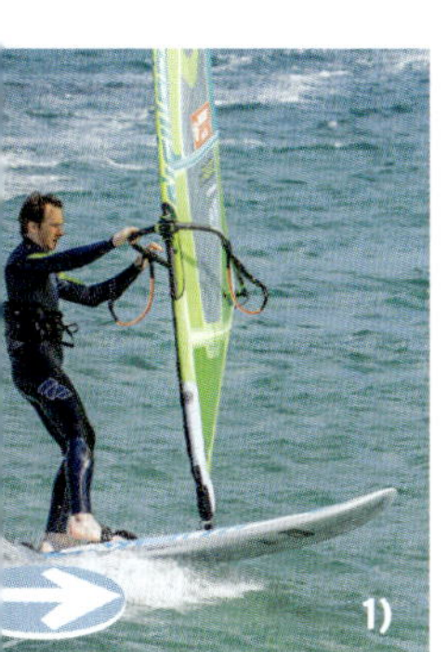

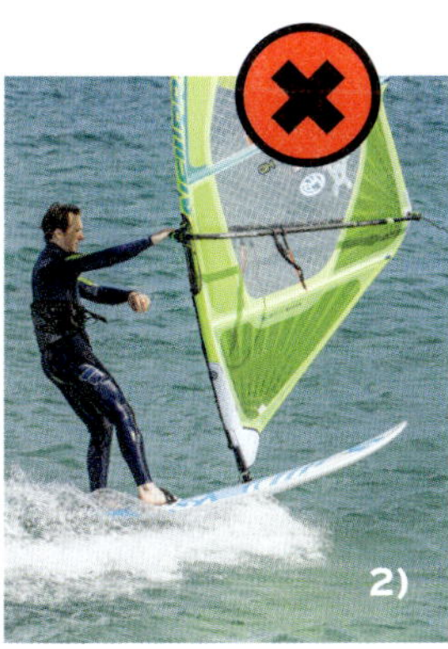

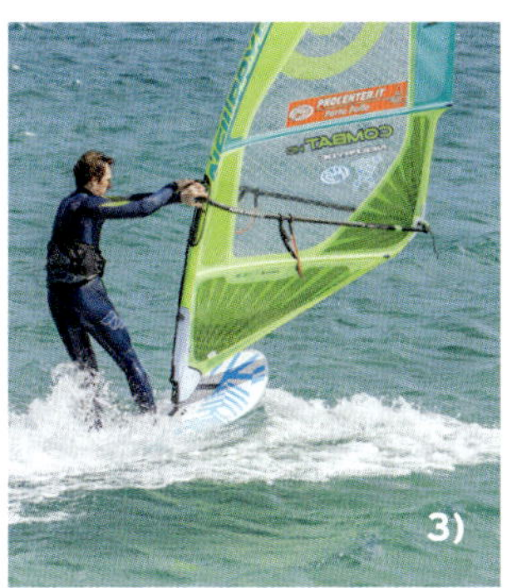

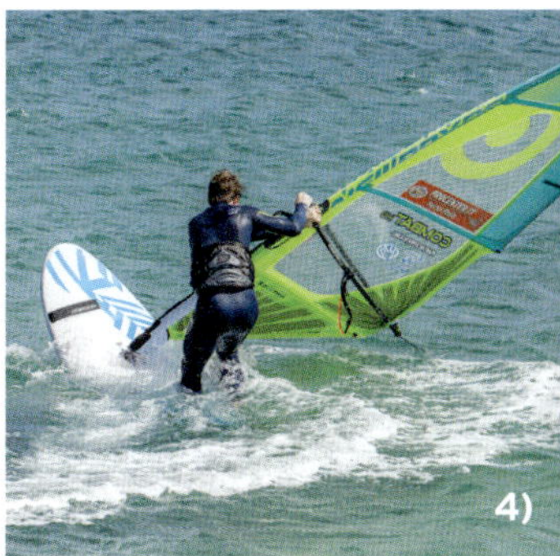

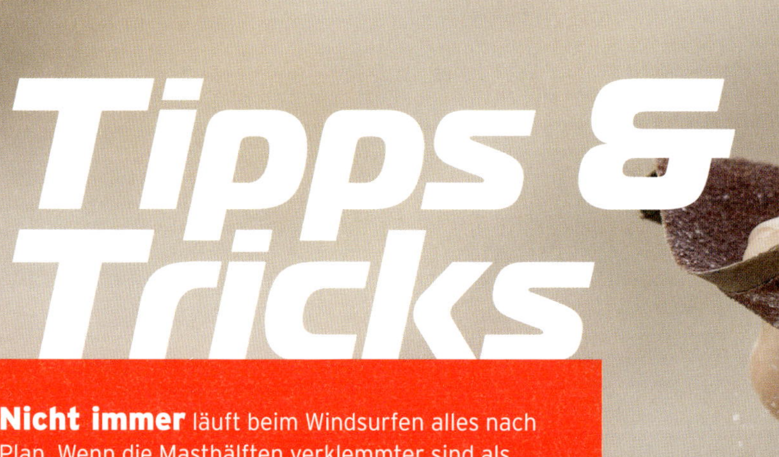

Tipps & Tricks

Nicht immer läuft beim Windsurfen alles nach Plan. Wenn die Masthälften verklemmter sind als katholische Klosterschülerinnen, dein Segel nach dem letzten Schleudersturz in Fetzen hängt oder die Brettspitze Bekanntschaft mit dem flachen Riff gemacht hat, ist guter Rat teuer. Deshalb gibt's hier Hilfe zur Selbsthilfe.

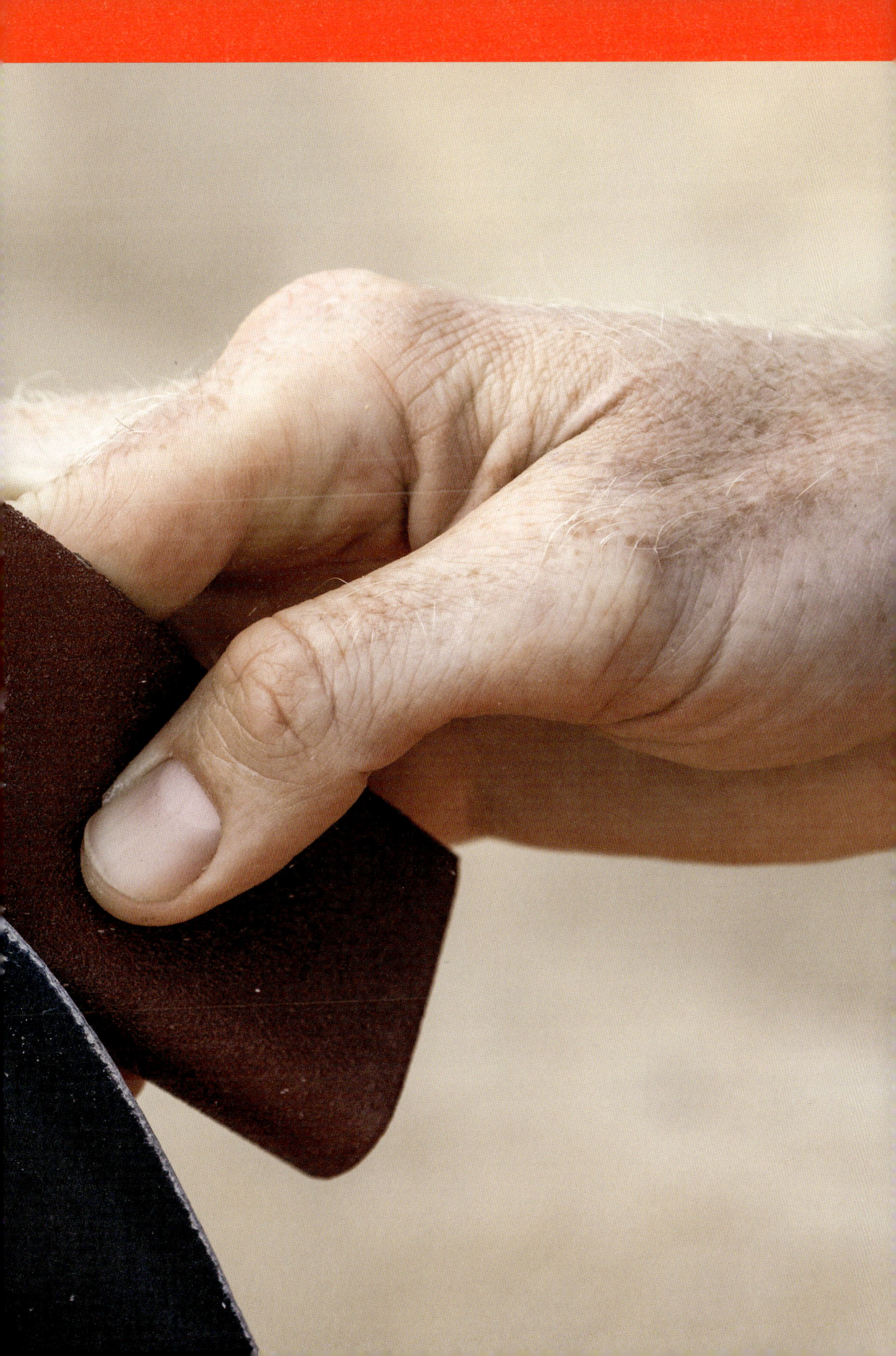

Boardreparatur

Wenn du beim Einschätzen der Wassertiefe etwas zu optimistisch warst oder sich das Rigg beim letzten Schleudersturz mal wieder mit Getöse im Brett verewigt hat, sollen dir die folgenden Tipps helfen, dein Board wieder fit zu bekommen – und zwar, bevor der Urlaub vorbei ist! Was du dabei beachten solltest, welche Materialien du dafür brauchst und wann du besser dem Reparaturfachmann den Vortritt lässt, erfährst du jetzt.

Selbsthilfe oder Profireparatur?

In folgenden Fällen solltest du die Reparatur deines Bretts dem Fachmann überlassen:

- bei weichen Stellen oder Beschädigungen im Standbereich.
- bei Rissen oder weichen Stellen unter den Pads, an den Rails unter den Pads sowie an Mastspur oder Finnenkästen.
- bei großen Beschädigungen, bei denen der Styroporkern beschädigt wurde.
- wenn die Optik perfekt werden soll.

Ist dies nicht der Fall, kannst du problemlos selbst Hand anlegen.

Die goldenen Reparaturregeln

Bei einer Beschädigung erstmal raus aus dem Wasser, damit das Brett kein Wasser zieht! Wenn du aus dem kalten Wasser kommst, dehnt sich die Luft im Brett aufgrund der Erwärmung aus und drückt nach außen – hastig aufgebrachtes Reparaturmaterial löst sich dann wieder. Daher gilt: Lüftungsschraube auf und Reparatur im Schatten durchführen! Wenn der Unterschied zwischen Luft- und Wassertemperatur groß ist, solltest du dem Brett 60 Minuten Zeit geben, um den Druckunterschied auszugleichen.

Die Polyesterfalle

Es gibt Reparatursets für »Polyester« und »Epoxy« zu kaufen. Windsurfboards werden stets mit Epoxy-Harz laminiert, Boote oder Kayaks oft mit Polyester-Harz. Polyester ist etwas spröder und härtet schneller aus, greift aber die Schaumkerne von Surfboards an, was dazu führen kann, dass du hinterher ein größeres Loch im Brett hast als vorher. Daher solltest du immer auf Epoxy-Harze setzen!

Schnellreparaturen

Bei kleinen Löchern und Macken, die sich nicht im unmittelbaren Standbereich, den Kanten unterhalb der Schlaufen sowie an Finnenkasten und Mastspur befinden, reicht eine Schnellreparatur mit UV-härtenden Materialien oder 2-Komponenten-Kits aus. Je nach Situation hat jede dieser Produktgruppen bestimmte Vor- und Nachteile. Am besten hast du von beiden etwas dabei, dann bist du auf der sicheren Seite.

In jedem Fall solltest du die beschädigte Stelle trocknen, von loosen Teilen befreien und mit Schleifpapier anschleifen.

UV-härtende Materialien

Produkte wie Solarez oder Dura Rez basieren auf UV-härtendem Epoxy. Diese sollten immer im Schatten verarbeitet werden und härten in praller Sonne innerhalb von zwei bis fünf Minuten aus. Einfach wie Zahnpasta aus der Tube direkt auf die beschädigte Stelle drücken. Sie taugen auch zum dauerhaften Verfüllen tiefer Löcher und sollten bei Reisen in südliche Gefilde in keinem Boardbag fehlen:

+ Einfache Handhabung.
+ Extrem schnelles Aushärten in der Sonne
- Bei mäßiger Sonneneinstrahlung oft stark verzögertes Aushärten.

2-Komponenten-Kits

Egal ob Ding Stick, Session Saver, Tekkno Stick oder Gumball draufsteht, dahinter verbirgt sich meist das Gleiche: Eine Knetmasse, deren zwei ursprünglich voneinander getrennte Komponenten durch Kneten vermischt werden, wodurch der Aushärteprozess in Gang gesetzt wird. Angefeuchtete Finger helfen bei der Verarbeitung, die Knetmasse wird einfach auf die angeschliffene Reparaturstelle aufgedrückt.

+ Mischungsverhältnis automatisch richtig.
+ härtet auch in nassem Zustand und unabhängig von UV-Licht aus.
+ schnell trocknend (etwa 15 Minuten).
+ kein Schleifen nötig.
- bei Kälte längere Trocknungsdauer.
- bei flächigen Reparaturen wenig dauerhaft

Laminieren

Wenn dein Brett sichtbare Risse aufweist und sich die Außenhaut mit moderatem Fingerdruck eindrücken lässt, wird eine Reparatur mit den erwähnten Schnellreparatur-Sets nicht lange halten – du musst laminieren, das heißt, die gebrochenen Glasfaser- oder Carbonlagen deines Boards durch neue ersetzen. Hierbei gilt: Schäden an besonders beanspruchten Zonen wie Standbereich, an den Kanten unterhalb der Pads sowie an Mastspur und Finnenkasten besser dem Profi überlassen – du riskierst sonst, dass der Schaumkern Wasser zieht.

Für kleine Laminierarbeiten eignen sich Reparatursets aus dem Surfshop perfekt, hier sind alle wichtigen Materialien wie Schleifpapier, Gummihandschuhe, Harztopf, Pinsel, Glasfasermatten sowie Epoxy-Harz und Härter enthalten. Zusätzlich brauchst du noch Schere, Tücher, ein scharfes (!) Cuttermesser und – im Idealfall – einen Akkuschrauber mit Rundschleifer.

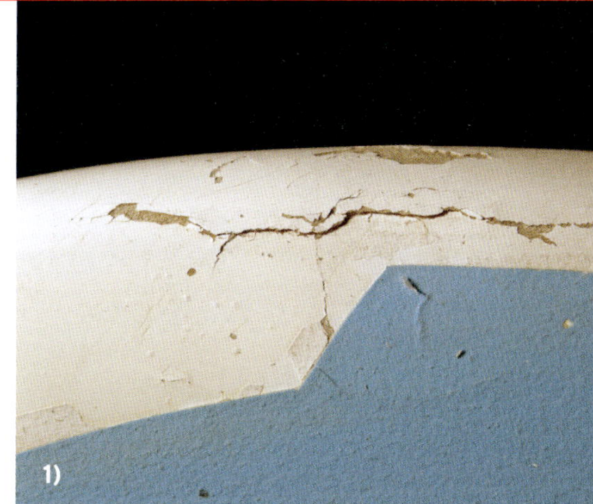

1)

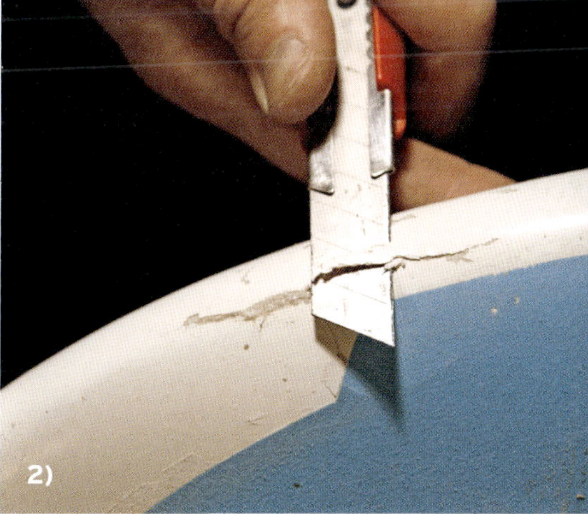

2)

Und so wird's gemacht:

Vorbereitung

1) Der Klassiker – ein Schleudersturz hat die Brettnase zerdeppert, das Laminat ist gebrochen. Ding Stick, Solarez & Co. würden hier nur bis zum nächsten Einschlag halten. **Trockne die Stelle** zuerst und öffne die Lüftungsschraube.

2) Lose Teile entfernen: Damit die Lagen wieder haften, solltest du übereinander geschobenes Material wegschneiden. Dann wird »angeschäftet«, das heißt, du schleifst die Randbereiche harmonisch an, um keine Kanten mehr zu haben. Generell gilt: Der Schleifbereich sollte immer größer sein als die eigentliche Beschädigung, um einen guten Halt des neuen Laminats auf altem,

gesundem Material zu ermöglichen.
3) Design entfernen: Die meisten Designs sind nur aufgeklebt, auch hier würden die neuen Lagen später nicht haften.
4) Fertig vorbehandelte **Reparaturstelle säubern** (abfegen).

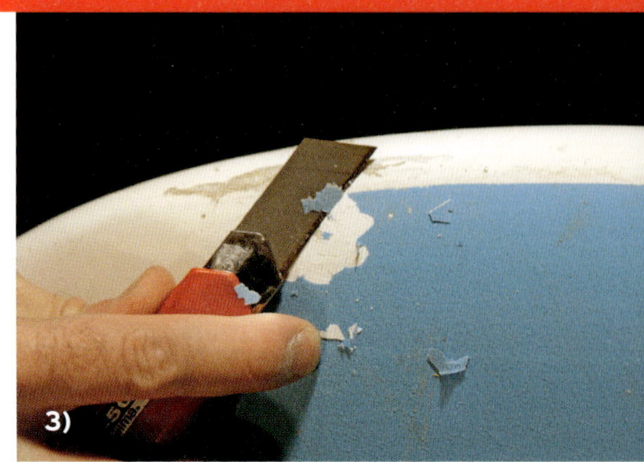
3)

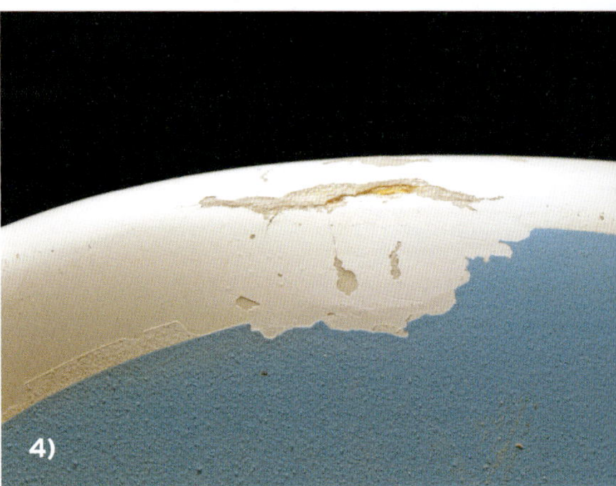
4)

Anmischen
Erst wenn alles vorbereitet ist, wird angemischt. Wichtig: Genaues Mischverhältnis beachten! Auch bei kleinen Reparaturen besser etwas mehr Harz anmischen, je größer das Gesamtvolumen, desto weniger fallen Mischungenauigkeiten ins Gewicht. Sobald du Harz und Härter mischst, tickt die Uhr. Die Aushärtezeit von Epoxy hängt von der Umgebungstemperatur ab – je wärmer es ist, desto weniger Zeit bleibt dir. Bei Raumtemperatur ist Epoxy etwa 30 Minuten bis eine Stunde verarbeitbar, deshalb empfiehlt es sich, vor dem Anmischen des Harzes schon

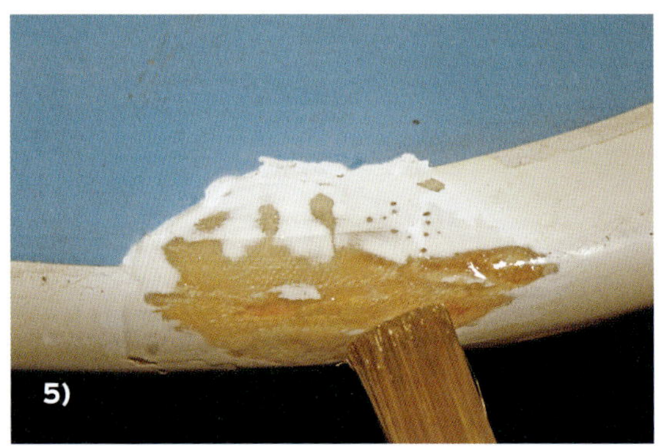
5)

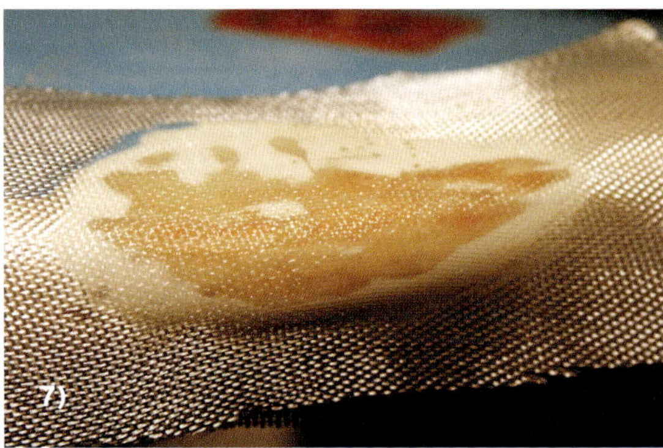
7)

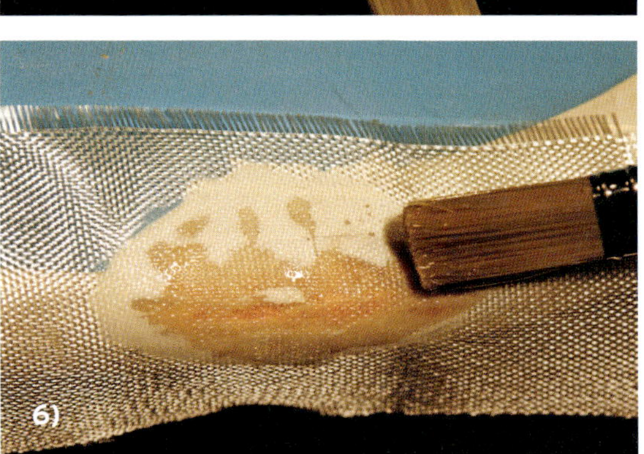
6)

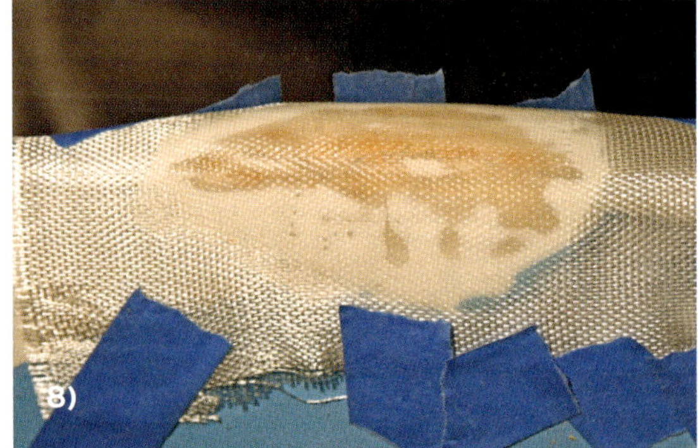
8)

mal drei bis vier Lagen Glasmatten in großzügige, rechteckige Stücke zu schneiden.

Laminieren

5) Mit einem Pinsel das **Harzgemisch** auf den Schleifbereich **auftragen**.

6) Die erste Lage **Glas auflegen** und von oben mit etwas Harz betupfen, bis diese durchsichtig wird - dann ist diese komplett mit Harz getränkt.

7) Insgesamt **drei bis vier Lagen Glas auftragen** und jeweils vorsichtig mit Harz betupfen, bis diese durchsichtig werden. Nicht zu viel Harz zufügen, die Oberflächenstruktur der Matten soll noch sichtbar sein.

8) Jetzt muss alles trocknen, dazu kann man die **Matten** vorsichtig mit Tesa-Crepes an den Rändern **fixieren** oder die Matten mit einer Lage stramm gewickelter Frischhaltefolie fixieren.

Nachbearbeitung

Bei Raumtemperatur ist herkömliches Epoxy nach einer Nacht ausgehärtet. Soll/muss es schneller gehen, hilft eine Wärmequelle.

9) Die nicht durchtränkten **Ränder** der Glasmatten mit dem Cutter **abschneiden**.

10) Die Reparaturstelle ist jetzt bereit zum Schleifen.

11) Mit grobem Schleifpapier loses Material entfernen und die **Übergänge** zwischen altem und neuem Material **verschleifen**. Schneller geht es mit einem Rundschleifer (ab fünf Euro im Baumarkt, Akkuschrauber auf langsame Stufe einstellen!).

12) Mit feinem Schleifpapier **von Hand nachschleifen**.

Fertig! Die Stelle ist dicht, du kannst damit wieder aufs Wasser!

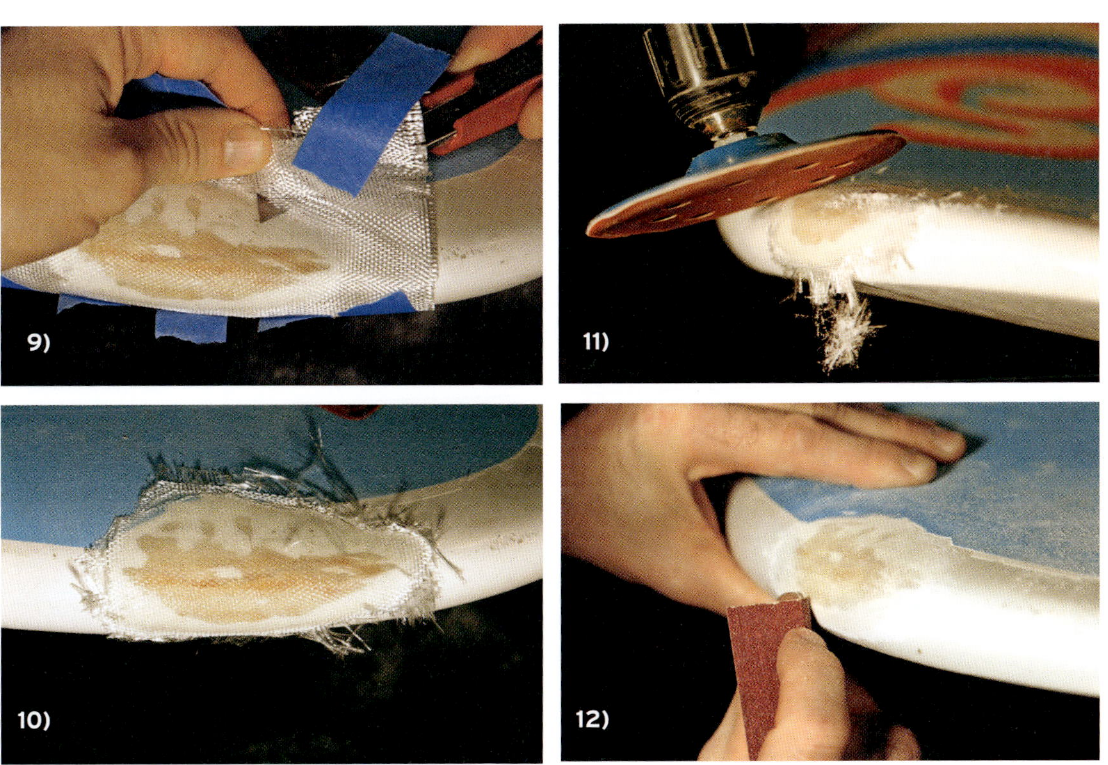

Segelreparatur

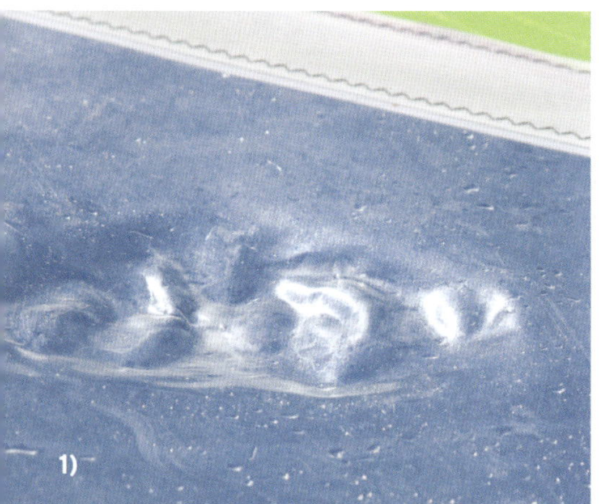
1)

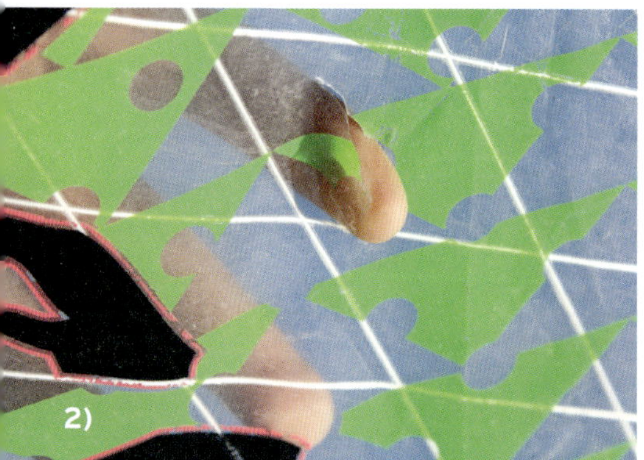
2)

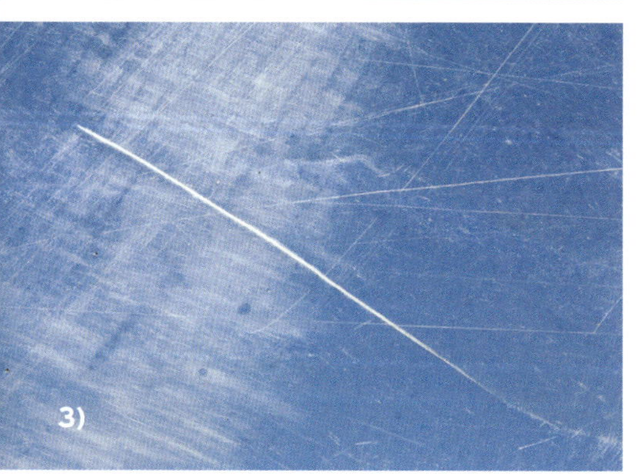
3)

Wer sein Segel schrottet, bringt es zum Segelmacher. Klingt logisch, ist sinnvoll – solange an den kommenden Tagen kein Wind angesagt ist. Denn wer an einem windigen Gardasee-Wochenende oder einer ausgeprägten norddeutschen Tiefdruckphase zum Segelmacher geht und mit seinem Segel gern »morgen« wieder aufs Wasser möchte, erntet meist nur ein müdes Lächeln und einen dezenten Hinweis auf den Stapel Arbeit auf dem Nähtisch. Wenn eine Bahn komplett durchgerissen ist, gibt's leider keine Alternative. Kleine Löcher und Risse kann man aber gut notdürftig flicken und damit weitersurfen – wenn man ein paar Knackpunkte beachtet!

Reparieren oder weitersurfen?

Weitersurfen kannst du:

- bei Beulen im Monofilm: Hat sich Monofilm einmal verformt, bleibt es wie es ist **(1)**. Sieht nicht schön aus, ist aber eigentlich harmlos und weiterhin stabil!
- bei kleinen Löchern im X-Ply: X-Ply besteht aus zwei dünnen Monofilmlagen, zwischen die Fäden aus Polyester, Kevlar oder Aramid geklebt wurden **(2)**. Diese verhindern ein Weiterreißen, die Session kann erstmal weitergehen. Zur Sicherheit solltest du das Loch aber nach dem Surfen mit Stickern oder Duct Tape notdürftig verarzten.

Reparieren solltest du:

- Löcher im Monofilm: Monofilm reißt nach einer Beschädigung bei Belastung bis zur nächsten Naht weiter. Aus einem kleinen Loch wird dann schnell ein Totalschaden.
- Große Knicke im Monofilm: Monofilm altert durch UV-Licht und wird brüchig. Große, weiß verfärbte Knicke **(3)** sind bei älteren Segeln die Achillesferse, hier reißt der Film bei einem Sturz schnell ein. Auf Nummer sicher geht man, indem man die größten Knicke mit Duct Tape oder Stickern beidseitig sichert.

Risse im Segel flicken

Auch größere Risse im Segel müssen nicht das Aus bedeuten. Mit einigen Baumarktutensilien für 20 Euro und den folgenden Tipps, hast du gute Chancen, dass der Surftag an dieser Stelle noch nicht zu Ende ist.

Das richtige Reparaturmaterial
Für Risse und Löcher in der Mitte eines Segelfensters reichen herkömmliche Sticker oder Duct Tape aus dem Baumarkt (am besten von Tesa). Endet ein Riss direkt an einer Naht, musst du selbstklebendes und möglichst dünnes Tuchmaterial verwenden. Dieses bekommst du als Meterware bei Segelmachern zum selber Zuschneiden (Quadratmeterpreis etwa 15 Euro). Ebenfalls empfehlenswert für kleinere Risse ist das extrem reißfeste und selbstklebende »Spinnaker-Tape«, (Beispiel: PSP Marine Tapes, etwa 10 Euro bei Segelmachern oder im Internet).

Die Reparatur
1) Zuerst solltest du die **Folie trocknen** und von Salz und Sand befreien (z. B. mit fettlösendem Spülmittel).
2) Egal ob gewöhnliche Sticker oder selbstklebendes Tuchmaterial - es hält besser, wenn du die **Ecken abrundest**.

Tipp: Sofern sich die Beschädigung nicht direkt an einer Segelnaht befindet, achte darauf, dass Sticker bzw. Klebetuch nicht auf Nähten oder Dacronmaterial enden.

3) Endet ein Riss an der Naht, musst du das **Klebetuch überlappen lassen** und auf der Naht zusätzlich verkleben. Verwende dazu Pattex Classic und trage dieses auf Klebetuch und Segelnaht beidseitig auf.
4) Warte 10-15 Minuten und **presse beide Lagen fest zusammen.**
5) Wenn du diese **Reparatur beidseitig** durchgeführt hast, ist dein Segel fit und du kannst wieder aufs Wasser!

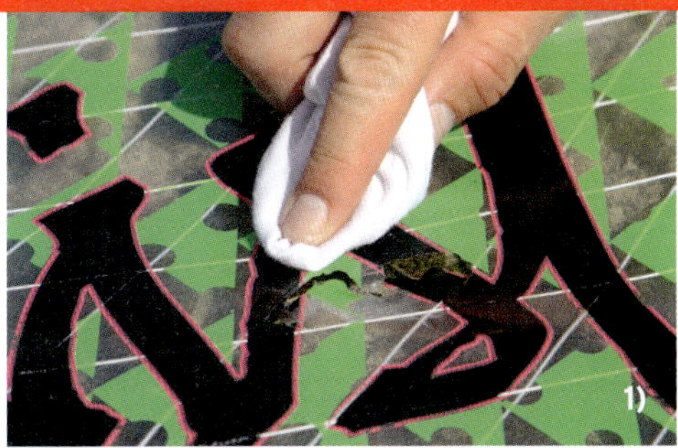
1)

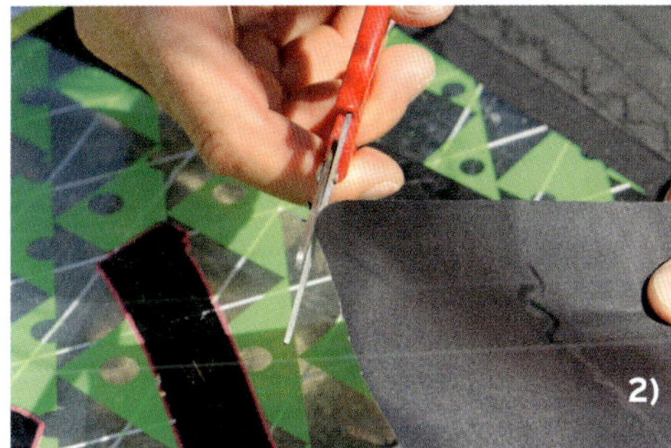
2)

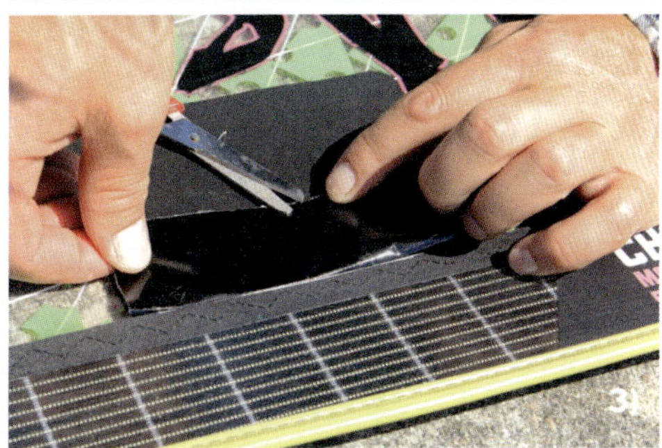
3)

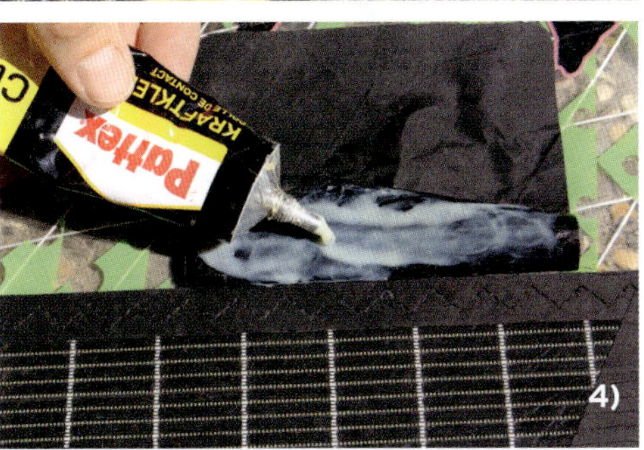

4)

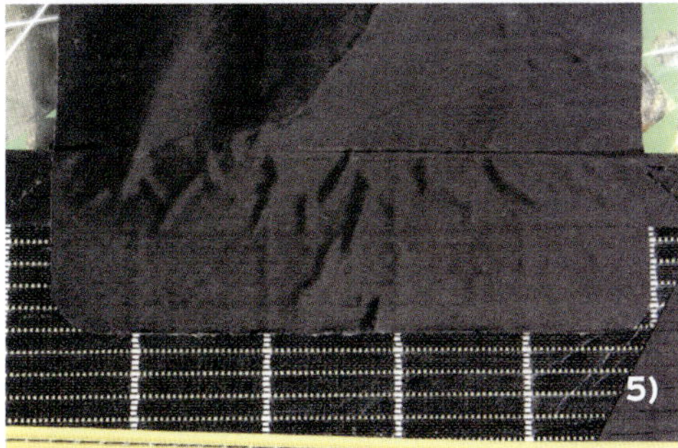
5)

Masten trennen

Ein feiner Surftag ist vorbei, jetzt schnell abbauen und ab nach Hause. Weil aber die beiden Mastteile oft verklemmter sind als katholische Klosterschülerinnen, endete schon so manche Heimfahrt vom Spot mit viel Gefluche, Verspätung und einem Überlänge-Wimpel am Auto. Weil jeder Windsurfer das Problem schon mal hatte, hat auch jeder seine eigene Theorie, wie man verklemmte Masten erfolgreich trennt. Dabei gibt es nicht »DIE« Methode – mal klappt die eine, mal die andere. Umso besser, wenn man ein paar Ideen im Hinterkopf hat.

Warum verklemmen Masten überhaupt?

Sand, Salz und Carbonabrieb sind die Hauptverursacher verklemmter Masten. Oft reicht es schon, den Mast beim Aufbauen kurz auf dem Boden abzulegen – Salz und Sand in der Luft haften dann schnell an der Steckverbindung. Auch eine undichte oder fehlende Toppkappe kann Schuld sein, weil hier dann schnell Wasser und feinster Sand eindringen und von oben in die Steckverbindung einsickern.

Wie verhinderst du das Verklemmen?

Wenn es schon beim Zusammenstecken knarzt, sofort Kommando zurück und erstmal alles säubern. Ein wenig Wasser aus der Pulle oder ein alter Lappen helfen, den gröbsten Schmutz zu entfernen. Nach dem Zusammenstecken die Verbindung am besten kurz checken: Ist diese schwergängig, sofort noch mal sauber machen und mit viel Wasser spülen. Lassen sich Ober- und Unterteil mühelos wieder auseinander ziehen, sollte auch nach dem Surfen alles problemlos trennbar sein.

Tipp: Wer sein Segel länger aufgeriggt lassen will/muss, sollte vor dem Aufbau alles säubern und Steckverbindung und Toppkappe mit etwas Tape abkleben **(1)** – so kommt garantiert kein Dreck rein und der Mast geht auch nach vier Wochen Dauerbetrieb problemlos auseinander.

So löst du verklemmte Masten

Dass »viel« auch viel hilft, liegt auf der Hand. Wenn also am Strand noch andere Surfer

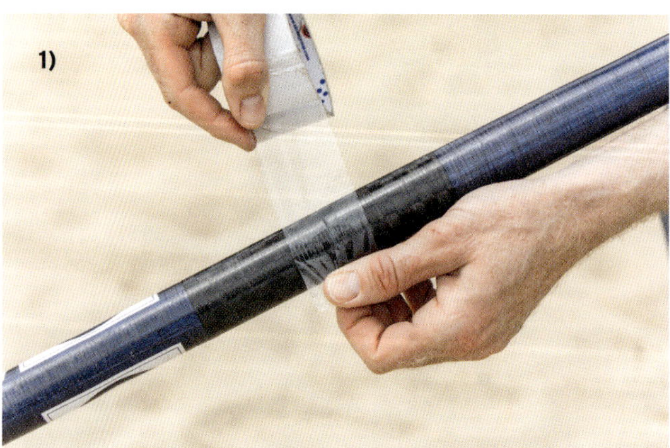

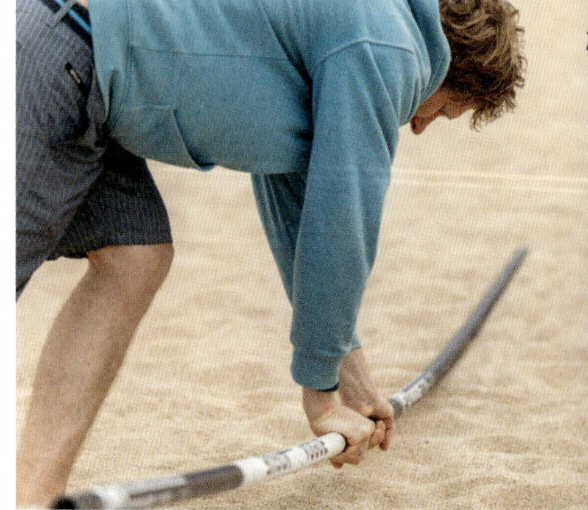

sind, organisiere so viele helfende Hände wie möglich. Da sich Masten aber unter dem Einfluss roher Gewalt komplett verkeilen können, wechsele die Drehrichtung immer wieder, um zu verhindern, dass sich der Mast beim Lösen verkantet.
Reicht das nicht oder ist keine Hilfe verfügbar, musst du die verklemmte Steckverbindung mit folgenden Tricks lösen:

Der Biege-Trick

Durch die einseitige Biegung im Segel ist die Steckverbindung oft nur leicht verkeilt. Versuche daher diese zu lösen, indem du den Mast an beiden Enden auflegst und auf Höhe der Steckverbindung mit deinem Körpergewicht belastest und durchbiegst **(2)**. Drehe den Mast hierbei stückweise weiter.

Der Schüttel-Trick

Stelle den Mast vor dir auf den Boden, greife ihn unterhalb der Steckverbindung und versetze das Masttopp mit schnellen Bewegungen in Schwingung **(3)**. Drehe den Mast auch hierbei von Zeit zu Zeit weiter. Auch das Aufschlagen des Masttops auf einen weichen (!) Untergrund wie etwa Sand oder Gras kann die Verkeilung lösen.

Der Gabel-Trick

Sind keine oder nur wenige helfende Hände in der Nähe, kannst du auch mit zwei Gabelbäumen und dem damit verbundenen größeren Hebel erfolgreich sein. Montiere mindestens je eine Gabel über und unter der Steckverbindung, sorge dafür, dass der Schnellverschluss sehr stramm sitzt und versuche dein Glück **(4–5)**. Vorsicht bei Masten mit Standarddurchmesser (SDM): Gabel nicht zu fest anknallen, sonst lohnt sich der Trennungsversuch nicht mehr, weil der Mast den Surftag im nächsten Sondermüll beendet. Dünne »Skinny-Masten« (RDM) sind hier deutlich unempfindlicher.

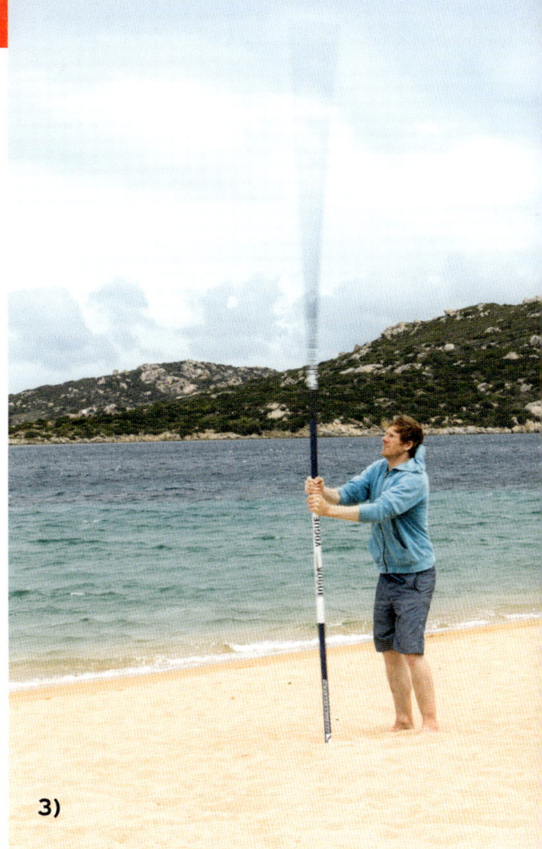
3)

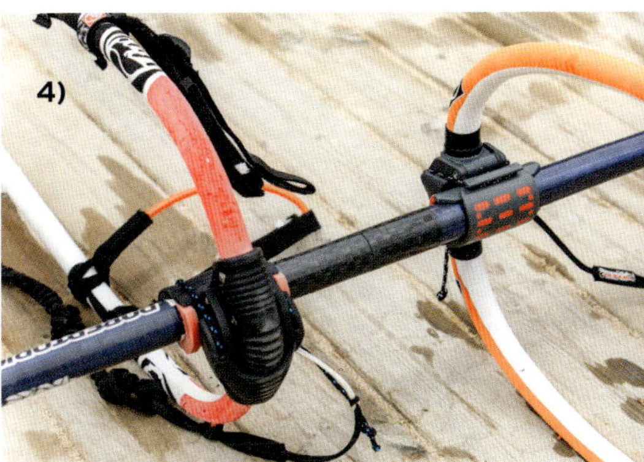
4)

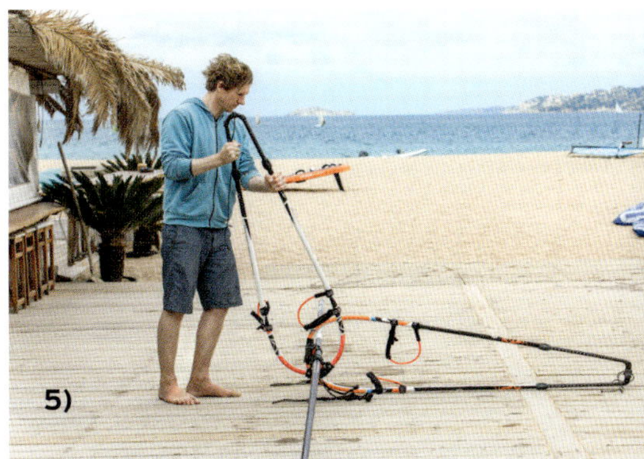
5)

Sicherheit

Der Chef im Ring ist da draußen stets Mutter Natur - das muss auch der beste Windsurfer immer mal wieder demütig feststellen. Wie du gefährliche Wettersituationen erkennst, was es beim Miteinander auf dem Wasser zu beachten gilt und wie du dich im Notfall richtig verhältst, erfährst du hier.

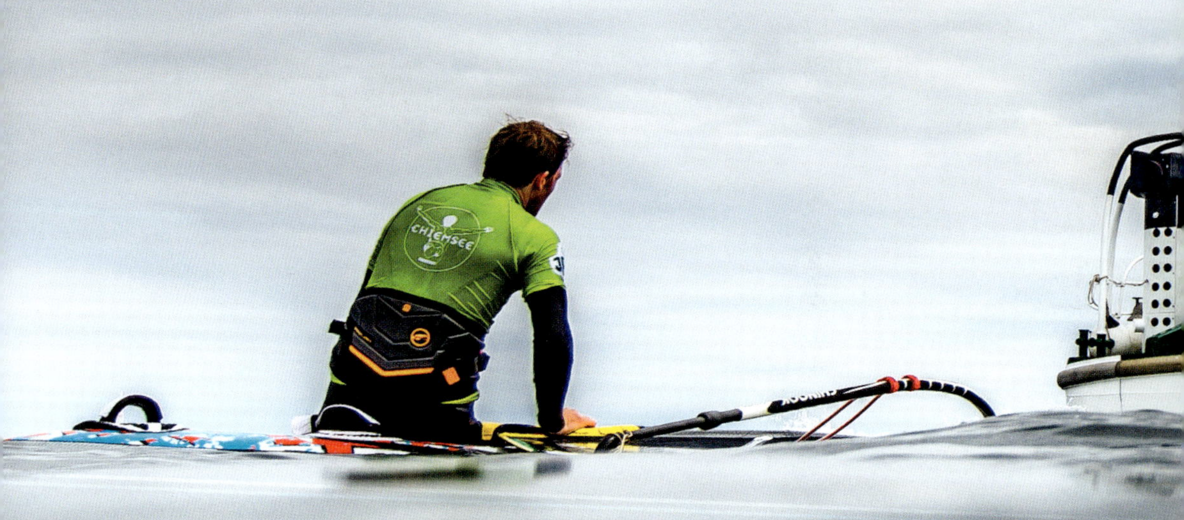

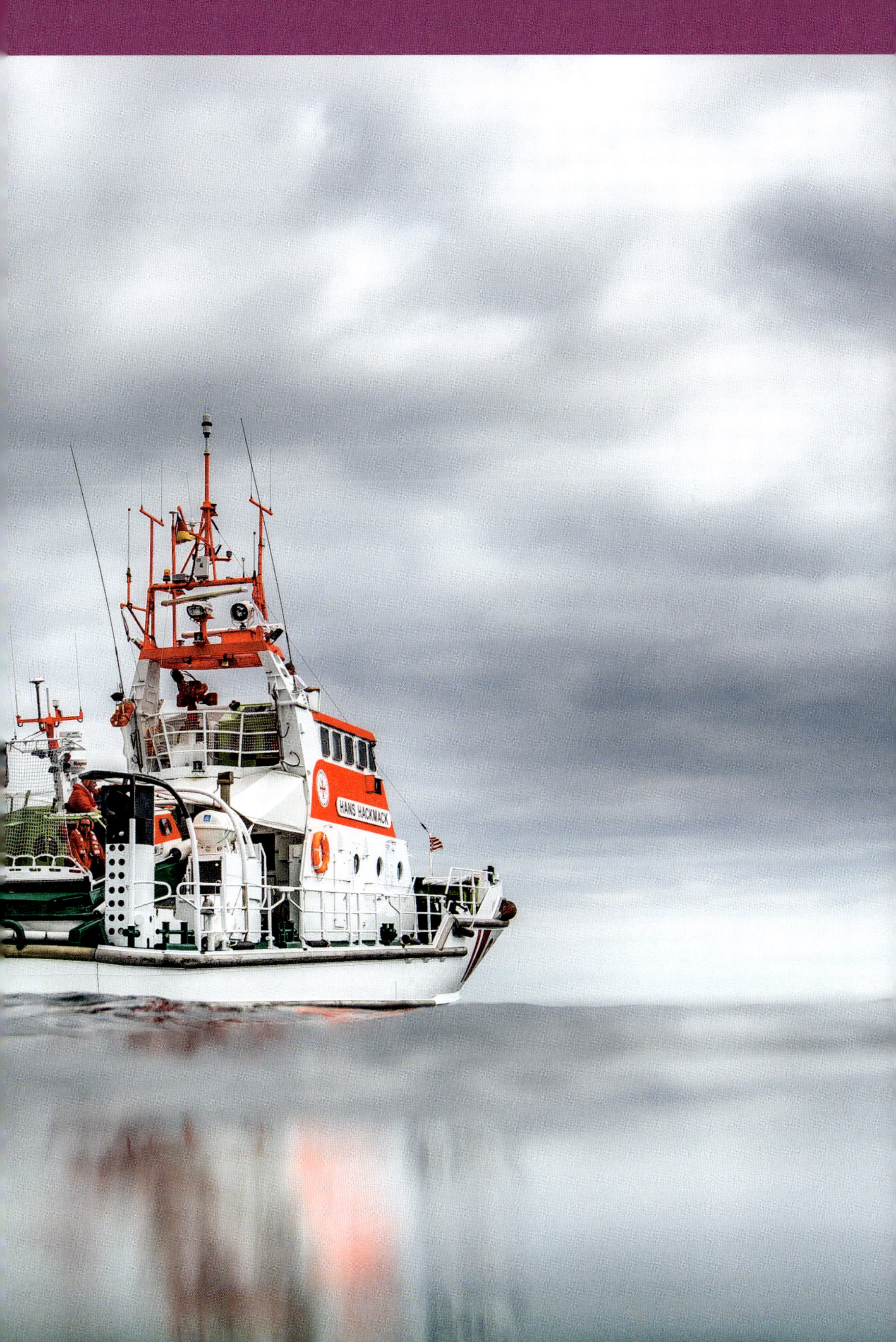
HANS HACKMACK

Vorfahrtsregeln

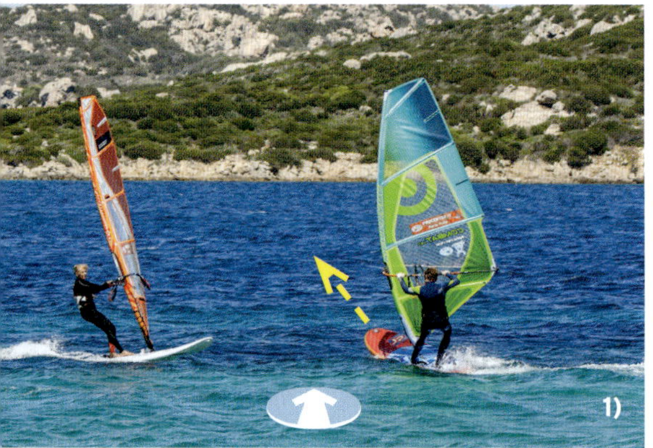
1)

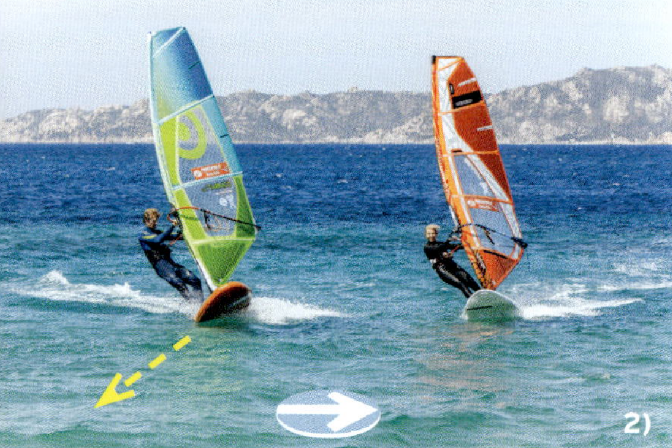
2)

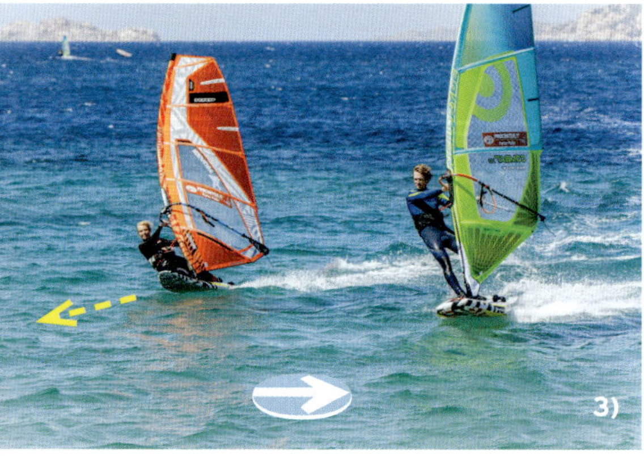
3)

Windsurfen ist pure Freiheit, aber ganz ohne Regeln geht es nicht! Damit auf dem Wasser keine brenzligen Situationen entstehen, sind Vorfahrtsfragen klar geregelt. Die folgenden Regeln solltest du kennen:

Steuerbord weicht Backbord (1)

Steht dein Segel auf der in Fahrtrichtung betrachtet rechten Seite, surfst du auf Steuerbordbug. Mit dem Segel auf der linken Seite surfst du auf Backbordbug. Fahren zwei Surfer aufeinander zu, gilt »Steuerbord weicht Backbord«. Für die Praxis auf dem Wasser hilft die Daumenregel: »Rechte Hand am Mast hat Recht«. Kommt dir also jemand entgegen und deine rechte Hand ist vorne beim Mast (Segel auf der linken Brettseite, auf Backbord), hast du Vorfahrt.

Luv weicht Lee (2)

Fahren beide Surfer auf dem gleichen Bug, d.h. beide haben das Segel auf der gleichen Seite und somit die gleiche Hand beim Mast, muss eine andere Regel gelten. Da der Surfer weiter in Lee denjenigen in Luv meist schlechter sehen kann als umgekehrt, hat er Vorfahrt, der Surfer in Luv muss ausweichen.

Der Überholer weicht aus (3)

Wer überholen will, wechselt auf die Überholspur – das ist nicht nur beim Autofahren so. Falls die jeweilige Situation es erlaubt, macht ein Überholvorgang auf der Luvseite mehr Sinn, um nicht im Windschatten des Vorausfahrenden steckenzubleiben.

Kiter, Boote, Schiffe – wer hat Vorfahrt?

An den Hotspots bist du als Windsurfer meist in Gesellschaft vieler anderer Wassersport-

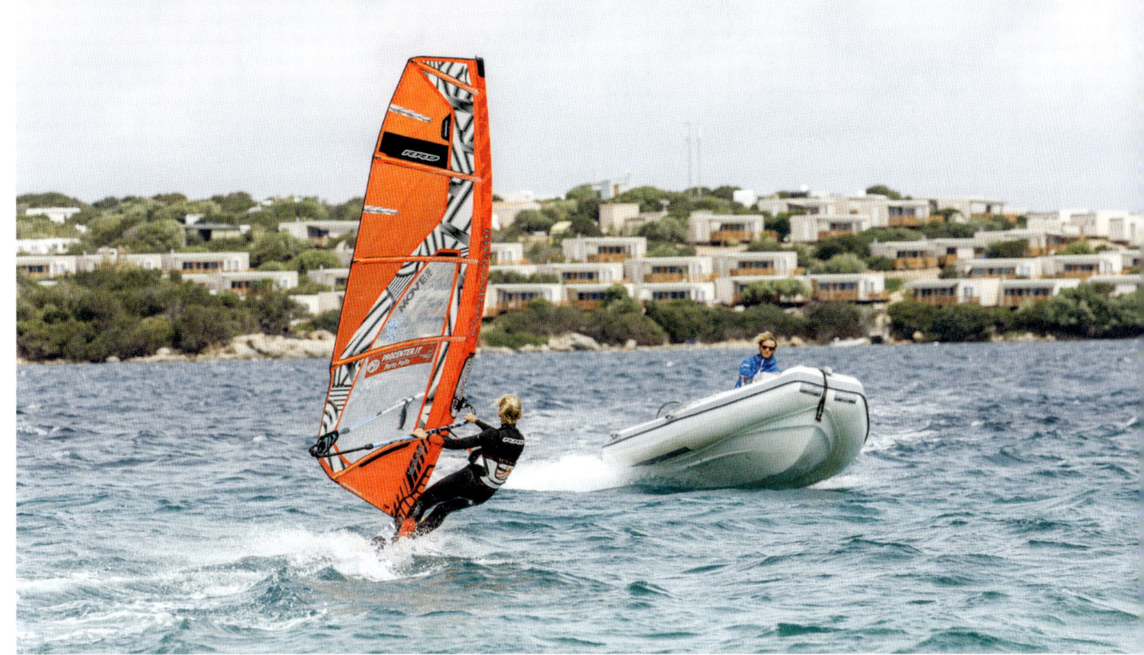

fans. Auf Nord- und Ostsee gilt innerhalb der 3-Seemeilen-Zone in Deutschland vorrangig die Seeschifffahrtsstraßenverordnung (SeeSchStrO), nach der auch **Kitesurfer** den gleichen Bestimmungen wie Windsurfer unterliegen, es gelten also die genannten Regeln. **Segelboote** haben hier, auch wenn das auf den ersten Blick nicht nachvollziehbar ist, aufgrund ihres Status als »Segelfahrzeuge« generell Vorfahrt gegenüber »Sportgeräten« wie Windsurfern und Kites. Dass man **Schwimmern** ausweichen muss, klingt einleuchtend, regelrecht absurd ist die Regelung im Motorsportland Deutschland aber im Bezug auf **Motorboote**: Mit der 1998 vom Verkehrministerium durchgesetzten Statusänderung der Windsurfer von »Segelfahrzeugen« hin zu »Sportgeräten«, müssen Windsurfer Motorbooten im Geltungsbereich der SeeSchStrO immer ausweichen. Ist dies, z. B. aufgrund schlechter Windverhältnisse, nicht möglich, gilt die allgemeine Sorgfaltspflicht natürlich auch für Boote – ein Motorbootfahrer darf also nicht stur auf seinem Recht beharren und einen Unfall in Kauf nehmen. Auf Seen und Flüssen gelten in Deutschland regional stark unterschiedliche Regelungen, nach denen man sich am besten vor Ort erkundigt. International einheitlich geregelt sind hingegen die Vorfahrtsfragen gegenüber **Berufsschifffahrt** wie Fähren, Ausflugsdampfern, Frachtern oder Linienschiffen – Surfer, Kiter und Segler sind hier generell ausweichpflichtig!

Ausweichen – wann und wohin?

Wer Vorfahrt hat, ist kurshaltepflichtig und sollte dementsprechend seinen eigenen Kurs zunächst beibehalten. Nur wenn der ausweichpflichtige Surfer die Regeln erkennbar missachtet oder nicht kennt, solltest du von deinem Vorfahrtsrecht ablassen und deinen Kurs ändern oder das Segel notfalls ins Wasser fallen lassen. Musst du selbst ausweichen, gilt es, immer rechtzeitig und deutlich den Kurs zu verändern und keinen »Schlingerkurs« zu fahren. Es gibt keine generelle Vorschrift, wohin man als Surfer auszuweichen hat – je nach Situation muss entschieden werden, was am meisten Sinn macht. Immer aber gilt: Genügend Abstand ist, vor allem bei starkem Wind, wichtig – empfohlen werden mindestens zwei Mastlängen. Kitersurfern weicht man, sofern möglich, am besten nach Luv aus, um Unfälle mit den langen Leinen zu vermeiden.

Material-Check

Es gibt keine Statistik darüber, wie viele Windsurfer jedes Jahr in Notsituationen kommen. Sicher ist, dass der Großteil dieser Notsituationen aufgrund von Materialproblemen entsteht und viele davon vermeidbar wären. Wenn du deine Ausrüstung regelmäßig checkst, minimierst du dein Risiko, in Notsituationen zu gelangen, enorm. Hier sind die Top-5 der häufigsten Fehlerquellen beim Windsurfen.

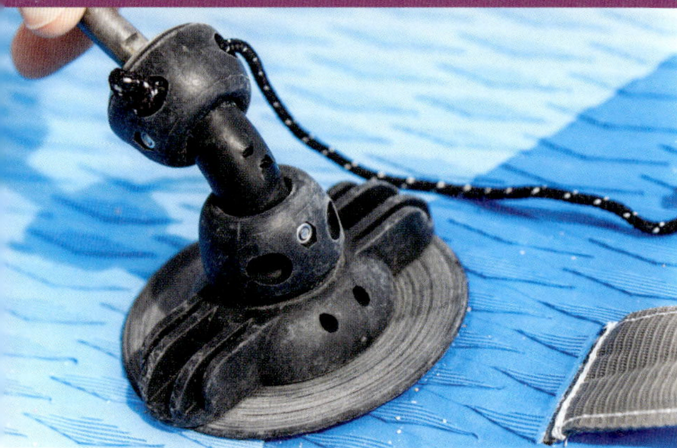

1. Brüchige Mastfußsehne

Bricht der Mastfuß, wird's besonders gefährlich! Weil die üblichen Sicherheitstampen am Mastfuß den plötzlich auftretenden Kräften oft nicht standhalten, läuft man bei einem Sturz Gefahr, dass sich Brett und Segel komplett trennen. Bei starkem Wind ist das Board oft schwimmend nicht mehr einzuholen – weht es ablandig oder die Temperaturen sind kalt, befindet man sich ohne seine »Rettungsinsel« schnell in Lebensgefahr. Mastfüße gilt es deshalb regelmäßig zu überprüfen: Starkes Biegen zur Seite macht Haarrisse der Sehne sichtbar – im Zweifel sofort austauschen!

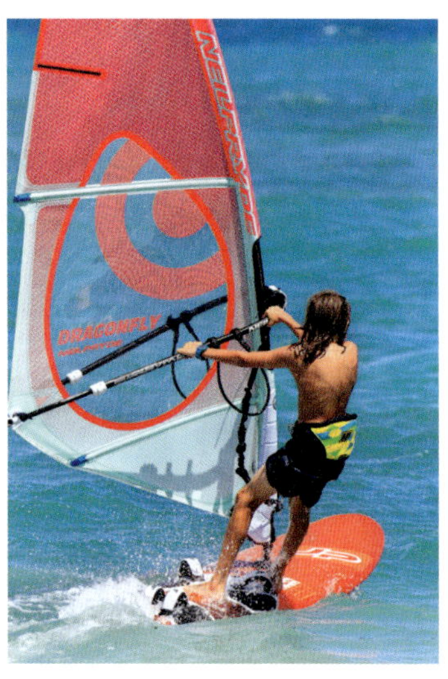

2. Fehlender Kälteschutz

20 Grad können sich am Ufer, in Verbindung mit Sonne und Windschatten, richtig warm anfühlen. Ohne Neo, mit nasser Haut und bei Windstärke fünf können sich 20 Grad aber ziemlich kalt anfühlen, Grund dafür ist die Verdunstungskälte.
Kühlt der Körper aus – was bei Frauen und Kindern aus biologischen Gründen noch schneller der Fall ist, als bei Männern –, versucht der Körper stets, die lebenswichtigen Organe im Körperkern warm zu halten und verringert deshalb die Durchblutung und damit den Wärmeverlust in der Peripherie, also den Fingern, Armen und Beinen. Die Folge: Koordination und Kraft verschlechtern sich massiv, wodurch man eine Abwärtsspirale aus häufigerem Stürzen und noch schnellerem Auskühlen in Gang setzt. An deren Ende steht oft eine Notsituation, die mit entsprechender Kleidung nie entstanden wäre.

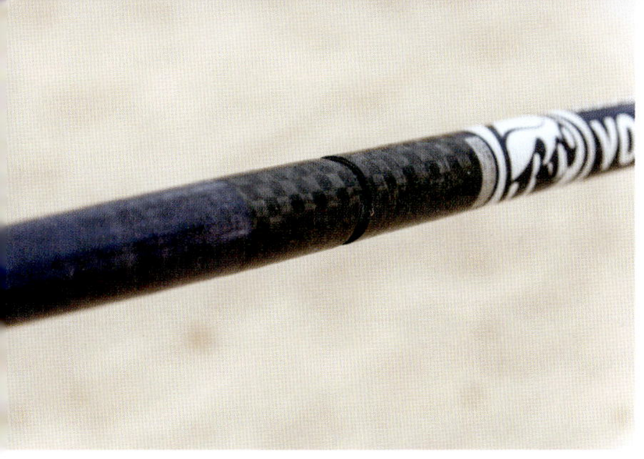

3. Steckverbindung am Mast

Mastbrüche sind eine der Hauptursachen für Notsituationen auf dem Wasser. Rutscht der Mast beim Aufbauen an der Steckverbindung auseinander, besteht erhöhte Bruchgefahr. **Tipp:** Überprüfe nach dem Vorspannen des Vorlieks durch Abtasten an der Masttasche, ob der Mast richtig zusammensteckt!

4. Angescheuerte Tampen

Angescheuerte Tampen sind ein großes wie unnötiges Sicherheitsrisko. Reißt dir auf dem Wasser die Trimmschot oder der Tampen am Schnellverschluss des Gabelbaums, ist eine Weiterfahrt unmöglich. Zudem ist es schwer, das zerfledderte Ende eines gerissenen Tampens wieder einzufädeln. Angescheuerte Tampen sollte man daher immer sofort austauschen. **Tipp:** Tampen aus Dyneema gibt's in jedem gut sortierten Surfshop, diese sind extrem widerstandsfähig gegen Durchscheuern und reduzieren zusätzlich noch die Trimmkräfte!

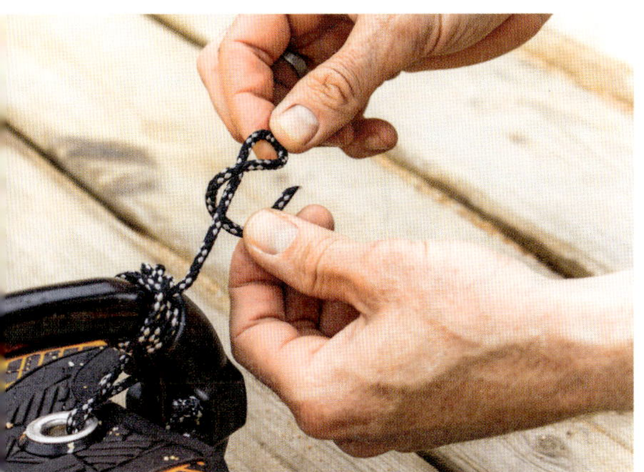

5. Tampenabsicherung

Nach dem Trimmen müssen die Tampenenden abgesichert werden, um ein versehentliches Öffnen zu vermeiden – denn im Wasser liegend kann ein loser Tampen nur mühsam wieder eingefädelt werden. Sichere das Tampenende daher mit einigen halben Schlägen ab und setze einen Achterknoten ans Ende des Tampens: Lege dazu eine kleine Schlaufe, umrunde den Tampen einmal und stecke das Ende durch die Schlaufe – fertig!

Tipp: Ersatztampen am Trapez

Reißt dir ein Tampen auf dem Wasser, kannst du das zerfledderte Tampenende meist kaum wieder durch Rollenführung und die Klemme fädeln und so dein Problem beheben. Deshalb kann ein Ersatztampen Gold wert sein. Am Trapezhaken stört er am wenigsten – und du hast ihn immer dabei.

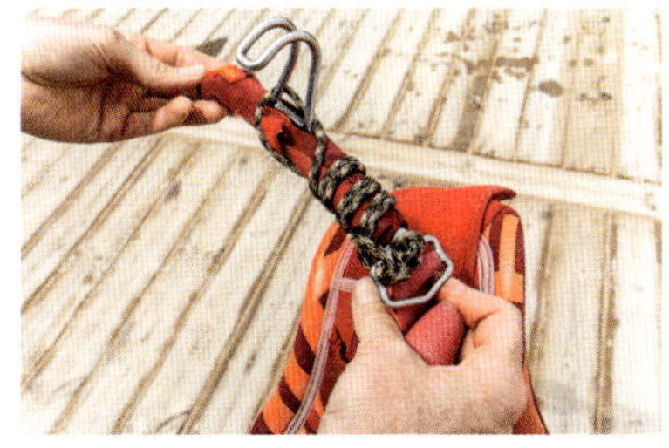

Revier-Check

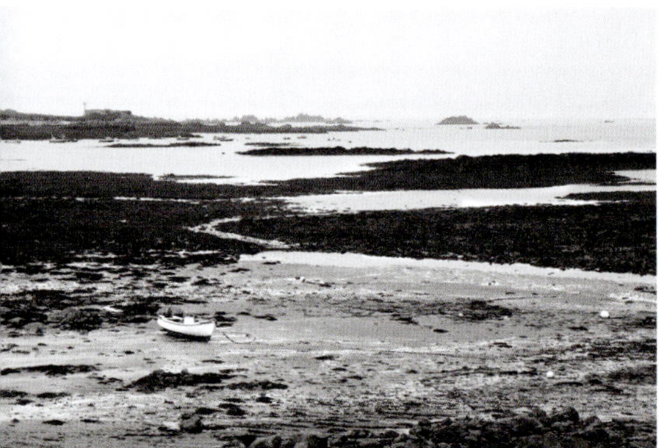

Die Fahnen flattern, die Sonne scheint. Endlich wieder Surfen! Wenn's in den Fingern juckt und du vor Vorfreude beinahe platzt, ist Geduld manchmal zu viel verlangt. Aber wenn du dich bei der ersten Session an einem neuen Spot nicht gleich in die Bredouille bringen willst, solltest du dich noch kurz über die Revierbesonderheiten informieren. Am besten erkundigt man sich vor Ort bei einheimischem Surfern oder einer ansässigen Surfschule. Folgende Dinge sollten auf deiner Check-Liste stehen:

Wind, Wetter & Strömungen

Eine aktuelle Windvorhersage hilft an vielen Spots nur bedingt weiter – lokale Besonderheiten werden von vielen Wettermodellen oft gar nicht erfasst. Viele Spots, etwa der Gardasee, haben durch ihre spezielle Lage ein eigenes, lokales Windsystem, welches oft von den großräumigen Wetterentwicklungen entkoppelt ist. Über solche Systeme und Besonderheiten gilt es sich am besten vor Ort zu informieren, um keine bösen Überraschungen auf dem Wasser zu erleben. Besonders bei **ablandigem Wind** ist Vorsicht geboten – durch Hindernisse wie Bäume oder Bauwerke stehst du am Ufer oft im Windschatten, blickst aufs dann meist glatte Wasser und läufst Gefahr, die Bedingungen zu unterschätzen.

Neben dem Wind sind es vielerorts vor allem die **Gezeiten**, die du als Windsurfer im Blick behalten solltest. Die Gezeiten entstehen durch die Gezeitenkräfte von Sonne und Mond, ein Gezeitenzyklus umfasst eine Zeitspanne von durchschnittlich 12:25 Stunden. In dieser Zeit steigt das Wasser rund 6:13 Stunden bis zum Hochwasser an und fällt danach 6:13 Stunden bis zum Niedrigwasser. Der Tidenhub, also der Unterschied zwischen Niedrig- und Hochwasser, fällt regional sehr unterschiedlich aus – in der Ostsee oder Teilen des Mittelmeers ist er mit nur wenigen Dezimetern kaum spürbar, an der Nordsee und der französischen Atlantikküste sind Tidenhübe zwischen zwei und zwölf Metern die Regel. Daraus können sich tückische Strömungen ergeben, gegen die sich teilweise nicht ansurfen oder anschwimmen lässt. Generell ist die **Strömung** zur Halbzeit einer Gezeit, also in der dritten bis vierten Stunde nach Niedrig- bzw. Hochwasser, am stärksten. Auch die Mondphase spielt eine Rolle: Bei Voll- und Neumond addieren sich die Gezeitenkräfte von Mond und Sonne auf, der Tidenhub bei einer solchen Springtide fällt dann, wie auch die daraus resultierenden Strömungen, nochmals stärker aus.
Auch können Strömungen gezeitenunabhängig entstehen. Vor allem an Engstellen, also dort wo Wind und Wellen trichterförmig kanalisiert werden, verstärken sich diese oft enorm.

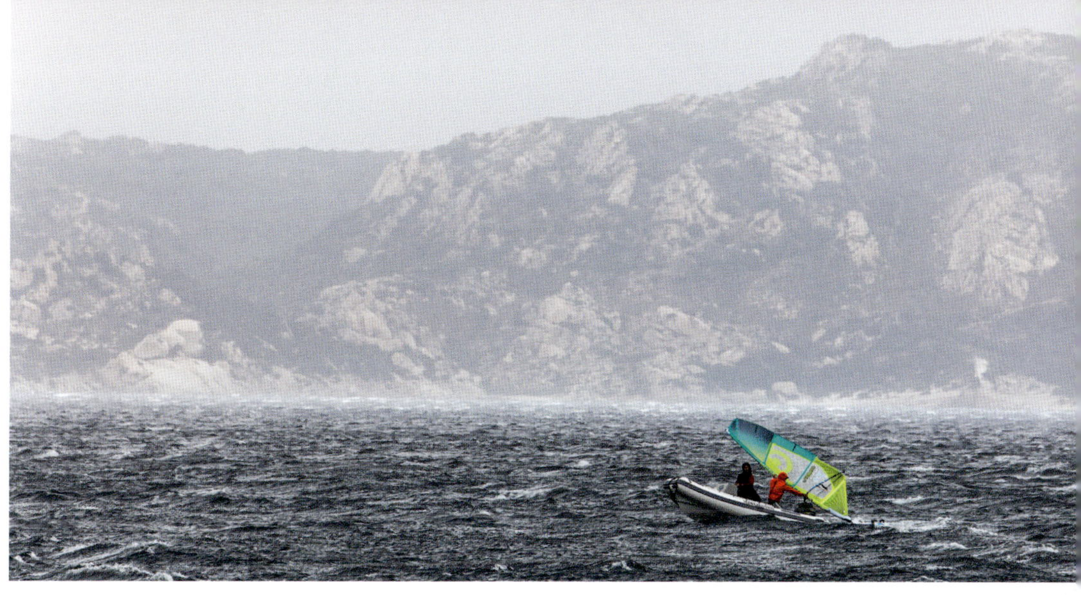

In der Bretagne (linke Seite) beträgt der Tidenhub bis zu zwölf Meter – ein Blick auf den Gezeitenkalender ist für Windsurfer hier genauso wichtig wie auf die Windvorhersage.

Im Gegensatz zu den gut planbaren Gezeiten stellen Unwetter eine besondere, weil schwieriger vorhersagbare, Gefahr dar. Besonders bei aufziehendem **Gewitter** ist große Vorsicht geboten – Windstärke und Richtung ändern sich dann oft minutenschnell, außerdem ist der Carbonmast eines Windsurfsegels ein hervorragender Blitzableiter. Erkundige dich vor Ort und bleibe bei Unwettergefahr an Land. Wirst du dennoch auf dem Wasser von Blitz und Donner überrascht, lasse das Segel im Wasser und lege dich flach aufs Brett. Falls möglich, kannst du das Segel aufs Brett legen und zurück zum Ufer paddeln – die richtige Paddeltechnik findest du auf der nächsten Doppelseite!

Gefahrenstellen

Gefahren lauern auch unter Wasser. Erkundige dich vor Ort insbesondere nach **Untiefen** wie Felsen, Riffen, Sand- und Muschelbänken unter der Wasseroberfläche. Auch überspülte Molen und Buhnen führen immer wieder zu Unfällen und Materialschäden. Besonders in Gezeitenrevieren mit starken Wasserstandsschwankungen ist diesbezüglich erhöhte Vorsicht geboten.

Umweltschutz

Umweltzonen sind nicht nur in vielen Großstädten ein Thema – als Fan einer naturnahen Sportart solltest du schon aus Eigeninteresse für den Schutz und Erhalt der Natur besonders sensiblisiert sein. Dazu gehört es, sich an bewachsenen Ufern eine Ein- und Ausstiegsstelle zu suchen, an denen die Vegetation, z. B. Schilfgürtel, nicht beschädigt wird. Von größeren Vogelansammlungen wird aufgrund der Scheuchwirkung von Windsurfsegeln ein Mindestabstand von 200 Metern empfohlen. Saisonale oder vollständige **Befahrensverbote**, wie es sie an vielen Binnenrevieren oder in Teilen des Wattenmeers gibt, solltest du unbedingt einhalten.

Dass es zu entspanntem Surfer-Lifestyle auch gehört, beim Verlassen der Bulli-Wagenburg die Überbleibsel des vergangenen Grillabends mitzunehmen und entsprechend zu entsorgen, versteht sich eigentlich von selbst. Trotzdem wurden leider schon diverse Surfspots geschlossen, weil Surfer sich diesbezüglich daneben benommen hatten.

Verhalten im Notfall

Was tun, wenn alles schiefgeht, wenn Materialbruch, Selbstüberschätzung oder einfach nur die plötzliche Wucht von Mutter Natur einen Surftag jäh beenden?
Wie du dich selbst wieder aus dem Schlamassel ziehst, hängt von der jeweiligen Situation ab – dazu gleich mehr. In jedem Fall gilt:

- Nicht in Panik geraten und **Ruhe bewahren.**
- **Nie das Surfbrett verlassen**, es ist deine unsinkbare Rettungsinsel. Ohne Material zurückzuschwimmen, ist ein absolutes »No-Go«!
- Trennen sich bei einem Sturz Segel und Brett, **schwimme immer zuerst zum Brett**.

Bei Flaute: Paddeln

Easy! In der Regel hält sich das Gefahrenpotenzial bei plötzlicher Flaute in Grenzen und du kannst dich entspannt auf den Rückweg machen. Sofern du kein extrem kleines und kurzes Board fährst, kannst du das Rigg zum Paddeln mit dem Gabelbaum aufs Heck auflegen. **Tipp:** Das Rigg liegt stabiler, wenn du den Gabelbaum vorher am Mast ganz nach unten schiebst. Versuche das Rigg auszubalancieren, lege dich vorsichtig mit dem Bauch auf den Bug und schiebe die Beine links und rechts unters Segel – so verhinderst du, dass dir das Rigg ins Wasser rutscht und dich beim Paddeln bremst. Diese Technik funktioniert nur bei Flaute bis Leichtwind – wird es windiger, fliegt dir früher oder später das Segel vom Heck. Dann kann es helfen, die Beine aufs Segel zu legen **(1)**. Wenn du es dir zutraust, bzw. Wind und Wellen es zulassen, kannst du das Segel auch auf dem Brett sitzend »notabriggen«: Lege die abgebauten Einzelteile während des Abriggens aufs Brett und setze dich darauf, damit nichts verloren geht. Den geteilten Mast rollst du am Ende ins Segel mit ein, den Gabelbaum befestigst du mit Trimmschot und Aufholleine daran. Längs aufs Brett gelegt, kannst du dich nun über dein Bündel knien und lospaddeln.

1)

Bei Starkwind: Hilfe rufen

Weniger easy als bei Flaute wird es im Falle von plötzlichem Starkwind, Materialbruch oder Erschöpfung. Was auch passiert: Bleibe in jedem Fall auf dem Brett. Bedenke: Im Wasser kühlt dein ungeschützter Körper um ein Vielfaches schneller aus als an der Luft, auch wenn die Lufttemperatur unter der des Wassers liegt! Lasse dein Segel im Wasser schwimmen, wie ein Treibanker verhindert es dann vor allem bei ablandigem Wind, dass du

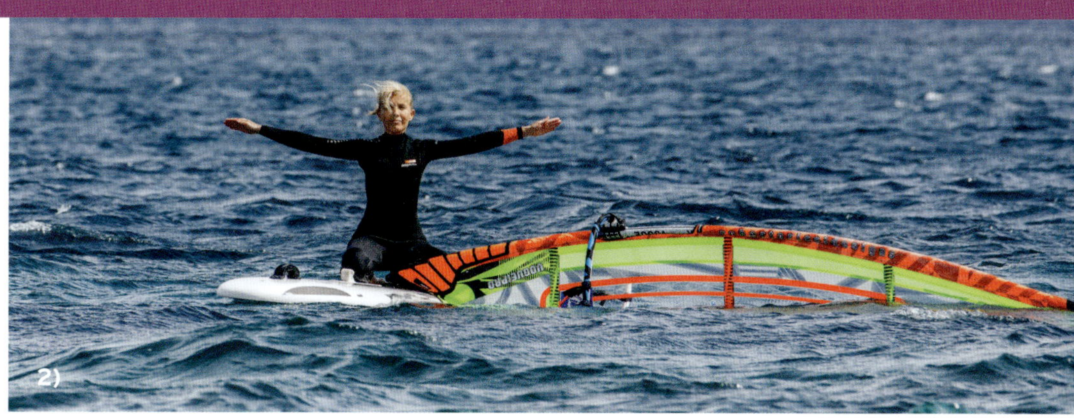
2)

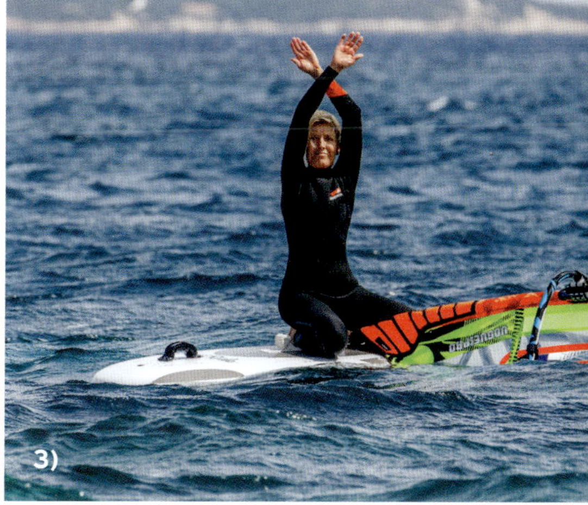
3)

noch schneller abtreibst. Wenn du das Ufer paddelnd nicht erreichend kannst, gib ein international gültiges Notzeichen:
- Knie dich aufs Brett und strecke die Arme seitlich aus **(2)**.
- Kreuze die gestreckten Arme über dem Kopf **(3)**.
- Wiederhole diese »müde Fliege« fortwährend.

Eine weitere Möglichkeit ist es, einen grellfarbenen Gegenstand – bevor du über deine Badehose nachdenkst, nimm das Trapez – in Kreisen zu schwenken. Knie oder stelle dich dazu aufs Brett und halte dich mit einer Hand an der Aufholleine fest.

Richtig Hilfe leisten

Jeder auf See, egal ob Surfer oder Kapitän eines Kreuzfahrtschiffs, ist verpflichtet, einer auf dem Wasser in Not geratenen Person Hilfe zu leisten. Wichtigster Grundsatz: Leiste Hilfe, ohne dich selbst in Gefahr zu bringen! Siehst du also jemanden bei ablandigem Wind weit draußen treiben oder ein Notzeichen geben, ist es unter Umständen sicherer, zum Strand zu fahren und von dort Hilfe zu organisieren – etwa das Rettungsboot einer örtlichen Surfschule loszuschicken.
Gelingt es dir nicht, an Land Hilfe zu organisieren, bleibt das Alarmieren der Seenotrettung als letzte Option.

Letzte Option: Seenotrettung

Vor allem bei ablandigem Wind und an Spots, wo du relativ allein auf dem Wasser bist, können technische Hilfsmittel zusätzliche Sicherheit bieten. Die einfachste Möglichkeit ist eine wasserdichte Schutzhülle fürs Smartphone, z. B. von Aquapac. Touchpads lassen sich durch die Hülle bedienen und du kannst im Notfall einer Kontaktperson am Ufer bescheid geben – zumindest wenn du noch nicht außerhalb der Netzabdeckung treibst! Die Nummer der Deutschen Gesellschaft zur Rettung Schiffbrüchiger (DGzRS) sollte eigentlich jeder Wassersportler fest abgespeichert haben.

Sie lautet: **+49-(0)421-536870**

Die Rettungsleitstelle der Seenotrettung in Bremen ist 24 Stunden am Tag besetzt und koordiniert die Hilfe länderübergreifend und kostenlos.

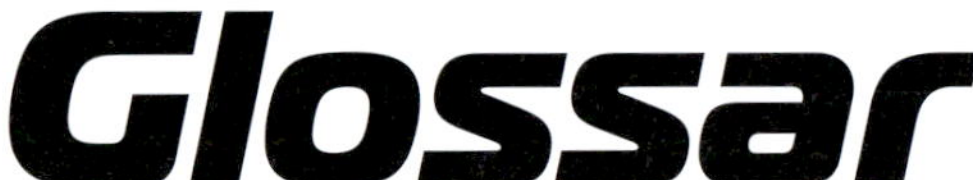

Glossar

A

Abfallen	Steuerbewegung vom Wind weg
Achterknoten	Knoten zum Absichern eines Tampenendes
Achterliek	Hintere Seite des Segels (= Leech)
Amwindkurs	Kurs schräg zum Wind hin
Angleiten	Übergang von Verdrängerfahrt in die Gleitfahrt
Anluven	Steuerbewegung zum Wind hin
Atmosphärischer Wind	Der tatsächlich wehende Wind
Auffieren	Das Segel öffnen; den Wind herauslassen
Aufholleine	Siehe Startschot

B

Backbord	Die in Fahrtrichtung gesehen linke Seite des Boards
Backbordbug	Fahrtrichtung, bei der sich das Segel auf der linken Seite des Bretts (Backbord) befindet
Backfahren	Im Gegensatz zur normalen Fahrposition steht der Surfer beim Backfahren auf der Leeseite des Segels
Beachstart	Aufstiegstechnik ohne Segelaufholen, bei der sich der Surfer aus dem stehtiefen Wasser vom Segel aufs Brett ziehen lässt
Bodenkurve	Siehe Unterwasserschiff
Böe	Plötzliche, kurzzeitige Erhöhung der Windgeschwindigkeit
Boom-to-Boom	Grifftechnik, bei der die Hände beim Seitenwechsel direkt von einer Gabelbaumseite auf die andere greifen
Bug	Brettspitze

C

Camber	Profilzange, welche die Segellatte am Mast abstützt und dem Segel auf diese Weise ein starres und stabiles Flügelprofil verleiht; verbreitet bei Freerace- und Racesegeln
Centerfinne	Zusätzliche Finne, die als Schwertersatz bei Wind-SUPs montiert werden kann
Chop	Kabbelwelle
Clew first	Engl. Begriff für das Surfen mit dem Schothorn (»clew«) voraus, z. B. am Ende einer Halse
Constant Curve	Häufigste Biegelinie bei Masten, angesiedelt zwischen Hard Top und Flex Top
Corioliskraft	Ablenkende Kraft der Erdrotation, die sich scheinbar ergibt, wenn sich die Erde unter sich bewegenden Luftteilchen wegdreht. Auf der Nordhalbkugel erfolgt eine Ablenkung nach rechts, auf der Südhalbkugel nach links

D

Dacron	Markenname, der sich für Segeltuch aus Polyesterfäden eingebürgert hat. Dacron ist weniger zugfest als Monofilm und verleiht Segeln ein weiches Gefühl
Deck	Brettoberseite
Deep-Tuttlebox	Tiefere Version der Tuttlebox, bei der die Finne mit zwei Schrauben von oben durchs Deck befestigt wird. Verbreitet bei Brettern der Kategorie Race-Slalom

DGzRS	Deutsche Gesellschaft zur Rettung Schiffbrüchiger (Seenotretter)
Dichtholen	Den Wind einfangen
Druckpunkt	Siehe Segeldruckpunkt
Druckpunkt-wanderung	Senkrechte und waagerechte Verlagerung des Segeldruckpunktes bei unterschiedlichen Windverhältnissen, vor allem wenn das Segel für die entsprechende Windstärke zu groß oder untertrimmt ist
Duckjibe	Geglittene Halse, bei der der Surfer vor dem Scheitelpunkt unter dem Schothorn hindurch auf die andere Segelseite wechselt

E

Epoxy	Harz, welches zum Bau von Windsurfboards verwendet wird
EPS	Mit Wasserdampf geschäumter Kunststoff (expandiertes Polystyrol). Auch unter dem Handelsnahmen Styropor bekannt. Kernmaterial von Windsurfbrettern

F

Fieren	Siehe Auffieren
Finne	Spurhalter, der unter dem Heck des Bretts sitzt
Finnenbox	Aufnahme für die Finne
Finnenkasten	Siehe Finnenbox
Fixtampen	Trapeztampen mit fester Länge
Flex Top	Biegelinie bei Masten, bei der sich der obere Mastbereich verhältnismäßig stark biegt
Footpads	Gummipolster im Bereich der Fußschlaufen
Freemove	Überbegriff für Bretter und Segel, die sowohl zum Manöversurfen auf Flachwasser, für Basis-Freestyletricks und kleine Brandungswellen designt wurden
Freerace	Überbegriff für Bretter und Segel, die für hohe Endgeschwindigkeiten und überdurchschnittliche Kontrolle bei Topspeed designt wurden
Freeride	Überbegriff für Bretter und Segel, die für einfaches Gleiten und Manöverspaß auf Flachwasser designt wurden
Freestyle	Wettkampfdisziplin, bei der Sprünge und Slides auf Flachwasser mittels eines Punktesystems bewertet werden; Überbegriff für Bretter und Segel, die speziell für Slides und Sprünge auf Flachwasser designt wurden
Freestyle-Wave	Überbegriff für Bretter und Segel, die sowohl zum Manöversurfen auf Flachwasser, für Freestyletricks und kleine Brandungswellen designt wurden. Sehr ähnlich der Kategorie Freemove
Front	Abgrenzung zwischen zwei Luftmassen
Fullsuit	Neoprenanzug mit langen Armen und langen Beinen
Fußschlaufe (»Strap«)	Größenverstellbare Schlaufe aus Gurtband und Neopren, die auf dem Deck verschraubt wird und für sicheren Halt bei Gleitwind sorgt
Fußsteuerung	Steuern des Bretts über Gewichtsverlagerung in Gleitfahrt

G

G10	Plattenmaterial zur Finnenherstellung; mehrere Glasfaserlagen werden mit Epoxy-Harz getränkt und verpresst
Gabelbaum	(»Gabel«); dient zum Festhalten des Segels
Gabelbaum-aussparung	Von der Masttasche ausgesparter Bereich, in dem der Gabelbaum befestigt wird

Gabelbaum-Endstück	Bogen aus Aluminium oder Carbon, welcher in die Holme des Gabelbaums eingesteckt wird. Auf dem Enstück sitzen Klemme und Rollen zum Trimmen des Segels
Gabelbaum-Holm	Gebogenes Rohr aus Aluminium oder Carbon, das zum Gabelbaum gehört und zum besseren Greifen mit einem rutschfesten Belag beschichtet ist
Gabelbaum-Kopfstück	Klappverschluss, mit dem der Gabelbaum vorne am Mast fixiert wird
Gabelbaum-Pins	Längen-Verstellsystem des Gabelbaums
GFK	Glasfaserverstärkter Kunststoff; besteht aus Glasfasern, die mit Epoxy- oder Polyesterharz getränkt sind. Kernelement des Boardbaus
Glatthaut-Neopren	Neopren ohne Nylonbeschichtung (Kaschierung) auf der Außenseite; bei gleicher Dicke etwas wärmer, dafür etwas weniger haltbar als kaschierte Neos
Gleitfläche	Flacher Bereich ohne Biegung im Unterwasserschiff. Ein Board mit langer und flacher Gleitfläche gleitet früh, dreht in Gleitfahrt aber nur in größeren Radien
Grundstellung	(auch: »T-Stellung«); Ausrichten des Segels genau quer zum Brett

H

Halbwindkurs	Kurs genau quer zur Windrichtung
Halse	180-Grad Drehung, bei der das Brett eine Kurve vom Wind weg absolviert; eingeleitet durch Abfallen
Hard Top	Biegelinie bei Masten, bei der sich der obere Mastbereich verhältnismäßig wenig biegt
Heck	Hinteres Ende des Bretts
Hitzetief	Entsteht durch Erwärmung des Untergrundes und aufsteigende Luft (thermisches Tief); Hitzetiefs besitzen keine Fronten
Hoch	Hochdruckgebiet; Gebiet hohen Luftdrucks
Höhe laufen	Amwindkurs fahren, um ein Ziel weiter in Luv zu erreichen
Holm	Siehe Gabelbaum-Holm
Hüfttrapez	Trapeztyp ohne Beingurte und mit hoher Hakenposition

I

IMCS	»Indexed Mast Check System«; gibt die Masthärte an
Isobaren	Linien gleichen Luftdrucks
I-SUP	Kurzform für Inflatable SUP, also ein SUP-Board, welches sich aufblasen lässt
ITCZ	Innertropische Konvergenzzone; Gebiet nahe des Äquators, in dem Nordostpassat und Südostpassat zusammenfließen

J

K

Kaltfront	Vorderkante von Kaltluft, die auf warme Luft stößt
Kaschiertes Neopren	Robuster Nylonstoff, der die Außenhaut kaschierter Neoprenanzüge bildet. Im Vergleich zu Glatthaut-Neopren robuster, aber auch etwas kälter
Kreuzen	Zick-Zack-Kurs zum Wind hin, bestehend aus aufeinander folgenden Amwindkursen

L

Landwind	Thermisch bedingte Luftströmung, die nachts von Land Richtung See weht

Lateraldruckpunkt	Zentrum der lateralen Kräfte
Lateralkraft	Widerstand von Schwert, Finne und Brett im Wasser; wirkt der Segelkraft entgegen
Latte	Siehe Segellatte
Lattenspanner	Spannvorrichtung für die Segellatte
Lee	Die dem Wind abgewandte Seite
Longboard	Langes Brett mit Schwert oder Mittelfinne für Leichtwind
Long John	Neoprenanzug mit langen Beinen und Trägern
Loose Leech	Zu dt. »looses Achterliek«; Gehört zum Designkonzept moderner Segel, wichtig für den Segeltwist und die Kontrolle bei viel Wind
Luff	Vorliekslänge
Luftdruck	Das Gewicht der Atmosphäre an einem bestimmten Ort, gemessen in Hectopascal (hPa); der mittlere Luftdruck auf Meereshöhe beträgt 1.013 hPa
Luv	Die dem Wind zugewandte Seite

M

Mast	Teilbare Stange aus Glasfaser und/oder Carbon, auf die das Segel aufgezogen wird
Mastfuß	Verbindung von Brett und Segel; wird in die Mastspur geschraubt und in der Mastverlängerung eingerastet
Masthärte	Die Härte (Steifigkeit) eines Mastes ist abhängig von der Länge und wird in IMCS-Einheiten (Indexed Mast Check System) angegeben. Je höher der Wert, desto steifer ist der Mast
Masthand	Die beim Surfen vorne beim Mast befindliche Hand
Mastprotektor	Polsterung am unteren Ende des Segels, welche das Brett bei Stürzen vor Beschädigungen schützt
Mastschiene	Siehe Mastspur
Mastspur	Schiene auf der Brettoberseite, in die der Mastfuß geschraubt werden kann
Masttasche	Aufnahme für den Mast
Mastverlängerung	Verlängerung aus Aluminium oder Carbon, welche die Differenz zwischen Mastlänge und Vorliekslänge des Segels ausgleichen kann
Mini-Tuttlebox	Finnenbox, die ausschließlich bei den Seitenfinnen von Thrustern und Quads Verwendung findet. Die Seitenfinne wird dabei mit einer Schraube von oben durchs Deck verschraubt
Monofilm	Transparente Folie aus PVC; Hauptbestandteil vieler Segel

N

O

Offshore-Wind	Ablandiger Wind
Okklusion	Grenzlinie der Zusammenführung von Warm- und Kaltfront
Onshore-Wind	Auflandiger Wind
Outline	Umrißlinie eines Boards, Segels oder einer Finne in der Draufsicht

P

Pads	Siehe Footpads
Plugs	Gewinde, in denen die Fußschlaufen verschraubt werden können
Polarfront	Grenzzone zwischen polaren und subtropischen Luftmassen
Polyester	Harz, welches zum Bau von Booten und Kajaks verwendet wird
Powerbox	Finnenbox, bei der die Finne mit einer Schraube von oben durchs

	Deck befestigt wird. Verbreitet bei Brettern der Kategorien Freeride, Freestyle und Freemove
Powerhalse	Geglittene Halse
Powerjoint	Gummiverbindung zwischen Brett und Segel; Teil des Mastfußes
Profil	Wölbung eines Segels
Pumpen	Technik, bei dem der Surfer durch rhythmisches Ziehen am Segel eine höhere Geschwindigkeit erreicht, als bei normaler Fahrt

Q

Quad	Brett mit vier Finnen; verbreitet bei Boards der Kategorie Wave

R

Race	Überbegriff für Bretter und Segel, die auf maximale Leistung bei Leichtwind optimiert sind
Racing	Wettkampfdisziplin, bei der ein abgesteckter Kurs schnellstmöglich absolviert werden muss
Rail	Kante des Boards
Rake	Biegung der Finne
Raumwindkurs	Kurs schräg vom Wind weg
RDM	»Reduced diameter mast«; Mast mit reduziertem Durchmesser; (= »Skinny«)
RDM-Adapter	Adapter am Gabelbaum-Kopfstück, welcher den Dickenunterschied zwischen RDM- und SDM-Masten ausgleicht
Relativer Wind	Gefühlter und real genutzter Wind beim Surfen, der sich aus dem tatsächlich wehenden Wind (= atmosphärischer Wind) und dem Fahrtwind zusammensetzt
Rigg	Segel mit allen Zubehörteilen wie Mast, Gabelbaum und Mastverlängerung

S

Schlag	Wer einmal rausfährt, umdreht und zurückkommt, fährt einen »Schlag«
Schleudersturz	Sturz, bei dem der Surfer im Trapez hängend nach Lee vom Brett gerissen wird
Linie	(Aufbiegung) eines Surfbretts
Schothorn	Hintere Ecke des Segels
Schotstart	Start bei dem das Segel an der Startschot hochgezogen wird
Schwert	Abdriffthemmer im Bereich der Brettmitte; nur vorhanden bei Longboards
Schwertkasten	Kasten für die Aufnahme des Schwerts
Scoop-Rocker-	Beschreibt die Bodenkurve
SDM	»Standard diameter mast« Mast mit Standarddurchmesser
Seegrasfinne	Finne mit flacherem Neigungswinkel
Seeschifffahrtsstraße	»Autobahn« für Schiffe, gekennzeichnet durch rote Tonnen auf der linken Seite (Backbord), grüne Tonnen auf der rechten Seite (Steuerbord); Betrachtung von See her
Seewind	Thermisch bedingte Luftströmung, die am Tag von See in Richtung Land weht
Segeldruckpunkt	Punkt, an dem die Kräfte im Segel ansetzen, vergleichbar dem Schwerpunkt. Im Normalfall liegt dieser beim Surfen genau zwischen den Händen
Segelebene	Gedachte Linie, welche den Winkel beschreibt, auf dem das Segel bei normaler Fahrt zum Brett steht
Segelhand	Die beim Surfen hintere Hand
Segellatte	Stäbe aus Glasfaser oder Carbon, die dem Segel ein definiertes, flügelähnliches Profil verleihen

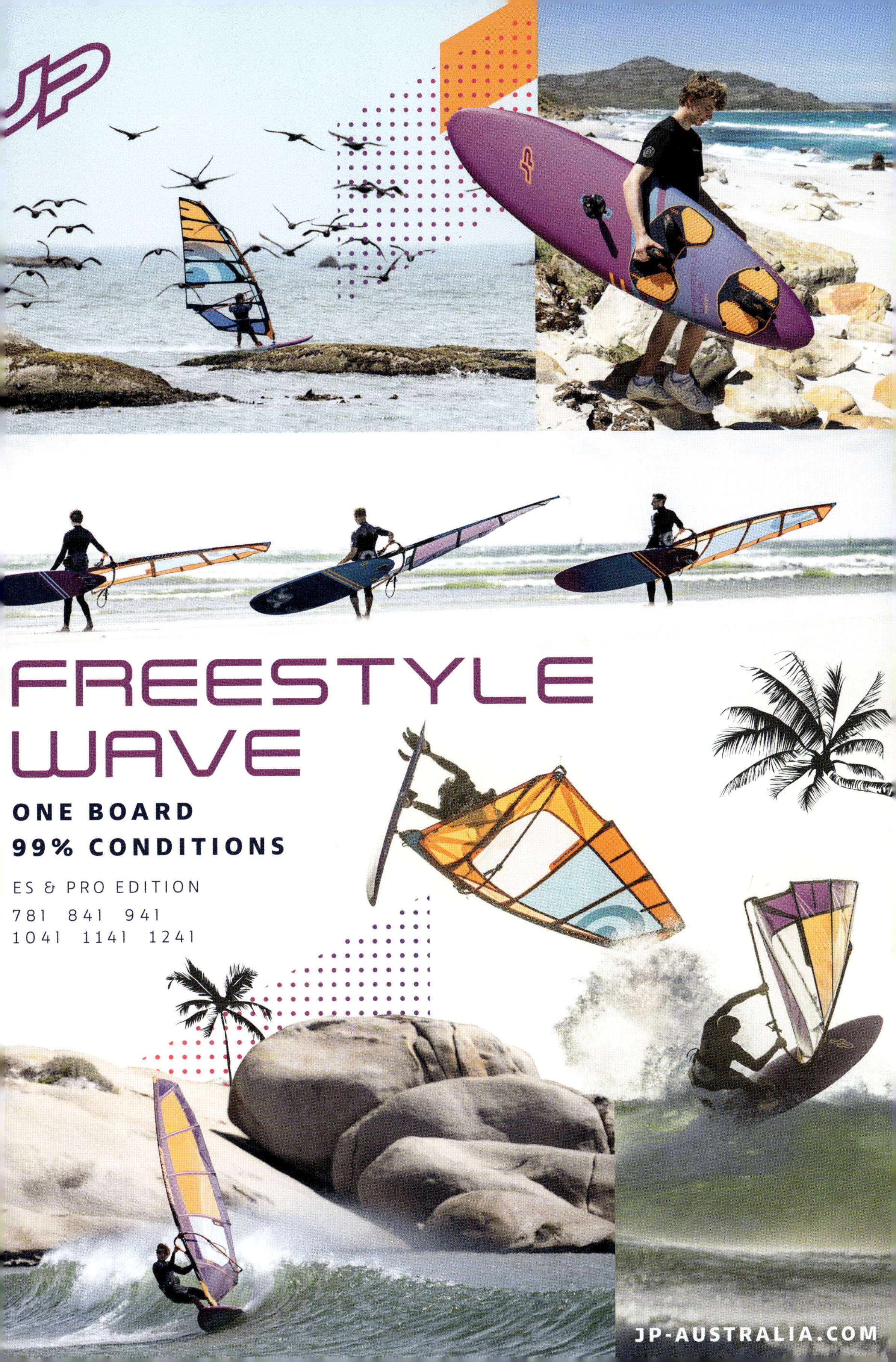

Segelsteuerung	Steuern des Boards über die Verschiebung des Segels; Anluven und Abfallen
Shape	Dreidimensionale Form eines Bretts, welche in Kombination mit der Größe über Einsatzbereich und Zielgruppe eines Boards entscheidet
Shiften	Umschlagen des Segels
Shorty	Neoprenanzug mit kurzen Beinen und kurzen Armen
Sideoffshore-Wind	Schräg ablandiger Wind
Sideonshore-Wind	Schräg auflandiger Wind
Singlefin	Brett mit nur einer Finne
Sitztrapez	Trapeztyp mit Beingurten und niedriger Hakenposition
Skinny-Mast	Siehe RDM
Slalom	Wettkampfdisziplin, bei der ein abgesteckter Raumwindkurs schnellstmöglich absolviert werden muss; Überbegriff für Bretter und Segel, die speziell für höchste Geschwindigkeiten und maximale Kontrolle designt wurden
Slotbox	Finnenbox, bei der die Finne mit zwei an der Finnenbox befindlichen Schrauben von der Unterseite her festgeklemmt wird. Verbreitet bei Brettern der Kategorie Wave, Freestyle-Wave und Freestyle
Softdeck	Weiche Standfläche aus Gummi auf der Brettoberseite
Spin-out	Plötzlicher Strömungsabriss an der Finne, durch den das Heck unkontrolliert nach Lee wegrutscht
Standlack	Rauher Anti-Rutsch-Lack auf der Brettoberseite
Startschot	Leine zum Hochziehen des Segels
Steamer	Bezeichnet in der Regel einen Neoprenanzug mit langen Beinen und kurzen Armen
Steuerbord	Die in Fahrtrichtung gesehen rechte Seite des Boards
Steuerbordbug	Fahrtrichtung, bei der sich das Segel auf der rechten Seite des Bretts (Steuerbord) befindet
SUP	Kurzform für Stand-Up-Paddling; Trendsportart aus den USA, bei der man sich aufrecht stehend mit einem Paddel fortbewegt. Viele SUP-Boards sind auch zum Windsurfen geeignet

T

Thruster	Brett mit drei Finnen; verbreitet bei Boards der Kategorien Freestyle-Wave und Wave
Tidenhub	Unterschied zwischen Hoch- und Niedrigwasser
Tief	Tiefdruckgebiet; Gebiet des relativ niedrigsten Luftdrucks in der Umgebung
Topp	Mastspitze
Toppkappe	Kappe an der Segelspitze, die den Mast aufnimmt
Trapez	Hüftgurt mit Haken; Eingehakt in den Trapeztampen lassen sich die Arme beim Surfen entlasten
Trapeztampen	Tampenschlaufe, welche am Gabelbaum befestigt wird und das Einhaken mit dem Trapez erlaubt
Trimmschot	Tampen, mit dem das Segel in Querrichtung gespannt wird; befestigt am Gabelbaumendstück
Tuttlebox	Finnenbox, bei der die Finne mit zwei Schrauben von oben durchs Deck befestigt wird. Verbreitet bei Brettern der Kategorien Freerace und Slalom
Twinser	Brett mit zwei Finnen, verbreitet bei Boards der Kategorie Wave
Twist	Verwindung des Segels vom Gabelbaum zum Top; Twist ent-

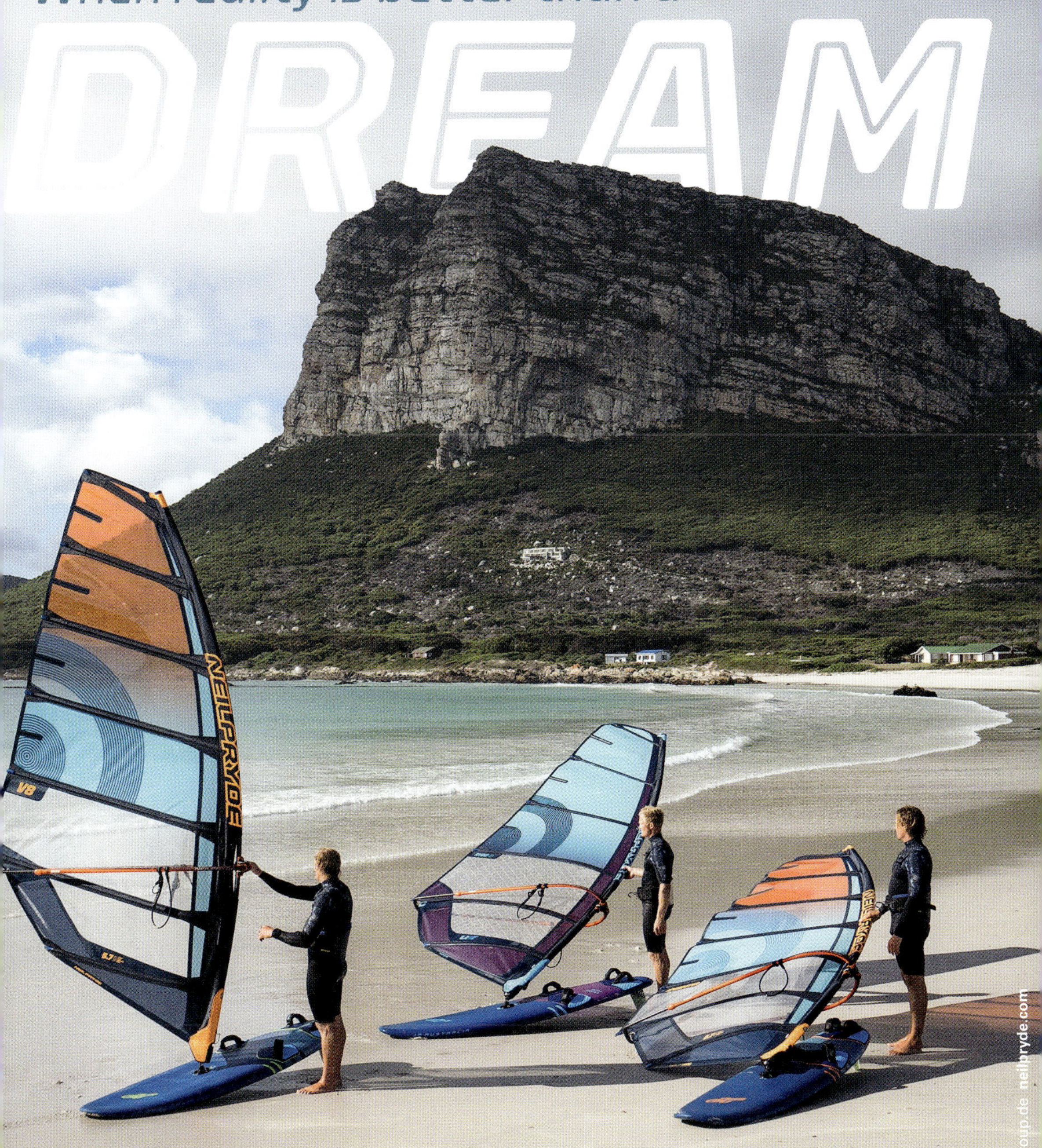
NEILPRYDE
V8

	steht im oberen Bereich des Segels durch Loose Leech und ermöglicht es dem Segel, einfallende Böen abzufedern

U

Unterliek	Untere Seite des Segels
Unterwasserschiff	Unterseite des Bretts
US-Box	Finnenbox, bei der die Finne mit nur einer Schraube an einer in der Box verschiebbaren Platte fixiert wird. Verbreitet bei Brettern der Kategorie Wave, Freestyle-Wave und Freestyle

V

Variotampen	Trapeztampen, die in der Länge verstellt werden können
Variotopp	Kappe, welche den Mast aufnimmt; Längenverstellbar können Variotopps die Längendifferenz zwischen Mastlänge und Vorliekslänge des Segels ausgleichen
Verdrängerfahrt	Geringe Fahrtgeschwindigkeit, bei der das Windsurfbrett tief im Wasser liegt und dieses verdrängt, ohne darauf zu gleiten
Vorliek	Vordere Seite des Segels
Vorliekspanner	(auch: »Vorliekstrecker«) Tampen, mit; dem das Segel in Längsrichtung gespannt wird; befestigt an der Mastverlängerung
Vorwindkurs	Kurs direkt mit dem Wind

W

Warmfront	Vordergrenze einer warmen Luftmasse, die auf kältere Luft aufgleitet
Wasserstart	Starttechnik, bei der sich der Surfer vom Segel aus dem tiefen Wasser aufs Brett ziehen lässt
Wave	Wettkampfdisziplin, bei der Sprünge und Wellenritte mittels eines Punktesystems bewertet werden; Überbegriff für Bretter und Segel, die speziell für Sprünge und Wellenritte in der Brandung designt wurden
Wende	180-Grad-Drehung, bei der das Brett eine Kurve zum Wind hin absolviert; eingeleitet durch Anluven
Wheelie	Umgangssprachlicher Begriff, welcher das unkontrollierte Steigen der Brettspitze infolge eines Kontrollverlusts bei Starkwind beschreibt
Wind-Chill-Effekt	Unterschied zwischen gemessener Lufttemperatur und der gefühlten Temperatur in Abhängigkeit von der Windgeschwindigkeit
Wind-SUP	Stand-Up-Paddling Brett (SUP) mit Windsurfoption, d. h. einer Aufnahme für den Mastfuß

X

X-Ply	Segelmaterial, bei dem zwischen zwei dünne Monofilmlagen Fäden aus PVC, Kevlar oder Aramid eigeklebt sind

Y

Z

Zyklogenese	Entstehung eines Tiefdruckgebietes

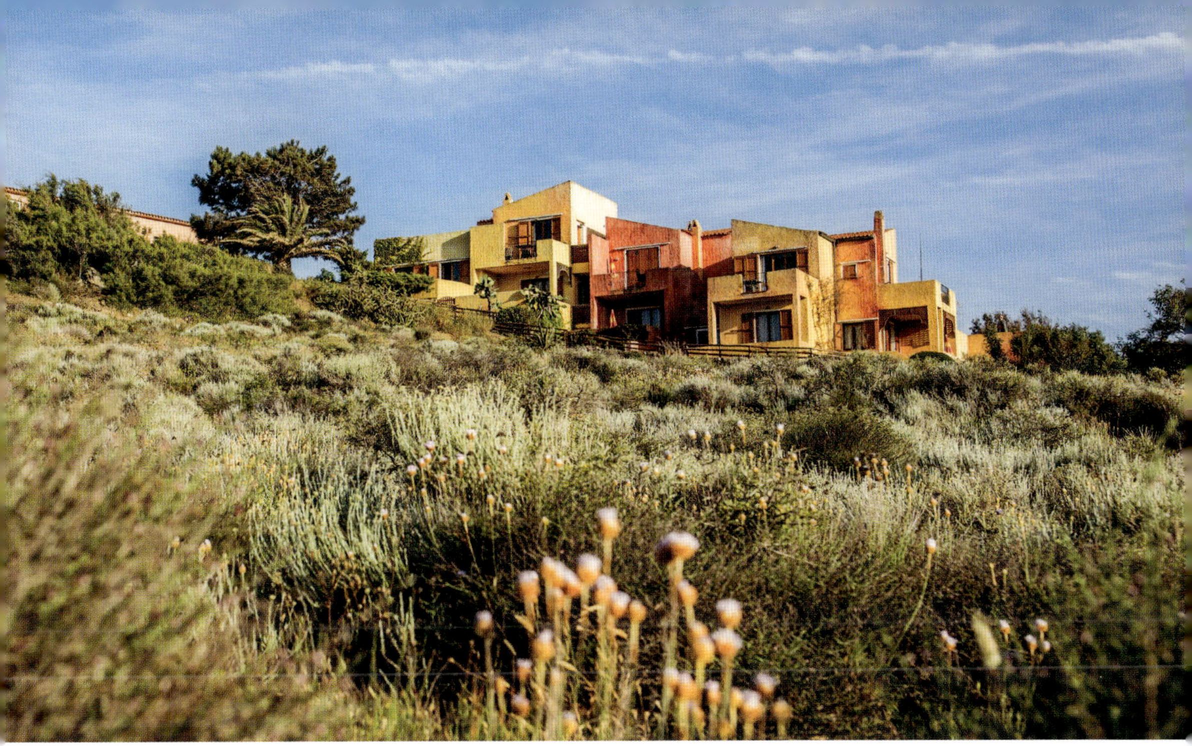

Mille grazie!

Ein Buch wie dieses ist keine One-Man-Show. Die Windsurfmarken RRD, JP-Australia und Neil Pryde haben das Projekt mit dem aktuellen Material unterstützt, und weil wir während unserer Produktion auf Sardinien im wunderschönen Windsurf Village und damit direkt mit Blick auf den Topspot Porto Pollo wohnen konnten, ging uns keine Minute mit Wind und gutem Fotolicht durch die Lappen. Grazie! Besonderer Dank auch an unsere Fotofahrerin, Windsurf-Lehrerin Inge Bouwmeester, und das ganze Team des MB Pro Center, die uns vor Ort perfekt unterstützt haben. Und auch Fotograf Oliver Maier hat sich angesichts diverser Nachtschichten zur Bildauswahl, Beinahe-Crashs auf dem Wasser und stundenlanger Schwimmeinlagen auf der Jagd nach dem besten Shot ein Dankeschön mehr als verdient!

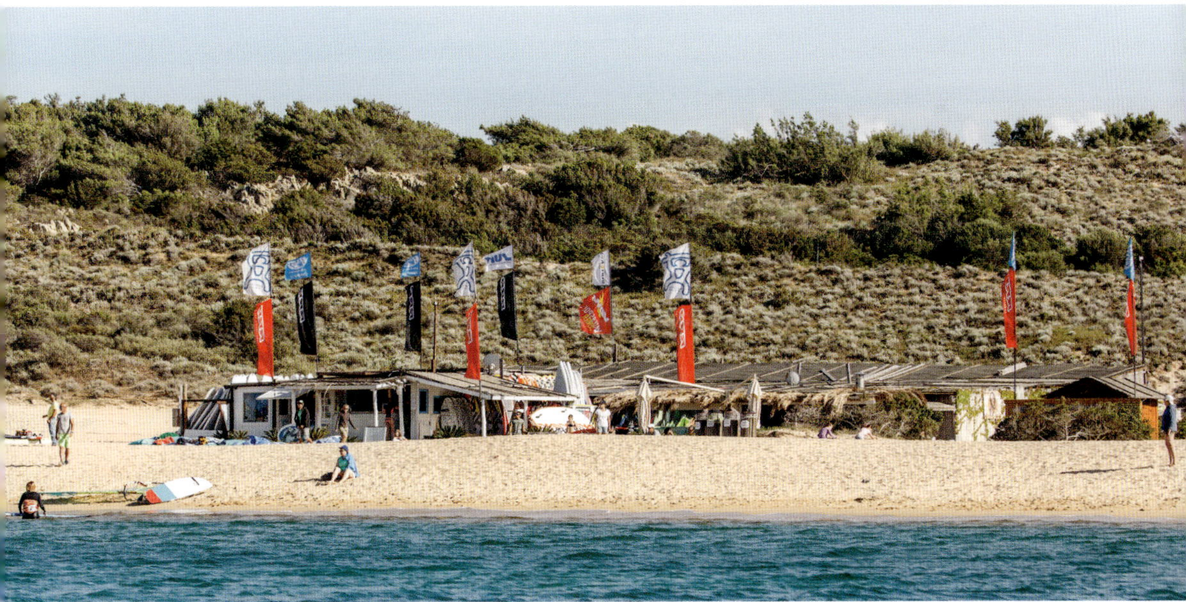

Bibliografische Information der Deutschen Nationalbibliothek
Die Deutsche Nationalbibliothek verzeichnet diese Publikation in der Deutschen Nationalbibliografie; detaillierte bibliografische Daten sind im Internet über http://dnb.dnb.de abrufbar.

3. Auflage
ISBN 978-3-667-11207-1

Lektorat: Niko Schmidt
Umschlaggestaltung: Die Werkstatt Medien-Produktion GmbH, Göttingen
Layout: Jörg Weusthoff, www.wundrdesign.de
Gesamtherstellung: Die Werkstatt Medien-Produktion GmbH, Göttingen
Printed in Estonia 2024

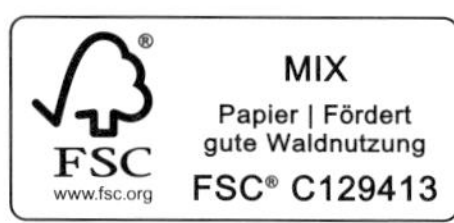

Abbildungsnachweis:
Vorderes Umschlagfoto: Skyshot/Markus Greber
Hinteres Umschlagfoto und Fotos im Innenteil: Alle Fotos von Oliver Maier, außer:
Stephan Gölnitz: 26, 27 (o. l.), 28, 29 (o. r.), 29 (u.), 49
Thorsten Indra: 27 (o. r.)
Neil Pryde: 33 (u.)
Neil Pryde/Christian Black: 32 (o.)
Neil Pryde/Jerome Houyvet: 24, 41 (u. r.), 128 (r.)
RRD: S.33 (o.)
Sebastian Schöffel: 130
Manuel Vogel: 29 (o. l.), 31, 32 (u.), 117–121
Pryde Group/Philip Mackenbrock: 24
Windy.com: 44, 50–51
Illustrationen: Planstelle Jens Rademacher: 46, 48

Delius Klasing Verlag GmbH, Siekerwall 21, D-33602 Bielefeld
Tel.: 0521/559-0, Fax: 0521/559-115
E-Mail: info@delius-klasing.de
www.delius-klasing.de